“je”

W0338324

Contrairement aux habitudes, toutes les photocopies partielles de ce livre sont autorisées à condition d'en mentionner l'origine sur la photocopie.

Merci

Éditions "Le Fil de Soi"
La calade
30260 St Clément
France
Tél : 04 66 80 14 37

PRÉFACE

Bonjour, je suis le livre que tu lis et je commence un dialogue avec toi, (lecteur ou lectrice) et ensemble nous allons partager nos ressentis avec peut-être des émotions. Je suis prêt à les recevoir, à les entendre. Le chemin que nous allons faire ensemble, essaie de le vivre, sans a priori, sans croyance du passé, en laissant mes phrases descendre au fond de toi, en observant les réactions qui se produisent en toi et en acceptant que ton être profond puisse entendre certains messages nouveaux. Peut-être reconnaîtras-tu les idées de ton enfance (celles que ton entourage a voulu nier).

En attendant, je te souhaite de tout mon coeur, de toute mon âme et avec l'esprit qui me relie à toi, une bonne route, une joyeuse route dans ce beau pays qui est au fond de ton coeur.

Avant de conclure, je me permets de te parler d'une expérience qui a été fort utile à l'auteur. Le livre peut devenir pour toi un outil, un ami que tu aimeras peut-être retrouver dans les moments difficiles. Pour cela, je te suggère de mettre en évidence tous les passages qui spontanément te parlent particulièrement . Et plus tard, tu ouvriras peut-être inconsciemment le livre sur un message qui viendra justement t'aider là où tu en as besoin.

Avec tendresse

Le Livre

INTRODUCTION

J'ai appris et ressenti dans mon chemin intérieur que tous les êtres humains ont en eux une intelligence forte, la vraie, celle du coeur. C'est donc à cette intelligence-là que je m'adresse par ce livre.

Il existe selon la Kabale juive 70 niveaux de conscience, ce qui explique la nécessité de revenir fréquemment aux différents chapitres de ce livre, celui que votre instinct vous suggère de relire, et vous serez surpris d'observer la différence de lecture, de compréhension que vous en aurez à chaque fois. Ce sont les niveaux de conscience.

Pourquoi le titre de ce livre ? Il représente pour moi un symbole afin de vous montrer le chemin qui va du Moi personnifié rempli d'égoïsme, de peur et de suffisance vers le "je" soumis aux lois de l'univers au service de l'humanité toute entière sans sectarisme d'aucune sorte.

J'ai écrit ce livre afin de vous faire partager les découvertes de mon ressenti profond, qui n'ont rien à voir avec des connaissances intellectuelles ou culturelles.

Après chacune de mes découvertes, j'ai vérifié à maintes reprises qu'elles s'inscrivaient parfaitement dans le sens initial de tous les enseignements spirituels, religieux et psychologiques. Je me suis confronté aux plus grands noms des différentes sagesses, aux grandes écoles de psychothérapie (Gestalt - psychanalyse) à travers leurs livres, en les rencontrant ou en suivant leur enseignement. J'ai suivi une psychothérapie et parallèlement une recherche dans l'hindouisme, le bouddhisme, le chamanisme, l'Islam.

J'ai reçu un enseignement spirituel pendant plusieurs années. Et, chose très importante pour moi, j'ai redécouvert ma religion catholique, qui m'a beaucoup aidé dans mon chemin car j'en ai compris le sens.

Mon niveau de conscience me permet de voir le sens identique présent dans chaque religion. Les outils sont différents mais il n'y a, selon moi, qu'une seule religion. Par ma culture, c'est la religion catholique qui me convient le mieux mais je suis capable de voir ce qui n'est pas juste dans celle-ci et de voir les blessures de ceux qui transmettent cette religion. Ces blessures créent un inconscient collectif qui, depuis des siècles, a pour effet de modifier, de caricaturer, de figer le message des prophètes.

J'ai écrit ce livre avec des mots simples et en faisant une synthèse des différentes connaissances psychologiques et spirituelles. Ce qui ne vous empêche pas, bien sûr, d'approfondir chaque domaine avec la vigilance et le discernement de votre conscience.

Je suis psychothérapeute et ma formation diversifiée, la relation avec mes clients ainsi que le partage de mes expériences avec d'autres thérapeutes de différentes formations nourrissent la première partie de ce livre.

Ce livre comprend des messages de maîtres connus. J'ai choisi ces textes afin qu'ils s'inscrivent dans un processus d'ouverture de conscience à vous-mêmes, en un cheminement intérieur progressif.

Chaque être humain n'existe que dans sa solitude, sa propre vérité dépendante et nourrie de la solitude et de la vérité de tous les êtres humains de la planète, de toutes les cultures qui se complètent dans un équilibre qui n'a rien d'innocent et où rien ne s'oppose.

Des vérités en apparence "contraires" ne sont que les deux facettes d'une même vérité comme la religion et la psychologie contemporaine, la relation aux autres et à soi-même, le langage des émotions et le silence intérieur, le corps et l'esprit, l'amour et la haine, etc...

Mon souhait est que cette synthèse vous amène au point d'équilibre où toutes ces connaissances se rejoignent, l'ensemble de ces documents formant un tout cohérent, progressif et logique. Je l'ai construite au cours de mon parcours et elle m'a beaucoup aidé, elle m'aide et m'aidera encore longtemps dans mon chemin de vie. Mon objectif pour ce livre se résume en trois mots : Synthétiser, Épurer, Simplifier.

J'ai reconnu cette synthèse et cette simplicité quand j'ai entendu pour la première fois un maître dire : "C'est un et pas deux !". J'ai d'abord été étonné et il m'a fallu des années pour comprendre ce que cela voulait dire. Mais maintenant, je sais ! Et c'est tout l'objectif de ce livre, de vous aider à le ressentir. Je souhaite que cet ouvrage, au langage simple, vous aide à découvrir le lien et la complémentarité entre la psychothérapie, le chemin spirituel et la religion.

La pratique régulière dans une religion ou un enseignement spirituel et psychologique ainsi que le travail du corps, y compris le toucher par le massage, sont à mon sens essentiels. Le pire à éviter est un cloisonnement qui mettrait l'un comme panacée au-dessus de tous les autres. L'un ne va pas sans l'autre et cela ne signifie pas de passer de l'un à l'autre en fuyant l'une des pratiques et en s'attachant à une autre, mais d'ouvrir notre champ de vision, de perception, de connaissance afin d'agrandir notre propre conscience ; ce qui aura pour conséquence de faire ressortir nos mensonges intérieurs.

Rien ne s'oppose mais tout se complète dans la vérité de l'instant reliée à l'univers passé, présent et futur.

Si la lecture de ce livre vous devient difficile, acceptez-le; il réveille en vous des souffrances qui demandent du temps pour être acceptées. Vous pouvez le lire par petites touches. Il m'a fallu, à moi, cinq ans pour l'écrire...

SOMMAIRE

III Acceptation - Action de changement. *Travail sur le corps.*

IV Spiritualité - notre chemin intérieur.

Chapitre 1

Perte du Soi - Bases psychologiques.

Conséquences de nos souffrances physiques, émotionnelles et mentales.

Nos actions et nos pensées sont dirigées en grande partie par notre inconscient.

Ce sont nos blessures, par manque d'amour, d'écoute et de présence, reçues dans nos premières années de la vie et même dans le ventre de notre mère, ainsi que les traumatismes de la naissance qui construisent la plupart de nos croyances conscientes et inconscientes. Cela déforme la réalité dans nos relations humaines.

Ce sont des paroles, des actions ou des pensées de mon entourage qui m'obligent à croire que je ne pourrai pas être moi-même, si je veux survivre. Car pour l'enfant, être aimé de sa mère et de son père tel qu'il est (et non pas comme ses parents voudraient qu'il soit) est une question de vie ou de mort. L'enfant accepte de mourir à lui-même, donc de refuser le divin en lui pour avoir un semblant d'amour de ses parents.

Après accumulation de petites blessures, de manifestations de rejet, l'enfant se forme une nouvelle manière d'être ; c'est alors que se développe la névrose (il se transforme), par besoin de survivre. Comme les souffrances sont intolérables, ce traumatisme profond affecte la mémoire (trop douloureux = oubli).

Nous construisons alors un système de défense. C'est la peur qui fait entrer en action notre système de défense (défense = blocage des sentiments réels). Les besoins et les sentiments refoulés sont inconscients parce que :

. ils sont présents avant que l'enfant ne soit capable de les identifier.
. ils sont réprimés par des parents névrosés.
. ils sont trop douloureux pour être gardés en mémoire (mais pas dans la mémoire du corps qui n'oublie rien !).

Exemples autour de moi :

. Une femme de 45 ans me dit au milieu de la conversation : "de toute façon, j'ennuyais mon père, il me l'a souvent dit". Eh bien, toute sa vie, elle a essayé de ne pas ennuyer les hommes qu'elle a rencontrés, elle n'a jamais parlé d'elle, de ses sentiments, elle a fait un transfert de son père sur les autres hommes de sa vie.

. A 45 ans, je ne prenais jamais mes enfants dans mes bras parce que ni mon père, ni ma mère ne m'ont serré dans leurs bras après l'âge de 3-4 ans.

Les principaux troubles psychologiques :

La névrose :

C'est un comportement que j' adopte pour survivre et satisfaire mon entourage (mais qui n'est pas mon identité) et obtenir l'amour dont j'ai besoin.

Il y a séparation entre mon "MOI" et mes besoins à cause d'une souffrance insupportable et transformation de mes véritables besoins en besoins symboliques : ex : tabac, boulimie, tension physique et émotionnelle, maladies, etc...

A partir de ce moment , l'enfant rentre dans un monde irréel , il quitte le réel trop douloureux. Ce qui veut dire : "je n'ai aucun espoir d'être aimé pour ce que je suis".

La psychose :

Je décide de me couper de moi-même et je construis en moi un monde imaginaire et les êtres, autour de moi, m'apparaissent très différents de ce qu'ils sont.

Exemple : la paranoïa

Je crois que certaines personnes que je côtoie me veulent du mal et j'ai beaucoup de preuves ; je relève des attitudes et les traduis à ma façon, sans vérifier auprès de celui qui les a, leurs véritables significations.

La psychose: "Je n'ai pas besoin des autres pour vivre."
La névrose: "J'ai absolument besoin des autres pour vivre."
La vérité c'est l'alternance et l'équilibre.

Le transfert :

Si une personne que je côtoie ressemble à un de mes parents ou à une personne qui m'a beaucoup touché dans mon enfance (positivement ou négativement), je crois que cette personne est identique intérieurement à son "sosie". il peut s'agir simplement d'un point commun : un rapport d'autorité, un comportement similaire, etc... C'est très fréquent.

Ex: je ne supporte pas un directeur, un homme politique, une amie simplement parce que, inconsciemment, ils me rappellent celui ou celle qui m'a fait beaucoup souffrir quand j'étais petit ; et j'adopte le comportement que j'aie eu, ou que j'aurais voulu avoir, avec cette personne dans mon enfance.

La thérapie ou le travail psychologique, c'est à mon sens, couper les liens, même invisibles, même très subtils, même avec des personnes disparues depuis longtemps. Pour cela, il faut passer par la découverte, une à une, des blessures secrètes de notre enfance que nous avons souvent effacées de notre mémoire, car elles cachent trop de souffrances.

Les 5 causes de blessures de l'enfant provoquant des névroses ou des psychoses se résument par le mot TRAHI:

Trahison,
Rejet,
Abandon,
Humiliation,
Injustice.

L'attitude de victime:

Si nous manquons d'attention, d'amour, de tendresse, nous développons l'énergie de victime.

La victime se complaît, attire l'attention, parle de son futur et de son passé, mais pas de son présent.

Une grande raison de considérer notre vie comme un échec, c'est d'adopter l'attitude de victime.

L'origine d'une maladie:

Nous créons des maladies, des malaises ou des douleurs dans notre corps en bloquant nos désirs essentiels qui viennent de notre âme. Ce sont nos besoins fondamentaux pour exister, nécessaires à notre chemin de vie personnel. Nous refusons ces désirs et ces besoins suite à une blessure d'enfance de rejet, d'abandon, de trahison, d'humiliation ou d'injustice. Nous les remplaçons par de faux désirs et de faux besoins. Ce qui a pour conséquence de blesser notre corps, car il ne fait qu'un avec notre âme.

Ce chapitre débute par un dessin qui représente la relation maman / bébé et le rôle essentiel du père, il résume tout le livre.

Tout le livre est contenu dans ce dessin,
et ce dessin est contenu dans chaque ligne de ce livre.

Les problèmes psychologiques et l'oubli de notre racine spirituelle (se sentir un élément du tout) viennent des difficultés nées dans cette période de la petite enfance, en particulier par un manque d'amour véritable, d'un papa et d'une maman dans une présence juste, dans leurs rôles respectifs et complètement lavés de leurs propres blessures d'enfants ainsi que celles de toutes les générations précédentes.

La première souffrance c'est l'impossibilité d'aimer.
Je ne sais pas aimer car j'attends d'être aimé.

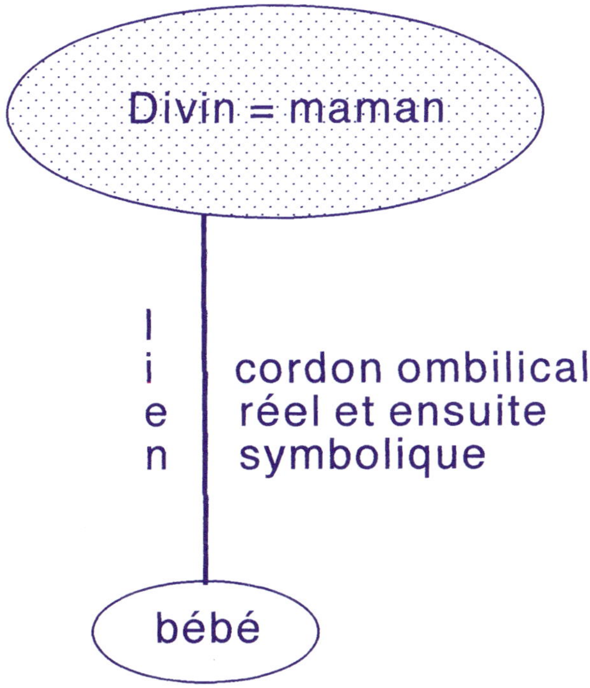

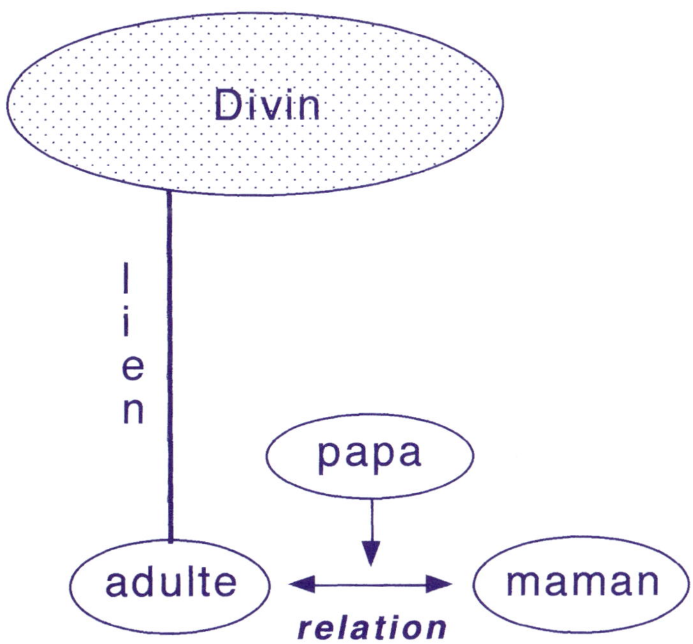

rôle du papa : aider l'enfant à quitter
le lien avec maman, pas avec le divin :
aider à faire un adulte

LES ÉTAPES DU DÉVELOPPEMENT PSYCHIQUE DE L'ENFANT POUR DEVENIR ADULTE

Ce document est volontairement épuré de vocabulaire spécialisé ou venant d'autres cultures afin qu'il ne soit pas reçu par notre mental trop actif et nous évite ainsi de nous sentir concernés, de prendre conscience à quel point nous ne sommes pas encore accomplis.

Cependant, il est nourri par toute la science de la psychanalyse et des psychothérapies modernes ainsi que par les enseignements traditionnels des grands initiés présents et passés.

1 - Fusion - Défusion - Différence - Frustration

Pendant ce premier stade, l'enfant se rend compte qu'il n'est pas sa mère, il est un être séparé, il est différent de sa mère. Mais il peut retrouver ce contact privilégié par moments. Il accepte la frustration (ne pas toujours obtenir ce qu'il désire).

L'acceptation de la frustration ne peut se faire que dans l'amour et la tendresse; elle n'est jamais acceptée (dans notre coeur) si elle est imposée brutalement sans communication.

2 - Clivage - Ambivalence

L'enfant se rend compte que sa mère est un être bon, qu'il aime, car elle lui donne ce dont il a besoin; et à un autre moment c'est un être méchant, qu'il hait, car elle ne lui donne pas ce dont il a besoin, ce qu'il réclame.

L'ambivalence est l'acceptation que dans chaque être, y compris moi-même, il y a une partie bonne et une partie mauvaise en même temps, sans jugement positif ou négatif.

3 - Pouvoir intérieur

L'enfant découvre qu'il a en lui un pouvoir sur sa vie, qu'il peut diriger ses actions comme bon lui semble. Sa mère ne lui est pas indispensable pour agir. Il a sa propre autonomie, il joue, il crée.

Qu'il soit fille ou garçon, il sait qu'il peut créer sa vie, celle qui lui convient, remplie de joie, avec ses épreuves, dont chacune est uniquement faite pour le faire grandir, s'il les accepte. Il ne copie le modèle de vie de personne, surtout pas celui de maman et papa, et il ne manipule personne de façon consciente ou inconsciente.

4 - L'altérité

L'enfant découvre que l'autre est un autre. L'autre possède son propre pouvoir, sa propre autonomie. Il a exactement les mêmes chances que lui de vivre sa vie, différente de la sienne. Il est l'égal de l'autre. La comparaison de ses choix de vie avec l'autre n'est pas nécessaire. Il n'a donc pas besoin de prendre le pouvoir sur l'autre ni de se soumettre à l'autre. il a des copains, des amis.

5 - Protection - Autodéfense

L'enfant découvre le besoin de se protéger de l'autre. Il l'accepte différent, composé de bon et de mauvais et possédant son propre pouvoir. Il comprend son besoin de se protéger de l'autre sans colère, sans agressivité; de ne pas fusionner en permanence avec l'autre quand l'autre est mauvais pour lui. Il n'a plus peur de l'autre, il se protège.

6 - Distance

L'enfant apprend à mettre la bonne distance entre lui et l'autre suivant ses propres besoins. Il écoute et accepte les besoins de l'autre sans forcément lui donner toujours satisfaction, en se respectant. Il apprend à trouver sa place, en respectant la place de l'autre. Il apprend à communiquer avec l'autre.

L'apprentissage de la protection, de la bonne distance n'a rien à voir avec le système de défense névrotique ou psychotique que nous avons fabriqué dans notre enfance pour nous protéger. Ce mécanisme construit dans notre inconscient est la preuve que nous n'avons pas eu le droit de mettre la bonne distance avec nos parents, frères et soeurs et toutes les autorités qui ont jalonné notre jeunesse. Nous avons subi toutes leurs névroses de par notre statut d'enfant, et nous avons été obligés de supporter notre famille et notre système éducatif. Nous étions prisonniers, pris au piège des adultes.

7 - L'identité - L'individuation

L'enfant apprend à découvrir son identité, quel individu il est. Il comprend qu'il a un rôle à jouer sur cette terre, en harmonie avec tous les êtres humains, les animaux, la nature. En se respectant, en s'aimant, il apprend à respecter, à aimer le reste du monde. Il découvre son territoire, ses limites, ses frontières, son chemin de vie dans la paix, l'amour et la joie et il respecte le territoire, les limites et les frontières de l'autre, il partage, il donne sans se sacrifier. Il apprend à accepter et à exprimer son ressenti.

8 - Le prix à payer

L'enfant découvre que pour tout désir il y a un prix à payer, un effort à faire. Il apprend à prendre soin de son désir et de ses besoins.

9 - L'engagement

L'enfant accepte que, pour réaliser ses objectifs, ses désirs affectifs, ludiques ou scolaires, il doit s'engager, c'est à dire accepter les contraintes afin d'atteindre son but. L'enfant accepte la contrainte de l'école, la fidélité à ses amis, l'honnêteté et la sincérité dans ses relations ainsi que les lois des parents et de la société.

10 - L'épreuve - La souffrance

L'enfant accepte les épreuves pour grandir. L'épreuve n'est pas une punition ou la réparation d'une faute, elle est un examen de passage, une initiation qui nous permet de grandir, un passage franchi définitivement car même si une épreuve ressemble à une épreuve ancienne que nous avons acceptée, il s'agit toujours d'un niveau de conscience ou de connaissance supérieur.

La souffrance est la non-acceptation de l'épreuve. La douleur, la difficulté sont réelles, la souffrance ne l'est pas.

11 - L'acceptation de l'échec

L'enfant accepte sans émotion l'échec comme cadeau pour comprendre et accepter ses limites actuelles afin de pouvoir les dépasser plus tard et rien de plus.

La vie est un immense et magnifique jeu de société à condition de ne pas s'identifier au pion mais de l'observer en jouant le mieux possible avec le pion de notre être; et en acceptant de perdre comme de gagner sans émotion mais dans la joie de participer, puisque nous sommes en même temps le pion qui perd et le pion qui gagne.

12 - Le manque - Le vide intérieur

L'enfant accepte le manque, tout ce qui lui a manqué dans son enfance : l'amour, la tendresse, l'écoute, la liberté, la reconnaissance. Il accepte la sensation du vide, du rien, de ne rien chercher à combler à l'intérieur de lui. Il accepte ses blessures.

Voilà toutes les étapes qu'un enfant baignant dans un environnement familial, éducatif sain a pu acquérir avec une maman, un papa, un père, une mère, présents et parfaitement conscients de leurs rôles et ayant eux-mêmes acquis ces différents stades de développement ; l'enfant ayant dans son enfance côtoyé des enseignants, des religieux et des camarades, lui permettant de grandir dans la liberté et l'amour de l'autre.

Il y a une pointe d'humour dans cette description utopique de l'enfance idéale pour comprendre que nous, adultes, nous n'avons pas toujours pu acquérir dans le fond de notre être les différents stades de l'enfant. D'où la nécessité à l'âge adulte de refaire ce travail psychologique et spirituel et devenir enfin des adultes et peut-être permettre à nos futurs enfants de grandir un peu plus vite que nous. Et si c'était ça l'amour ! ...

Nous pouvons en déduire qu'être adulte, c'est accepter :

La défusion : Chacun a besoin de vivre sa vie avec ses expériences, sans qu'elles soient d'une grande utilité pour l'autre. Elles ne sont que des informations parmi tant d'autres. Ma seule action possible avec l'autre, y compris mes enfants, mon conjoint, c'est de mettre un cadre, des limites, des moments de partage et d'écoute (sans débat stérile qui a pour but de convaincre l'autre). Je parle de moi, je ne donne pas de conseils mais seulement de l'amour, une sorte d'élan du coeur dans le silence des mots en respectant l'espace de l'un et de l'autre.

La frustration : J'accepte dans la joie, la paix, de ne pas obtenir toujours ce que je désire.

L'ambivalence : Chacun de nous possède une partie, la plus importante, merveilleusement belle, parfaite mais recouverte d'une autre partie qui, à chaque instant, peut être dangereuse pour moi ou pour l'autre. Ce qui m'oblige à une vigilance dans l'observation de mon ressenti et du ressenti de l'autre dont les manifestations corporelles ne peuvent pas mentir.

J'accepte également de dépasser en moi la notion de polarité, et j'accepte sans émotion particulière : succès-échec, louange-critique, richesse-pauvreté, amour-trahison, etc.

Le pouvoir intérieur : J'ai en moi et chaque être humain a en lui le pouvoir sur sa vie, en acceptant ses limites, ses handicaps, en acceptant de la rendre belle ou moche sans que personne d'autre n'en soit responsable.

L'altérité : J'accepte qu'aucun autre être humain n'a exactement les mêmes valeurs que moi, les mêmes souffrances, les mêmes croyances, les mêmes blessures; et je ne peux que l'entendre puisqu'il m'est impossible de le comprendre - mon système de références étant fondamentalement différent du sien -.

La distance : J'accepte mon besoin d'ajuster en permanence la distance avec l'autre - y compris mon conjoint, mes enfants et mes parents - et j'accepte leurs besoins à eux.

L'affirmation sans approbation : Ma vérité, mon chemin de vie, inscrits au fond de mon âme, n'ont pas à être comparés avec ceux des autres, je n'ai pas besoin de rencontrer des personnes ayant la même tâche humaine que moi pour me rassurer, car la mienne est unique. Et personne n'a le pouvoir de juger mon action, je n'ai donc besoin de l'approbation de personne.

La fin de l'illusion de la toute puissance infantile *(expression de Jacques Salomé)* ***:*** J'accepte de perdre le pouvoir du bébé croyant qu'il suffit de vouloir pour obtenir et croyant qu'il peut diriger sa vie et celle des autres selon sa seule volonté en oubliant son chemin de vie inscrit au fond de son âme, en toute humilité.

L'engagement : Dans mes relations professionnelles, amicales ou dans mon couple, j'accepte de m'engager en exprimant clairement le cadre (la loi, les limites, les règles) dans lequel je souhaite vivre mon engagement.

Quand je m'engage, j'accepte également de pouvoir me désengager sans agressivité ni reproche si les conditions de l'engagement évoluent et remettent en cause l'intégrité de mon être ou mettent en péril ma santé physique, émotionnelle ou mentale.
Mon désengagement intervient quand j'ai exprimé pleinement et clairement ce danger à mes partenaires et qu'aucune solution, acceptable pour moi, n'a été trouvée.

La confrontation : J'accepte de me confronter à l'autre, sans accusation, c'est à dire d'oser dire autour de moi, même et surtout avec ceux qui sont en désaccord avec moi, ce que je pense, ce que je sens, ce que je désire, sans agressivité mais sans compromis avec mon ressenti, mon être profond, mon âme. Cela ne m'empèche pas, ensuite, d'agir pour le bien de l'autre mais sans soumission, dans l'amour et dans ma paix intérieure, sans me forcer et dans l'acceptation la plus totale.

La confrontation peut être terrible car elle nous fait perdre confiance en Dieu et en notre Dieu intérieur, mais elle est nécessaire pour grandir.

Et j'accepte de vivre sans m'accrocher à mes désirs, en dépassant mes peurs. Quand je suis adulte, la vie est ma mère car elle m' apporte en permanence des épreuves à surmonter pour m'aider à acquérir les notions ci-dessus.

Nos blessures d'enfant sont des ruptures de tendresse dans la chaîne de notre croissance. Un bébé qui manque d'oxygène, pendant un certain temps, à la naissance, a des séquelles neurologiques. Un bébé qui manque de tendresse, pendant un certain temps, a des séquelles psychologiques qui sont très graves tant qu'elles ne sont pas reconnues, expliquées et acceptées. Dans ce dernier cas, elles deviennent insignifiantes et sans conséquences graves dans notre vie d'adulte.

Alerte! La société est en danger

Le rôle du père, de la mère, du papa, de la maman, ne sont plus assurés

PERE : il donne un cadre, des règles, des lois, de l'exigence, il parle de l'histoire familiale, culturelle, des racines, des secrets de famille

PAPA : il donne de la tendresse - à tout âge (sans désir), il apprend le jeu, l'éveil corporel et physique, il reconnaît l'être en moi

MERE : elle apprend le ressenti, le langage des émotions, la science du foyer, de l'accueil, du refuge, de l'autonomie

MAMAN : elle donne les câlins (sans désir), la tendresse, l'éveil de tous les sens, elle reconnaît et elle accepte mes besoins et mes désirs

PERSONNE NE PEUT LES REMPLACER

NOUS FABRIQUONS LES NÉVROSÉS, LES CHÔMEURS, LES DÉLINQUANTS DE DEMAIN

Nous sommes tous des mammifères et comme tous les mammifères nous ne sommes pas terminés à la naissance.

Comme tous les mammifères, nous avons les besoins suivants :

- besoin d'allaitement par notre mère

- besoin de présence de notre mère et de notre père

- besoin de protection contre les agressions extérieures

- besoin de sorties progressives et accompagnées dans le monde extérieur avec protection rapprochée de papa et maman

- besoin de tendresse, de toucher, d'écoute, de compassion

- besoin d'éducation correspondant à chacun de nos âges

Ce qui se résume en un mot : **accueil**

Dans notre société occidentale notre mère et notre père sont trop occupés, donc pas assez présents et trop blessés psychologiquement.

<u>Ce qui amène les conséquences suivantes :</u>

- Nous sommes handicapés psychiquement et surtout affectivement

- Nous avons besoin d'une rééducation longue, progressive et d'être aidés, encouragés, dans un cadre protecteur identique à celui du terrier de certains mammifères

- Mais pour rééduquer notre handicap, il faut le connaître parfaitement.

Nous ne pouvons pas tricher avec ces besoins fondamentaux. Sinon, et c'est le cas pour la majorité d'entre nous, nous sommes des êtres blessés inaptes à la vie en famille, en société, en couple ou dans notre solitude.

Le complexe d'Oedipe

ou "Je quitte Maman, je me confronte avec Papa et je prends mon autonomie"

(ou toute personne jouant ce rôle dans mon enfance)

(ou toute personne jouant ce rôle dans mon enfance)

Je me sépare de ma Maman nourricière
pour aller vers Papa, l'extérieur, la connaissance

Je me confronte avec Papa ou toute personne jouant ce rôle

Je suis **autonome** et j'ai toute **ma force** avec mes propres idées, mes propres besoins, mes propres désirs que j'ai découverts grâce à ma confrontation avec Papa ou toute personne jouant ce rôle, à condition que la tendresse, l'Amour inconditionnel, l'acceptation, la présence et l'écoute aient entouré mon parcours.

<u>Conséquences à l' âge adulte :</u>

- Je ne sacrifie pas mes besoins et mes désirs pour ceux de l'autre en croyant que c'est de l'amour. Cela peut être avec une personne du même sexe ou pas. Parfois, c'est inscrit dans mon passé avec un jumeau, un frère, une soeur ou toute autre personne qui a beaucoup compté dans ma petite enfance.

- J'accepte la confrontation avec toutes les personnes qui essaient de prendre le pouvoir sur moi, du même sexe ou pas.

A la suite de cela s'installe un équilibre relationnel où je ne suis plus dans la confrontation permanente mais seulement quand cela est nécessaire pour protéger mes besoins. Je suis dans la tendresse.

D'autre part, j'ose m'engager dans une vie de couple et une vie de partage avec les êtres humains, une vie d'intimité où les rapports sont simples et clairs, sans non-dits. Je dis, je fais et je pense la même chose. Je ne crains pas la séparation, je l'accepte.

Remarque : Si je prends le pouvoir sur l'autre ou si je me soumets à l'autre, je le fais pour ne pas rentrer dans la confrontation. Le pouvoir peut se prendre de bien des manières, ex : refuser de prendre son plaisir avec l'autre, se moquer, se plaindre, exiger, refuser, entretenir le mystère, ne pas se confier, etc...

Solution : je le vois, je le reconnais, je l'accepte et je m'efforce par de petites actions quotidiennes de ne plus dépendre affectivement de l'autre. J'ose me dire, me confronter dans l'amour, la tendresse tout en acceptant que l'autre ne soit pas prêt à m'entendre. Je le fais pour mon propre bonheur, pour ma sécurité affective, je ne peux rien pour l'autre si ce n'est être moi-même. C'est le plus beau cadeau que je puisse lui faire pour l'aider.

Dans un couple, le mari devrait dire à sa femme :
"Je ne veux pas être ta sécurité matérielle."
et la femme devrait dire à son mari :
"Je ne veux pas être ta sécurité affective."
et pour certains, inversement !

Toute sécurité humaine est une illusion. Tout est autonomie. Dieu, la vie, l'univers est avec chacun de nous. C'est uniquement cette force que nous appelons Dieu notre vraie sécurité, elle est immense et totale. Ce n'est pas une croyance, c'est une vérité reconnue par toutes les sagesses et toutes les religions du monde.

Le complexe d'Oedipe non résolu provoque parfois des inversions avec la dépendance matérielle de l'homme envers la femme et la dépendance affective de la femme envers "son" homme. Parfois la sécurité matérielle et affective est assurée par une seule personne dans le couple. Parfois aucune, mais de façon non spirituelle, car c'est dans l'auto-destruction réciproque. C'est, dans ce cas, un défit lancé à Dieu en supprimant tout effort et en refusant toute opportunité. Tout ceci est bien-sûr la conséquence (mais non l'excuse) d'une enfance blessée. Chacun garde toujours la responsabilité de sa vie.

L'homosexualité, dans la plupart des cas, est le résultat d'un complexe d'Oedipe non résolu et, à mon sens, tout peut être remis en chantier un jour ou l'autre avec un grand désir de changement et une aide extérieure dans l'Amour inconditionnel et débarrassée de tout problème du même ordre.

Remarques : - Notre sécurité physique ne dépend pas non plus du médecin mais de la relation que nous avons avec notre corps. Souvent, nos maux physiques sont la conséquence de sécurités affectives et matérielles illusoires que nous recherchons en dehors de nous-mêmes.

- L'agressivité chronique chez une personne est souvent le signe d'un complexe d'oedipe non terminé.

ET LE RÔLE DU PÈRE ?

Hitler était dangereux pour beaucoup d'hommes mais s'il n'avait pas été suivi, aidé par des millions d'hommes, il n'aurait absolument rien pu faire.

Alors qui est responsable, Hitler ou ceux qui l'ont suivi ?

La réponse n'est pas évidente, en tout cas, cela nous permet de voir le rôle du père dans la famille. Il peut avoir le rôle d'aider à détruire l'enfant ou au contraire le magnifique rôle équilibrant de la famille, le juste, dont le rôle principal est de veiller à l'harmonie dans la relation familiale pour permettre à l'enfant de s'épanouir dans la joie, l'amour, la défusion comme une fleur sur un terrain fertile.

"Le père montre la différence pour que la mère puisse mettre la distance".

Le père a un rôle essentiel dans le développement de l'enfant. Il met un cadre, des règles pour que la famille puisse vivre dans l'harmonie, le respect de chacun, de son territoire, chacun à sa place.

Le père apprend la liberté, la solitude, l'exigence. Il demande à l'enfant de s'adapter, donc de passer du monde sécurisant au monde des épreuves. Le père est le guide, le tuteur de l'enfant.

Le manque du père absent physiquement ou absent de son rôle de père (le père n'a pas été assez présent pour nous aider à nous séparer de notre mère) amène les conséquences suivantes :

Pour le garçon :
- virilité fragile,
- peur de la relation intime avec une femme, peur d'aimer.
- non identification au père - ne connait pas le rôle du père.

Pour la fille :
- "jamais aucun homme ne voudra de moi !"
- dévalorisation de la féminité,
- idéalisation de l'homme,
- femme amazone ou séductrice,
- inhibition de la créativité et de la sexualité.

La peur du père:

Que l'on soit fille ou garçon, l'éducation dans notre culture et bien d'autres nous a souvent amenés à craindre notre père. Même notre maman utilise souvent l'argument : "tu vas voir ton père quand il va rentrer !". Je ne parle pas ici de la brutalité et des colères que beaucoup ont subies. Que la crainte du père soit fondée ou non, les conséquences sont désastreuses. La vraie autorité ne s'appuie pas sur la peur, mais sur la tendresse.

Sinon, toute notre vie devient construite autour de la peur du père et notre comportement est modifié dans toutes nos relations avec une autorité quelle qu'elle soit : l'administration en général, la police, notre patron (homme ou femme), nos enseignants, la justice, les impôts, les prêtres et tout rapport de domination dans le couple. Nous pouvons réagir par la soumission, la rébellion, la séduction ou au contraire un autoritarisme, une agressivité ou une brutalité exagérés.

Le sens spirituel du rôle du père et de la mère :

Au début, le petit être, constitué d'une cellule de maman et d'une cellule de papa, d'un commun accord, est confié à maman ; pour que, dans son ventre au chaud, plein d'amour, de tendresse, de nourriture, de protection, il prenne forme. Puis après, en dehors du ventre de maman, cette présence, cette chaleur, cette nourriture, cette protection maternelle continuent et, ensuite, progressivement, vient le rôle du père. Il va prendre le relais et amener l'enfant, qu'il soit fille ou garçon, par la connaissance, le jeu et l'épreuve, à s'armer pour sa vie d'adulte. Il le guide afin qu'il trouve sa force, sa créativité et son autonomie.

Mais tout cela est comme le Yin et le Yang (la partie féminine et la partie masculine dans chaque être humain). Il y a toujours un petit peu de Yang dans le Yin et un petit peu de Yin dans le Yang.

Par conséquent, dans le ventre de sa maman, l'enfant a besoin de sentir la présence de son père, là, comme témoin, en attente de son rôle, accompagnant avec tendresse la maman dans son travail. Puis, quand vient le tour du rôle de papa, la maman reste toujours là mais, elle aussi, uniquement comme témoin, comme refuge, en lui parlant de ses ressentis, ses expériences à elle et en laissant en toute confiance le père faire son travail de père, c'est à dire couper le cordon, la séparer définitivement de son enfant et retrouver plus tard leur quiétude de couple, seuls, sans enfant, en savourant le bonheur du travail accompli, de la mission qui leur a été confiée par Dieu, par l'univers, rien de moins, rien de plus.

Cela n'empêche pas, bien-sûr, de conserver avec ses enfants des relations amicales, mais où tout lien affectif, toute dépendance, toute soumission et toute domination ont disparu.

Ce qui est terrible, c'est la mère qui veut garder le contrôle sur son fils ou sa fille, et le père qui veut changer le monde suivant les désirs de sa propre mère.

La mère apporte la tendresse, la spiritualité et le sens de la vie ;
le père apporte la liberté, l'exigence et la connaissance spirituelle.

Le rôle de la mère, de l'épouse

(dans la relation père / fille)

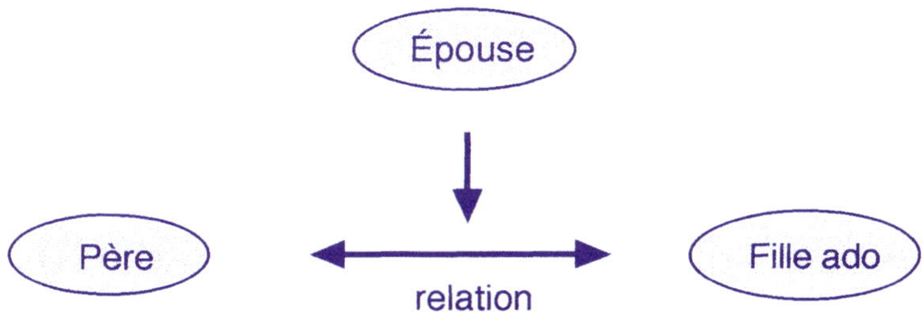

(à l'adolescence, répétition de l'oedipe de l'enfance non résolu)

Si l'épouse ne joue pas son rôle en s'intercalant entre le père et la fille, c'est à dire en lui expliquant qu'elle devra trouver un autre homme dans sa vie :

<u>1 er risque :</u>

La menace et la peur de l'inceste provoque une distance affective qui empêche la confrontation saine et nécessaire entre le père et la fille afin d'amener l'individuation de l'enfant :

<u>2 ème risque :</u>

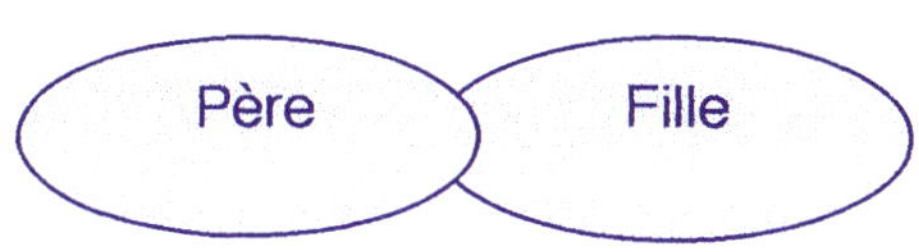

INCESTE RÉEL OU
RELATION INCESTUEUSE
(dans les attitudes, les comportements et les pensées)

3 ème risque :

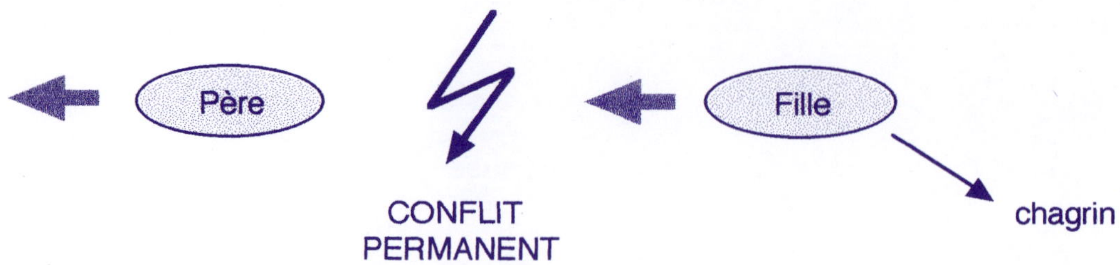

Ces différents types de relation affective avec le père se répètent plus tard avec l'homme que l'on côtoie (cela peut être un mari, un fils, un frère, un patron, un curé, etc...)

Solution : Le voir, le reconnaître, l'accepter et prier notre Dieu intérieur de nous aider à lâcher ce comportement, tout en étant patient.

Le Maternage

Le fléau de notre siècle

OUI à l'amour
OUI à la tendresse
OUI à la disponibilité
OUI à l'espace pour l'autre
NON au maternage

Le maternage, c'est vouloir éviter une épreuve, les épreuves naturelles de la vie, à ses proches ou à l'humanité.

La solidarité est souvent du maternage. Nous voudrions, grâce à notre côté "Zorro" ou à notre "mère Thérésa" intérieure et avec l'appui de notre seule volonté, sortir le chômeur, le mal-traité, le déprimé, le malade, le délinquant, le trompé, le trahi de son épreuve par un coup de baguette magique venant de l'extérieur, d'une loi.

Chaque fois que nous aidons quelqu'un, sans que de lui-même il soit prêt à le faire, nous lui faisons croire qu'il n'a pas en lui les ressources que nous, nous avons; et nous l'enfonçons un peu plus dans ses doutes, ses peurs, sa "fausse faiblesse". Nous le préparons pour d'autres épreuves encore plus difficiles. Cela n'empêche pas bien-sûr d'offrir notre soutien, notre amour, notre tendresse et surtout notre disponibilité, notre écoute à condition d'en être capables nous-mêmes, c'est à dire de ne pas être en difficulté affective.

La seule possibilité c'est de donner à l'autre de l'espace, un territoire; où il pourra, tout seul, gravir un à un les échelons pour retrouver son autonomie, ainsi que la réussite de sa vie affective et matérielle.

Notre tâche à nous, si nous ne sommes pas trop blessés nous-mêmes, c'est la patience, le non-jugement, la tendresse et l'encouragement mais surtout ne pas faire à la place de l'autre.

La vie est une suite d'épreuves à effectuer, sûrement pas à éviter, à refuser ou à nier.

Toutes nos assurances maladies ou autres dont nous sommes très friands, surtout en France, sont des utopies pour nous amener vers une sécurité qui n'existe pas. Notre seule sécurité est intérieure, c'est de savoir que, physiquement, nous sommes nés et nous mourrons. Le monde, l'univers, lui, continue, et avec lui nous existions avant notre naissance et avec lui nous existerons après notre mort.

Notre chemin, c'est de vivre notre vie dans la joie, le bonheur; c'est à dire d'accepter tout ce qui se passe dans notre vie; en ne le comparant surtout pas avec celui d'un autre. Nous avons les épreuves que nous sommes capables d'assumer.

L 'ÂGE AFFECTIF

Nous avons un âge physique (le corps), nous avons un âge mental (l'intellectuel, le raisonnement) et nous avons un âge affectif (notre relation à l'autre, en groupe et à nous-même).

Nos souffrances de la petite enfance, pendant notre naissance ou pendant notre séjour dans le ventre de notre maman bloquent l'évolution de notre âge affectif. La souffrance, le manque dans un milieu hostile, où nous ne nous sentons pas en sécurité et où nous ne sommes pas entourés d'amour inconditionnel, nous empêchent de grandir.

Seule une nouvelle situation où l'adulte se sent en pleine sécurité affective peut provoquer un redémarrage de l'âge affectif. La fusion, le maternage ne sont pas des situations de sécurité pour grandir. Seuls l'amour et l'acceptation inconditionnels de l'autre peuvent nous apporter cette sécurité.

Prenons comme image la naissance d'une cellule qui devient adulte et autonome:

Chez l'adulte (âge affectif bloqué):

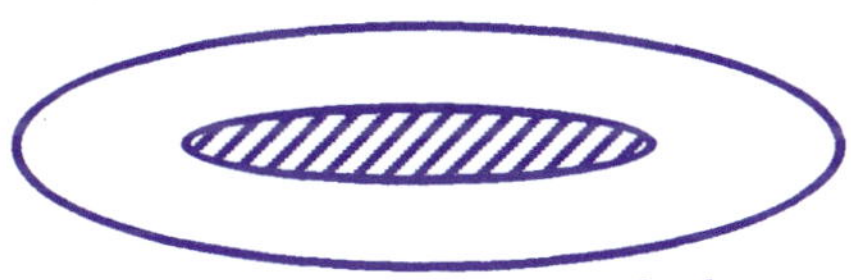

nourrisson

Solitaire *(psychotique)* **:** Il n'a pas conscience des besoins et des désirs de l'autre. L'autre doit le satisfaire.
l'autre n'existe pas, le "je" non plus.

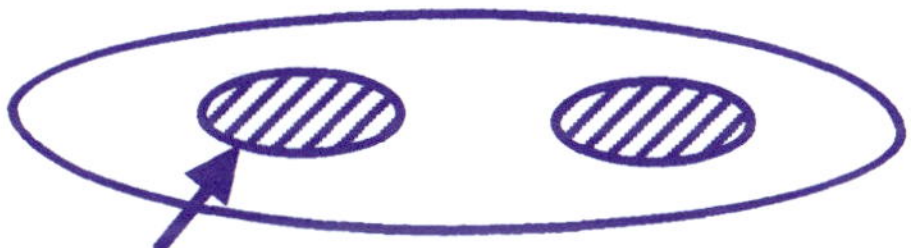

bébé

Fusionnel: Vit avec... Ne supporte pas la solitude, activités communes en couple.
"je fais un avec l'autre."

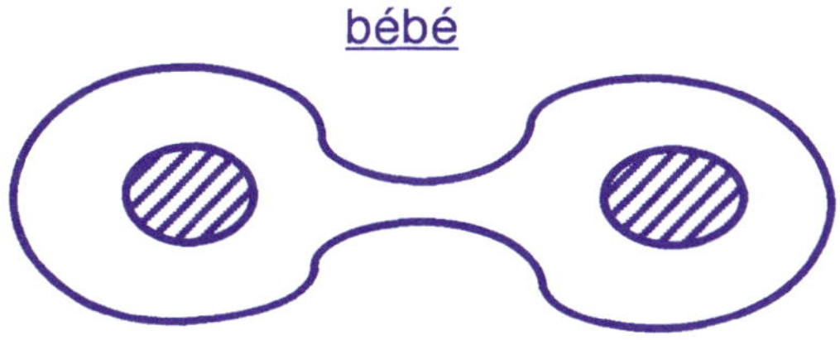
2 - 3 ans

Indécis *(border - line)* **:** Vit l'instant, sans continuité - Auto-destructeur, panique chaque fois qu'il se sent seul ou prêt à être abandonné.
"je ne supporte pas d'être seul et je ne supporte pas d'être avec l'autre."

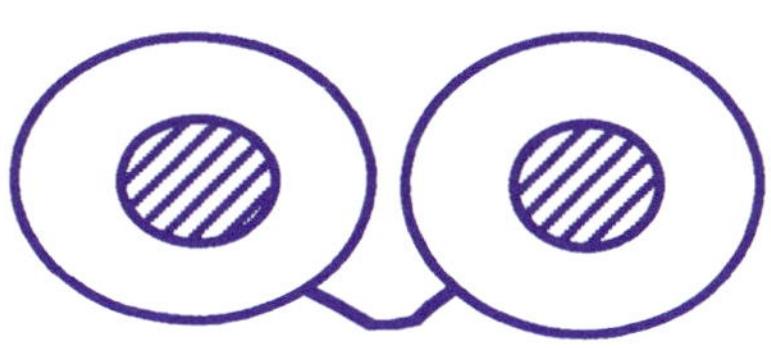
5 - 6 ans

Émotionnel *(névrosé)* **:** Attirance - répulsion. "J'aime ou j'aime pas".
"je n'existe plus sans les autres."

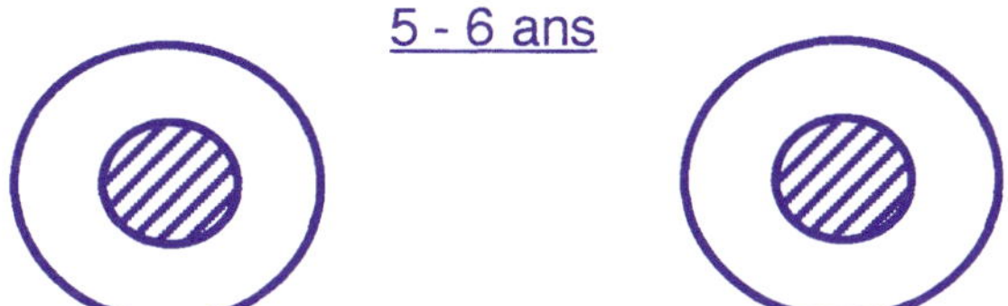
7 ans - l'âge de raison

Libre: Sagesse, sans peur, sans désir (nos besoins d'enfant), autonome.
"je suis, j'existe dans ma solitude mais aussi en relation intime à deux et en relation avec tous les autres, la nature, les animaux et l'univers entier."

Notre blessure fondamentale

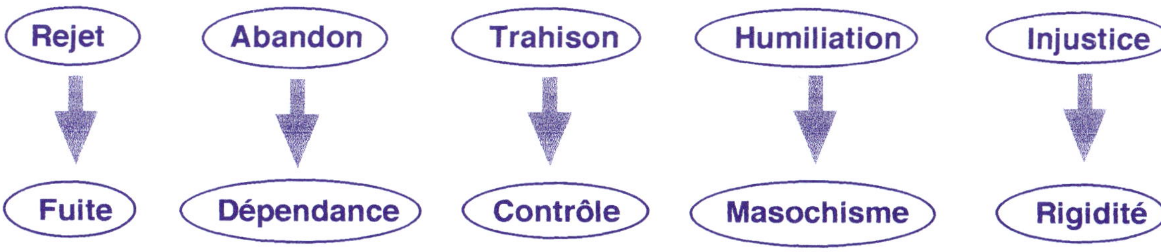

Plus ou moins tôt dans notre enfance, nous avons subi une blessure fondamentale, une souffrance telle que nous avons bloqué, arrêté notre croissance d'Être humain, notre croissance affective, notre évolution intérieure qui va du foetus assisté et fragile à l'adulte responsable, fort, créatif, guerrier, seul, rempli d'amour inconditionnel afin de servir l'humanité comme l'univers le lui demande. Toute thérapie et tout chemin spirituel arrive un jour ou l'autre à cette blessure mortelle de notre âme, de notre Soi.

Voici ces cinq blessures fondamentales et leurs conséquences. La solution pour se défaire de notre blessure est de la revivre dans la souffrance originelle, de l'accepter afin de finir notre croissance, de grandir, de nous libérer de ce fardeau et vivre notre vie dans la joie, le bonheur et la satisfaction permanente.

En réalité, il s'agit d'épreuves normales de notre vie, arrivées trop tôt dans notre enfance et que nous n'avons pas pu accepter car les conditions d'accueil, d'écoute, de tendresse, d'équilibre, de non-violence n'étaient pas réunies. C'est à dire un environnement familial, médical, éducatif, religieux et social plein d'amour inconditionnel, de compréhension, de connaissance et de douceur.

Pour que ces conditions soient remplies, il faudrait que chacun dans ce monde soit reparti à la recherche de sa blessure fondamentale, l'ait acceptée et dépassée avant d'avoir le moindre contact avec un enfant, car nous répétons inconsciemment ce que nous avons subi, ou son contraire par réaction. Tout un programme pour les siècles à venir ! J'ajouterai que nous avons pu subir d'autres blessures profondes dans notre enfance qui peuvent longtemps dissimuler la blessure fondamentale. Et je ne parle pas des blessures nombreuses que nous avons acceptées et dépassées parce que nous étions dans un contexte d'amour et de tendresse, ni de celles qui ne sont que les répétitions fréquentes, dans notre vie quotidienne, de cette blessure fondamentale.

Par un chemin intérieur, nous découvrons notre souffrance à cinq niveaux : mental, émotionnel, corporel, énergétique et au niveau de l' âme. Le temps, entre chaque niveau, peut être très important. Nous croyons souvent avoir trouvé et ressenti notre blessure fondamentale mais ce ne sont que des satisfactions provisoires fabriquées par l'égo qui ne veut plus avancer.

Voici les cinq blessures dans l'ordre chronologique de la conception à l'autonomie :

Le rejet :
Je ne rentre pas dans la confrontation et je fuis le conflit par un excès de gentillesse, d'évitement ou de séduction. Je retourne dans ma coquille intérieure dès que je sens un semblant de rejet. Je me sens rejeté, désintégré, anéanti, interdit d'exister en entier, c'est à dire avec toutes les composantes de moi-même. Donc, je juge et je me juge sans cesse pour ne montrer que ce que je crois montrable de moi. Je contrôle mon ressenti, mes émotions, mon corps. Je confonds le territoire (mon espace vital, mes besoins) et l'Être (ce que je suis, mes limites, mes désirs, mon chemin de vie). Je me renie moi-même de peur d'être renié et je renie ceux qui me gênent. Je peux rentrer dans tous les stades de la paranoïa.

Mon double message contradictoire inconscient : "Exister veut dire mourir."

Mon comportement dit : "Je vous rejetterai avant que vous ne me rejetiez." "Vous n'existez pas non plus."

Le message profond de ma personnalité fabriquée : "Je serai anéanti."

Mon message intérieur pour grandir, pour être moi-même : "Je suis réel, j'existe."

Ma demande inconsciente : "Je veux être, je veux exister." "Je veux me connaître, je veux connaître la vie, les autres, mes limites, mes besoins."

Mon système de protection : **la fuite** souvent inconsciente et sous toutes ses formes, la non-confrontation, l'évitement des conflits et des difficultés relationnelles, la non-expression de mes ressentis.

Ma plus grande peur : **la panique** souvent inconsciente car je fuis avant d'être dans une situation de panique.

Comportement que je suscite chez l'autre dans mes relations : **l' intellectualisation** afin que la communication reste sans émotion et sans intimité. C'est pourtant par ce biais, comme par exemple un enseignement spirituel, que je peux sortir de mon enfermement intérieur à condition de la présence à mes côtés d'une personne avec un amour total et inconditionnel, qui amènera petit à petit dans la relation de la chaleur et de la tendresse.

Mon âge affectif et relationnel : l'autre n'existe pas.

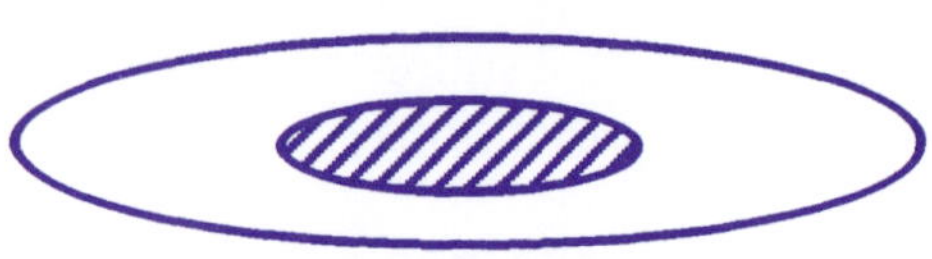

L'abandon :
Je crois que je ne peux exister sans l'autre, je m'agrippe à lui et je ne le lâche pas. Je me nourris de lui. J'oublie que je peux être nourri par moi-même. Je ne prends pas ma

vie affective en main mais j'attends de l'autre qu'il comble mon manque. Je me crois le martyr de l'humanité. Je m'arrange pour me faire abandonner en abandonnant moi-même tout effort pour combler l'autre et me combler moi-même.

Mon double message contradictoire inconscient : "Si je demande, ce n'est plus de l'amour."

Mon comportement dit : "J'ai pas besoin de vous, je ne vous demande rien." Mais aussi : "Prenez soin de moi."

Le désir profond de ma personnalité fabriquée : "Je l'obtiendrai de force." Mais aussi : "Je n'en ai pas besoin."

Mon message intérieur pour grandir, pour être moi-même : "Je suis satisfait, je suis comblé."

Ma demande inconsciente : "Je veux être nourri et repu, qu'on s'occupe de moi." " Je veux connaître mes besoins." "Je veux apprendre l'autonomie affective et matérielle."

Mon système de protection : **la dépendance** de quelqu'un, d'une activité, d'un groupe, d'une religion, etc... de façon fusionnelle, en perdant mon identité.

Ma plus grande peur : **la solitude** en comblant le vide avec des activités de remplacement comme la télé, la musique, le manger et bien d'autres.

Comportement que je suscite chez l'autre dans mes relations : **le maternage**, ce qui m'évite mes épreuves pour grandir intérieurement. J'ai pourtant un grand besoin d'écoute, de tendresse, d'intimité, de présence mais en évitant le piège de la dépendance.

Mon âge affectif et relationnel : Je n'existe qu'en fusion avec un autre ou un groupe.

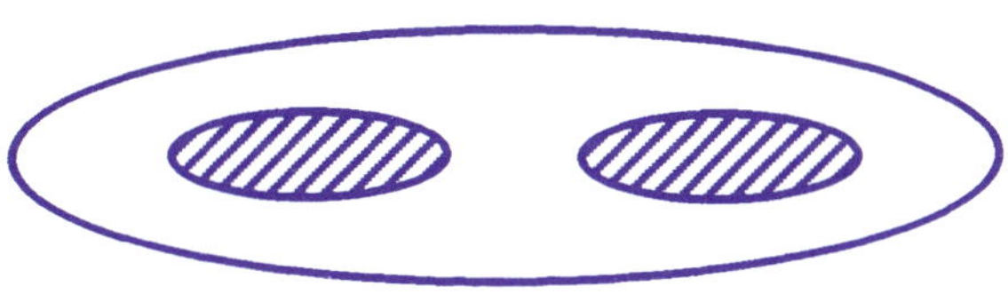

La trahison :
J'ai beaucoup de mal à faire confiance, à supprimer le contrôle. Tout mon comportement est basé sur une peur maladive d'être trahi. Je me confie peu, en tous cas, je contrôle et je manipule ce que je dis en fonction de mon confident; Je veux garder à tout prix la maîtrise de la relation.

Mon double message contradictoire inconscient : "J'ai raison, sinon je meurs."

Mon comportement dit : "J'ai raison, vous avez tort."

Le désir profond de ma personnalité fabriquée : "Que ma volonté s'accomplisse."

Mon message intérieur pour grandir, pour être moi-même : “J’abandonne, je lâche prise.”

Ma demande inconsciente : “Je demande de l’aide, des encouragements.” “Je veux avoir confiance en moi et aux autres.”

Mon système de protection : **le contrôle** de moi, de mes comportements et des autres en les manipulant, en croyant les connaître et les comprendre, en devinant leurs besoins au lieu de leur demander.

Ma plus grande peur : **la rupture, le reniement**. Cette peur me fait mettre très souvent dans des situations de rupture et de reniement que je mets moi-même inconsciemment en place.

Comportement que je suscite chez l’autre dans mes relations : **la soumission** afin d’exercer facilement mon contrôle de l’autre et de la relation. Ce qui supprime toute relation vraie et m’éloigne de mes véritables besoins en privant l’autre des siens.

Mon âge affectif et relationnel : J’hésite toujours entre la relation et la solitude.

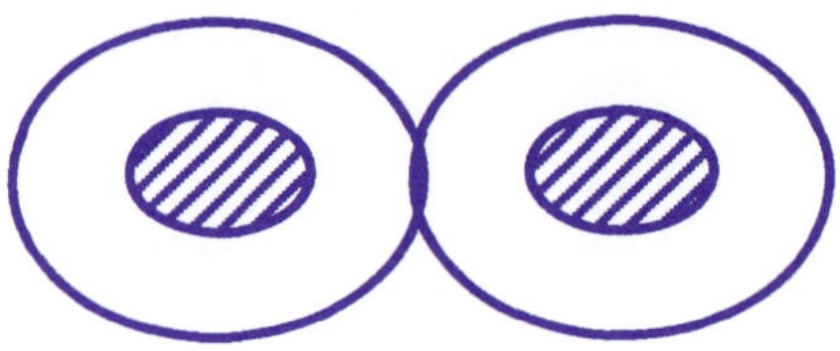

L’humiliation :
Je suis sur mes gardes en permanence. Ma vie est une tension permanente, je veux bien faire. Je retiens mes émotions; en tous cas, je ne les montre pas. La vie est un éternel combat pour me faire aimer. Je dois être quelqu’un d’exceptionnel. Je ne mérite de l’amour que si je me sacrifie.

Mon double message contradictoire inconscient : “Que je me mette en colère ou pas, je serai humilié.”

Mon comportement dit : “Je m’ abîmerai avant que vous le fassiez.”

Le désir profond de ma personnalité fabriquée : “J’adore la négativité.”

Mon message intérieur pour grandir, pour être moi-même : “Je suis libre.”

Ma demande inconsciente : “Je veux mon indépendance, ma liberté.” Et aussi : “Je veux m’ouvrir au spirituel, à Dieu.”

Mon système de protection : **le masochisme**, c’est à dire faire beaucoup trop pour les autres pour obtenir de l’amour et de la reconnaissance en me faisant croire que je respecte mes besoins et mes limites. N’ayant pas la reconnaissance souhaitée, j’en veux aux autres et parfois je me venge de façon souvent malicieuse.

Ma plus grande peur : **la liberté**, je crois être libre mais en réalité je me mets des chaînes volontairement pour me sentir utile, voir indispensable.

Comportement que je suscite chez l'autre dans mes relations : **L'utilisation de moi**, tout le monde me demande et je n'ai plus ni de temps ni d'énergie pour mes propres besoins. Ce qui me fait me plaindre au lieu de dire non en fixant des limites dans mes relations aux autres.

Mon âge affectif et relationnel : Je m'attache aux autres.

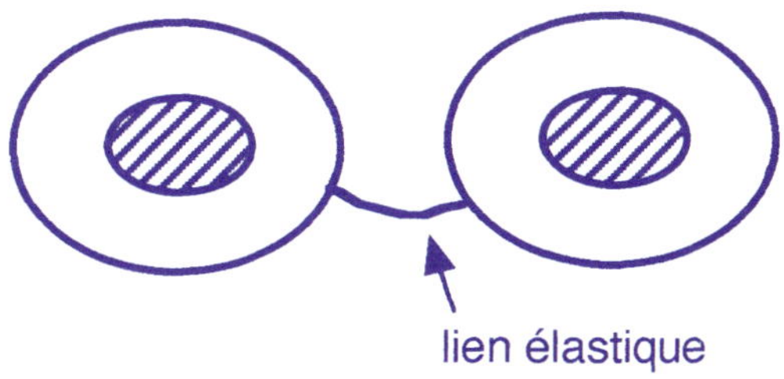

L'injustice :
Si je me laisse aller, je serai pris pour un fou. Je reste sur mes gardes, je me retiens, je me surveille pour ne pas trop me montrer sinon je deviens vulnérable. Je rentre dans la compétition, je suis ambitieux et agressif pour pouvoir prendre ma place. Si je me soumets, si je m'ouvre, si je me détends, je serai détruit.

Mon double message contradictoire inconscient : "L'amour, c'est que de la séduction."

Mon comportement dit : "Oui, mais..." Et aussi : "Je ne vous aimerai pas."

Le désir profond de ma personnalité fabriquée : "Je ne céderai pas."

Mon message intérieur pour grandir, pour être moi-même : "Je m'engage, j'aime."

Ma demande inconsciente : "Je veux avoir des sensations, des émotions" "Je veux donner et recevoir de l'amour."

Mon système de protection : **la rigidité.** Je suis perfectionniste, je me coupe de mes ressentis, je me justifie, je doute, je compare, je me surveille, je ne sais pas recevoir, je demande difficilement de l'aide, je suis d'un comportement froid et sec, je recherche une harmonie idéale.

Ma plus grande peur : **la froideur** même si je ne le reconnais pas car je me crois moi-même chaleureux.

Comportement que je suscite chez l'autre dans mes relations : **la compétition**, au lieu du lâcher-prise et de l'abandon à l'amour, à la relation intime et à la vie.

Mon âge affectif et relationnel : Je relationne par devoir.

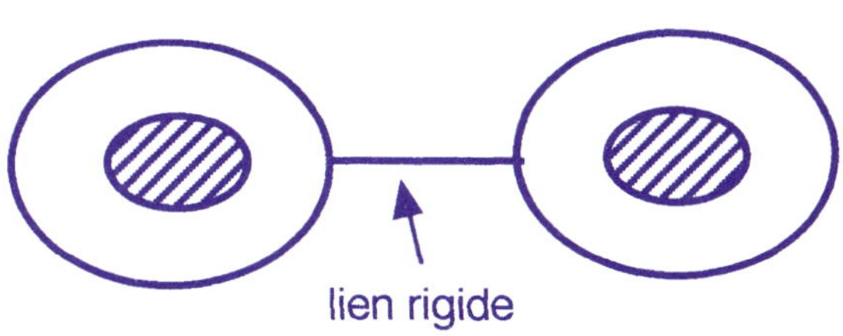

Nous pouvons avoir tous ces comportements en même temps correspondant à toutes les blessures que nous avons subies mais nos orientations profondes de choix de vie, de nos relations, de notre conjoint découlent de notre blessure fondamentale initiale.

C'est un long chemin pour réparer notre blessure fondamentale et la plupart d'entre nous mourraient s'ils entraient dedans en un instant. Les traces dans notre corps, dans nos émotions sont trop puissantes. Mais heureusement notre inconscient protecteur veille, il nous empêche d'entendre ce que nous ne sommes pas prêts à entendre mais cela ne nous interdit pas de commencer ce chemin. C'est une course d'obstacles où chaque difficulté franchie dans la souffrance nous amène ensuite une joie, une plénitude, une raison de vivre nouvelles et définitives même si parfois nous retrouvons des épreuves similaires. Ce ne sont que des apparences, nous ne sommes plus au même niveau, au même étage.

Toutes ces blessures proviennent d'une séparation avec notre mère qui ne s'est pas faite dans de bonnes conditions. Pourquoi séparer cette belle harmonie entre une mère et son fils ou sa fille ? Pour qu'il ou qu'elle puisse trouver toute sa force, sa puissance, sa créativité qui restent au 1/ 10 ème de ses capacités quand il ou elle reste “accroché” à sa mère. Ce lien fort et chaleureux est nécessaire pour nourrir l'âme et permettre une vraie séparation; ce qui n'a rien à voir avec l'abandon, le rejet, la trahison, l'humiliation et l'injustice.

LES TROIS FAMILLES DE CARACTÈRE

vers la réalité, le contact avec la terre et le bas du corps	<------------------->	vers spiritualité et le haut du corps
l'émotionnel ou le névrosé	**le fusionnel** y compris le border line	**le solitaire** ou le psychotique
elation : **3 et +**	**2**	**1**
a relation avec l'autre est éformée, il recherche la vie en roupe même s'il en a peur.	Ne se sent en sécurité que dans certaines relations à 2. Évite la vie en groupe sauf s'il en a le contrôle (le chef, l'organisateur, le professionnel dans son métier, le syndicaliste, le leader politique, etc...).	Ne se sent en sécurité dans aucune relation. Évite toute relation sauf quand il en a le contrôle permanent (par ex. dans son métier), il fuit dans la solitude.
roche du concret, de la réalité ıême si elle est déformée.	Éloigné de la réalité, du concret. Il est guidé par son inconscient qui lui dicte même ses pensées. Vit dans son monde à lui en croyant que c'est également celui de l'autre.	Très éloigné de la réalité. il est isolé dans son monde intérieur.
un long chemin intérieur pour écouvrir la spiritualité, l'appar-enance à un tout unique où ous les éléments sont reliés ar l'amour.	Il est à mi-chemin entre la réalité, le concret et la spiritualité. Il a 2 chemins intérieurs opposés à suivre pour être complet.	Il peut avoir un sens profond de la spiritualité, ressentir son âme. Il a un très long chemin pour avoir les pieds sur terre et voir la réalité telle qu'elle est et les autres tels qu'ils sont.
est aveuglé par ses émotions. ne différencie pas l'amour entimental de l'amour ıconditionnel. laisse diriger sa vie par ses motions.	A peur du contact avec ses émotions, ses sentiments, son ressenti. Quand ils existent, ils sont déformés. Ses rapports avec l'autre sont fusionnels. Il n'a pas de frontières.	Il est coupé de ses émotions, de son corps et de ses sentiments.
lon besoin : ***je dois écoller de ma mémoire.***	***Je dois retrouver ma mémoire*** *(ma petite enfance).* Il ne sait pas que son monde n'est pas le monde et encore moins le monde de l'autre.	***Je dois découvrir ce qu'est la mémoire.*** Il ne peut imaginer qu'il existe un autre monde que le sien.

Notre travail n'est pas de changer de famille mais d'être à l'aise dans ces trois types de relation ; même si nous gardons un système de relation privilégié :

1 : avec nous-mêmes et notre être profond, le divin en nous.

2 : en couple, en communication avec l'autre par l'amour inconditionnel.

3 et + : en groupe, dans le monde, relié aux autres et à tous les éléments de la terre.

Il ne s'agit pas de transformer notre système relationnel de l'intérieur mais de l'accepter, d'expérimenter les autres façons de relationner, de permettre aux autres de fonctionner autrement et de proposer à l'extérieur une relation qui prenne en compte les besoins de chacun. C'est à dire devenir adultes et responsables de nos comportements sans culpabilité et sans soumission ni domination avec l'autre.

Selon moi, il y a principalement deux sortes de structures psychologiques dues à l'origine de nos blessures d'enfants :

La première, c'est le comportement des solitaires ou des fusionnels, ils sont de type intellectuel, au niveau du mental. Ils se sont fabriqués un monde intérieur en refoulant, en niant ou en détournant leurs émotions. Elles sont adressées à d'autres personnes, d'autres objets ou elles sont enkystées dans leur corps.

Ces personnes sont amnésiées de leurs souffrances et souvent anesthésiées, insensibles. Un long chemin intérieur les remet au contact de leurs émotions réelles. C'est ma structure et les souffrances retrouvées, une à une, sont très puissantes.

La deuxième structure, c'est le comportement des névrosés. Ils sont de type émotionnel. Leurs comportements, leurs réactions sont conduites par leurs émotions, leurs pulsions venant du coeur. Ils sont comme des enfants dans la cour de récréation de l'école. Ils ont un long chemin de prise de conscience afin de comprendre l'être humain, la spiritualité et la connaissance qui les amènent à plus de lucidité, à accepter les conséquences de leurs actions, de leurs pensées et à accepter les autres, avec leur histoire, sans jugement et sans culpabilité.

La conscience et la maîtrise de leurs émotions les amènent à devenir adultes responsables et créateurs d'un nouveau monde relationnel non-violent dans le respect et l'unité de l'humanité entière, qui elle-même s'intègre dans l'univers physique qui nous est prêté.

Dans tous les cas, c'est la conscience qui apporte la connaissance de la réalité.

LES SYSTÈMES DE DÉFENSE PSYCHIQUE

Contre les blessures répétées que nous subissons dans notre enfance, nous établissons un système de défense pour nous protéger. Mais, quand nous sommes adultes, ce système de défense nous empêche de voir le monde réel autour de nous. Nous communiquons avec l'autre d'une façon fausse et pleine d'à priori. Nous nous isolons, de différentes manières, des vrais contacts humains, les seuls qui peuvent nous apporter la liberté intérieure, la vraie connaissance de soi et de l'univers qui nous entoure.

Notre système de défense est comme un rempart que nous construisons autour de nous et qui nous empêche de communiquer dans un sens comme dans l'autre, donc de grandir, et nous restons des enfants.

Voici les principaux mais souvent notre système est une combinaison entre eux et devient très sophistiqué, pervers, difficile à comprendre et à démonter.

L'hystérique

Message inconscient : "Si je ne séduis pas mon entourage, je ne serai pas aimé car je ne peux pas être aimé pour ce que je suis".

Il cherche le regard de l'autre, utilise la séduction, veut rester au centre de l'attention, être le point de mire - sexualisation de toutes les relations - snobisme - suscite la colère, le drame, l'intolérance et la frustration.

L'obsessionnel

"Je ne serai jamais aimé pour ce que je suis. je ne serai aimé que si je suis parfait dans tout ce que je fais."

Perfectionniste - moraliste obsédant - attaché aux détails - ne peut avoir une vue d'ensemble - perd du temps - hésitant - fait passer ses idées et ses projets avant ceux des autres - exigeant - dominateur - brutal - ne fait pas confiance - conformiste - conventionnel - têtu - vérificateur et répétitif - égoïste - débordé - peu à l'écoute de ses proches - ignore ses fautes - surmenage.

Le paranoïaque

"Les gens sont dangereux, ils veulent me détruire, je dois donc me protéger d'eux, quitte à les attaquer, à les détruire pour mieux me défendre".

Sur la défensive - prompt à l'attaque - méfiant - se méfie du puissant - méprise le médiocre - critique tout - soupçonneux - généralise - raisonne en permanence - mauvaise foi - agressif - intrusif - maladroit - odieux - jaloux - envieux mais attirant - suscite la haine, l'agression et la vengeance - exclu ou s'isolant - en conflit.

Le dépendant

"Je n'ai pas confiance en moi, je suis plus nul que les autres, j'ai besoin des autres pour exister".

Passif - soumis - cherche les conseils et les réassurances - ne prend pas de décisions - immature et enfantin - évite la solitude à tout prix - a peur de l'abandont - accepte les corvées même humiliantes pour être aimé - son intimité se confond avec la soumission, l'amour avec la complaisance - renonce à ses désirs.

Le border-line

"Je ne veux pas grandir et construire ma vie d'adulte car je n'ai pas encore trouvé quelqu'un qui me donne assez d'amour pour que je puisse apprendre la vie en toute sécurité".

Intensité et instabilité des réactions émotionnelles - impulsif - vide intérieur - ennui - indécis sur sa propre identité - ne supporte ni la contrainte, ni l'autorité - état passionnel permanent - son humeur ne cesse de fluctuer entre tristesse, ennui, vide intérieur, colère, révolte, exaltation, abattement - vit une suite d'instants présents non reliés entre eux.

A ne pas confondre avec l'être spirituel qui lui, vit l'instant présent, mais conscient de ce qui se passe réellement autour de lui et en lui ainsi que son passé, son présent et son avenir réel et non fantasmé.

Le narcissique

"Je doute tellement de moi, de mes valeurs, de mes capacités que je passe mon temps à chercher des preuves que je suis quelqu'un de bien".

A un besoin constant d'admiration - intolérant à la critique - certain de mériter un statut privilégié - indifférent aux autres et a tendance à les exploiter - veut tout contrôler - susceptible - arrogant - vantard - pompeux - il a un charme dans la désinvolture et dans une élégance soigneusement étudiée - jaloux - recherche la compagnie des célébrités - s'alarme aux moindre soucis de santé - flatteur.

Le psychopathe

"La vie est un jeu de quilles à faire tomber. Je suis seul dans ce monde que je dois asservir pour pouvoir exister".

Passe à l'acte - impulsif - actions absurdes, hasardeuses ou violentes - rupture brutale d'une relation - compulsif, il ne prend pas le temps de la réflexion, de l'imagination, de l'hypothèse - transgresse les lois - intoxiqué par l'agir - méprise les autres - ne fait pas confiance - morose - simpliste - sans tendresse - il fonce - débarrassé des sentiments - n'accepte pas les lois , les engagements, les impôts - Pas de souvenirs, de remords - ne comprend pas la souffrance - incapable d'imaginer la situation de l'autre - a sa propre morale égoïste, irréelle.

Le schizoïde

"La communication avec les autres est dangereuse. J'observe mais je reste à l'écart sinon je ne pourrai pas exister".

Peu actif - léthargique - expression verbale rare et monocorde - impassible - manque de vitalité, démenti par un état général florissant - distrait - guindé - maladroit - ennuyeux - passe son temps en solitaire (ordinateur, collections) - isolé de la société - affectionne la philosophie abstraite sans lien social - paraît absent - sans réaction - imperméable aux sentiments amoureux - exerce une fascination en particulier sur les femmes romantiques - sans tendresse.

Le schizotypique

"Je ne connais que mon monde. Je n'ai rien compris du monde des autres. Je ne sais pas communiquer avec les autres, nos langages sont très différents".

Excentrique, bizarre - anormal - craint les autres car il ne les comprend pas -original - ivresse intérieure - extravagant - maigres relations sociales - rires inattendus - mimiques grimacières - insensible à toute relation suivie - incompétent - maladroit - enfermé sur lui-même.

Le passif agressif

"Personne n'est capable de me comprendre, mais ils ne m'auront pas comme ça. Je les dérangerai jusqu'à ce qu'ils m'écoutent et me comprennent".

Comportement d'opposition passive, silencieuse, sans heurts ni déclarations hostiles - oublie certaines tâches - les accomplit avec une lenteur délibérée - remet au lendemain - activité professionnelle inefficace, irrégulière, peu investie - attitude cassante - fait du mauvais esprit - se moque - fait des allusions - comportements impulsifs qui explosent après des périodes de doutes - irritable - hésitant - plaintif - culpabilise les autres - insensible aux conseils et aux confidences - périodes d'autonomie agressive, alternant avec des états de dépendance dépressive.

Le dépressif

"La vie est une punition. Je me demande tous les jours si elle vaut le coup d'être vécue. Et si je la quittais ?".

Sombre - pessimiste - sérieux - incapable de joie et de relaxation - calme - passif - indécis - sceptique - hypercritique - se plaignant - se tourmentant - broyant du noir - attaché au devoir - consciencieux - autodiscipliné - doutant de soi - autocritique - préoccupé par les échecs, les événements négatifs - somnolence - tendance à la passivité, surtout le matin.

Personnalité à conduite d'échec

"Tout le monde m'a dit que j'étais nul. Et ils ont raison. Je le vérifie tous les jours dans mes actes".

Se dirige souvent vers les situations difficiles et douloureuses - évite les moments heureux et profitables - dépressif - manque les tâches essentielles - se sacrifie même sans demande de l'autre - refuse l'aide - provoque la colère et le rejet de l'autre - se sent humilié et blessé.

Évitant

"Si je suis isolé, je serai protégé du monde dangereux, des autres qui veulent m'anéantir".

Évite les contacts humains trop intimes - redoute et fuit les relations avec le sexe opposé - ne s'engage pas dans une relation suivie - s'isole dans un monde monotone, routinier - se sert parfois de son métier pour rentrer en contact - évite la confrontation - n'exprime pas ses sentiments, ses émotions, ses besoins, ses désirs.

Masochiste

"Je ne serai jamais aimé pour ce que je suis, je dois donc me sacrifier, donner et servir beaucoup plus que je ne le voudrais, pour être aimé".

Hyperactif, s'engage beaucoup et souvent trop - se plaint souvent - prêt à rendre service et se plaint après - souvent soumis au sexe opposé - rouspète mais se soumet.

Le mythomane

"Ma vie est insupportable. Je préfère inventer pour moi une vie meilleure en transformant la réalité".

Ses désirs et ses phantasmes passés, présents ou futurs deviennent des réalités, des certitudes dans son mental.

D'autres systèmes de fuite :
C'est souvent notre seule façon de nous protéger avec nos limites actuelles.

- s'évader dans le rêve,
- s'isoler dans un couvent,
- voyager souvent,
- l'hyperactivité,
- de l'hyper-dévouement dans l'humanitaire, l'écologie,
- l'engagement dans les partis politiques extrémistes,
- les sports à risques, etc.

Ce document a pour simple but de nous montrer ce que nous croyons être. Notre personnalité est en réalité un système de défense fabriqué depuis notre enfance et qui n'a rien à voir avec notre être véritable. Je pense que notre chemin intérieur est de mettre à jour notre système de défense personnel, ce qui nous amènera petit à petit à découvrir les blessures très anciennes qui ont provoqué la construction de ce système. Nous découvrirons ainsi son inutilité en tant qu'adulte. Par conséquent, il s'atténuera progressivement dans la mesure où nous acceptons notre identité et nos limites.

Les explications de ce document sont très succinctes, et seul un travail de thérapie avec un professionnel peut nous aider véritablement dans une voie de libération. D'autant plus que nous sommes très habiles pour nous mentir sur nous-mêmes par protection inconsciente afin d'éviter de ressentir nos souffrances anciennes.

La méconnaissance de notre système de défense est à mon sens à l'origine des échecs ou des blocages en recherche spirituelle ; c'est en particulier le problème de tous les "gourous" des sectes, croyant être de bonne foi. Ils ne sont pas guidés par l'argent comme on voudrait bien nous le faire croire, l'argent n'étant que l'outil de leur mégalomanie.

Tout être humain est par essence naturellement bon, sans exception, à condition qu'il connaisse et désactive son système de défense, de croyances, de peurs et de désirs.

LES SYSTÈMES DE DÉFENSE ÉNERGÉTIQUE

Ils sont différents des systèmes de défense psychique, même s'ils sont reliés avec eux. Le corps se fabrique un système de défense énergétique *(étudié en particulier par W. REICH).*

Nous avons la possibilité de distribuer notre énergie dans notre corps et vers l'extérieur (vers les autres) et d'en prendre de l'extérieur (parfois nous la volons aux autres).

Blocage de circulation d'énergie dans le corps (tension) :

Nous avons le pouvoir d'en modifier la répartition afin de nous protéger de notre environnement et de nous y adapter, pour survivre, ce que nous avons fait dans notre enfance. Malheureusement nous avons figé notre système en l'empêchant d'évoluer avec notre nouvel environnement.

Il y a deux grands inconvénients :

1) Notre vie change, en particulier à l'âge adulte, et également après une grande rupture de vie (deuil - séparation - chômage - enfants quittant la maison - retraite, etc.).

2) Les parties du corps non irriguées d'énergie tombent malades et cela peut aller jusqu'à la mort.

Quelques exemples :

Les masochistes, pour satisfaire leur envie permanente de rendre service, ont tellement besoin d'énergie qu'ils l'empêchent de s'échapper de leur corps en l'enveloppant de façon hermétique. D'autres, en croisant leurs jambes, économisent l'énergie pour l'amener en haut de leur corps, dans la tête pour la réflexion, la concentration. Pour d'autres, c'est par l'énergie qu'ils ont mise dans leurs bras ou dans leurs jambes qu'ils se sont adaptés à la vie (artistes, travailleurs manuels et physiques). D'autres, c'est dans le coeur, le dévouement (comme les infirmiers, les religieuses).

Les différentes approches corporelles comme le yoga, la bio-énergie, la végéto-thérapie, le Taïchi, le Gikong, les arts martiaux, etc. sont faits pour rétablir une circulation homogène d'énergie, nous éviter des maladies et nous armer pour affronter les nouvelles situations.

Fermeture des chakras

Si nous fermons des robinets d'entrée d'énergie (chakras), c'est que nous avons reçu de l'énergie négative à un moment de notre vie, ou pas reçu d'énergie, par ces chakras et ils se sont fermés progressivement.

Exemples:

- Je n'ai pas reçu d'amour, de tendresse, mon chakra du coeur s'est fermé. Je suis incapable de le recevoir et d'en donner.

- Personne ne m'a encouragé à faire selon mes désirs profonds, bien au contraire. Alors le chakra du soi au dessus du nombril s'est fermé.

- Personne ne m'a montré que je suis relié à la terre, à tous les autres éléments : humain, animal, végétal, minéral : alors mon chakra du périnée s'est fermé.

- Mes intuitions étaient contredites verbalement ou par des actes, alors mon chakra entre les deux sourcils s'est fermé.

- Ce que je disais était contredit ou interdit alors mon chakra de la gorge s'est fermé.

- Mes "créations" étaient moquées ou je n'avais pas d'espace pour créer (chant, danse, dessin, jeux etc.) alors mon chakra du bas-ventre, de la sexualité s'est fermé.

- Ma spiritualité, mon lien avec l'univers n'a pas été, ou mal entretenu (les religions ayant perdu leur sens) alors mon chakra au sommet du crâne s'est fermé.

Déformation de l'aura

A ce document est joint une planche montrant comment les perturbations de mon aura (mon système énergétique en communication avec l'extérieur) perturbe et rend difficiles les relations avec les autres; et souvent notre système, se combinant avec celui de l'autre, nous détruit tous les deux.

Nous pouvons apprendre à ressentir notre système de défense extérieur simplement en observant notre corps, nos sensations quand nous sommes dans un lieu ou avec une personne et suivant la distance avec ce lieu ou cette personne.

Déformation de l'Aura énergétique

(A)

effacement - fuite

(B)

fusion - dépendance

(C)

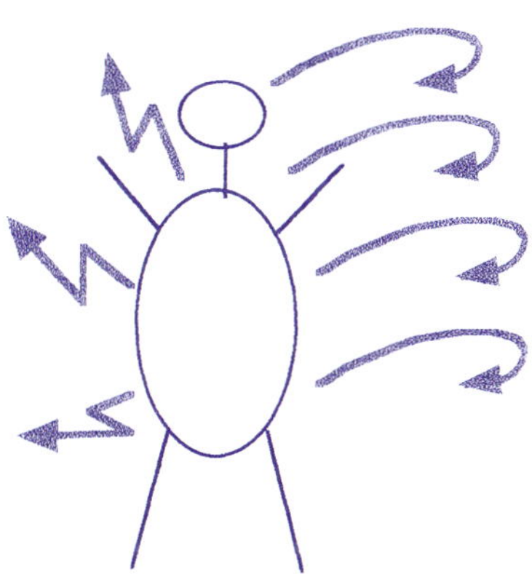

contrôle (de l'autre) - séduction

(D)

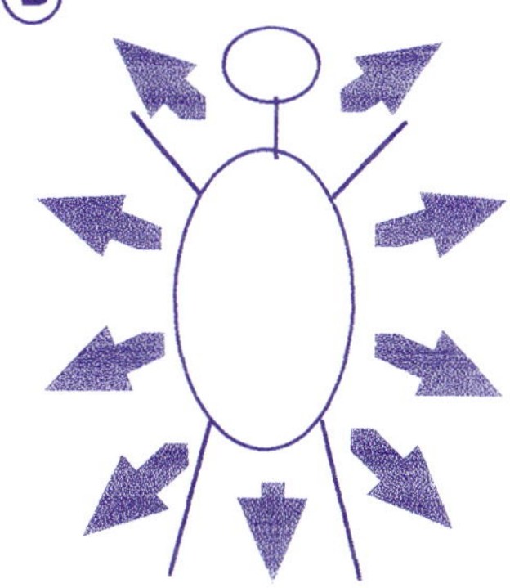

masochisme (trop donner)

(E)

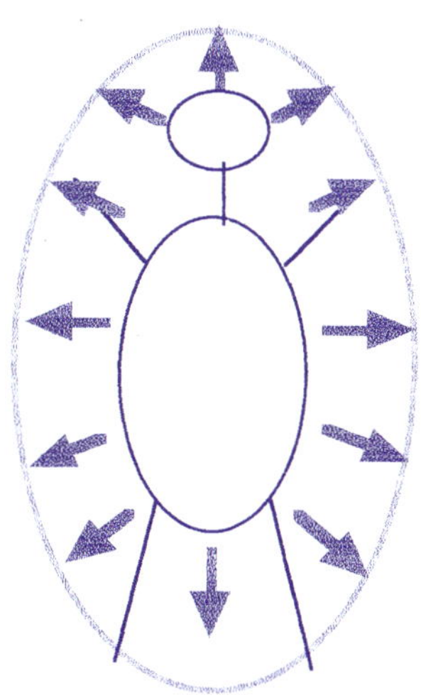

rigidité (contrôle de soi)
bouclier énergétique qui empêche l'échange

F

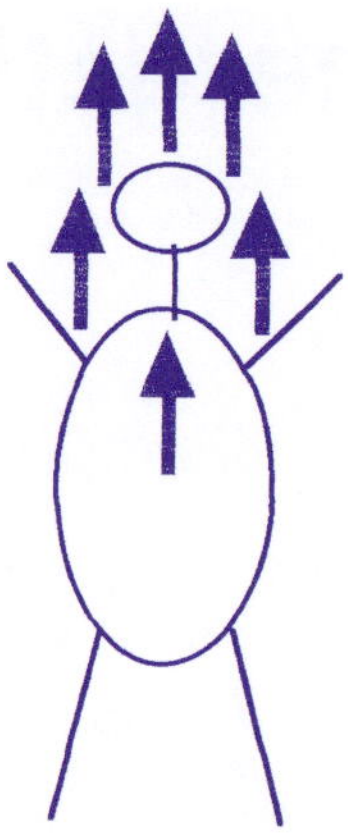

Mysticisme - délire mystique
spiritisme - paranoïa - gourou de secte

G

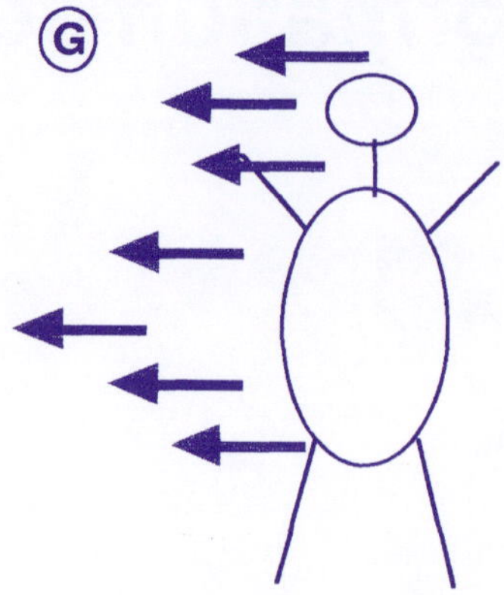

je ne me possède plus, je me donne,
je me soumets à ma famille, à mon
conjoint, à ma religion, à ma secte
(à gauche ou à droite - vers féminin
ou vers masculin)

H

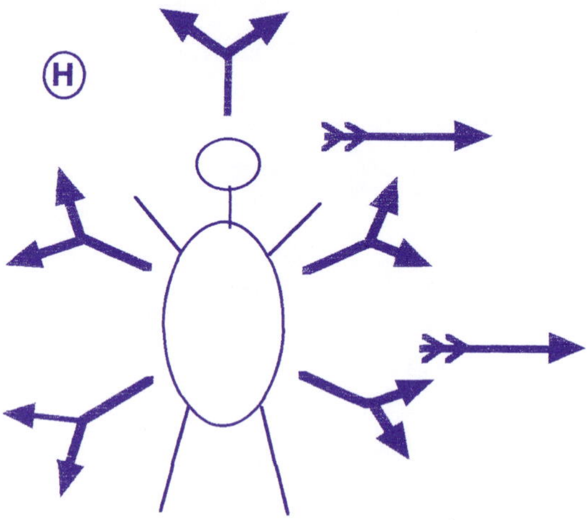

j'envoie des flèches pour me défendre
afin de ne pas être atteint par l'autre,
pour ne pas rentrer dans son monde

I

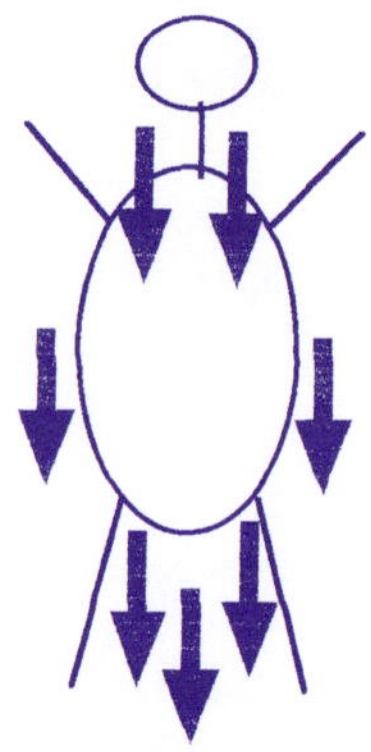

je m'enfonce dans la terre, je retourne
à la nature, j'évite ainsi le contact humain

J

je fonds dans la morosité, le contact avec moi est gluant, impossible

Tous ces systèmes de défense fabriqués dans l'enfance empêchent les vrais contacts humains qui, eux, comportent la vigilance et le discernement de l'adulte.

Exemples d'exercices afin de corriger mon Aura :

Ⓐ J'ose imaginer que l'autre peut avoir autant de souffrances que moi. J'ouvre une porte à l'échange intime. J'ose parler, j'ose écouter, j'ose entendre. Je m'accepte tel que je suis.

Ⓑ J'ose marcher seul, vivre seul, sentir l'univers en moi, avec moi. Je découvre ma grandeur intérieure, mes pouvoirs, mes devoirs, mon chemin personnel et unique.

Ⓒ Je pose mes armes, je me montre nu, vulnérable face à l'autre. Je choisis un lieu et une personne où je ne risque rien, un maître spirituel lavé du désir, du pouvoir et de la possession. J'utilise la religion dans son sens initial, pas dans ses croyances.

Ⓓ Je me fais passer en priorité, je me donne ce que je donne aux autres. Je n'attends pas de l'autre ce que je pourrais me donner moi-même. Je laisse la liberté à l'autre de vivre ses épreuves, ses souffrances. En m'occupant de moi, j'obéis à Dieu, à l'univers et je donne ainsi le plus beau cadeau qu'il soit à l'autre.

Ⓔ J'ose la tendresse du toucher, du regard et de la parole. Je lâche mon bouclier pour ressentir, pour pleurer, pour vivre l'intimité en moi et en contact avec l'autre. Je laisse mourir toutes mes croyances une à une. Je lâche prise, je relâche mon corps et tous mes désirs.

Ⓕ Je masse mes pieds, je ressens le contact avec le sol. Je marche dans la nature. Je marche pieds nus. Je respire dans mon ventre et aussi dans mes pieds.

Ⓖ Je me tourne énergétiquement du côté opposé : - soit vers le féminin, la douceur, la tendresse, le massage, les caresses (donner et recevoir).
- soit vers le masculin : construire, agir, s'engager, planifier, créer, demander.

Ⓗ Je pose mes armes, je lâche prise, j'entends plutôt que de comprendre. Je m'ouvre aux autres, je ressens, j'accepte.

Ⓘ Je prie, je vais vers une religion. Je recherche des contacts humains bénéfiques pour moi. Je parle, je questionne, j'ose.

Ⓙ Je sors. Je vais dans la nature, dans une église, un temple, une mosquée, une synagogue. Je vais dans un groupe chaleureux. J'écoute plutôt que de me plaindre. Je profite, je savoure.

Toutes ces déformations de l'Aura peuvent bien-sûr se combiner entre elles.

Les Chakras

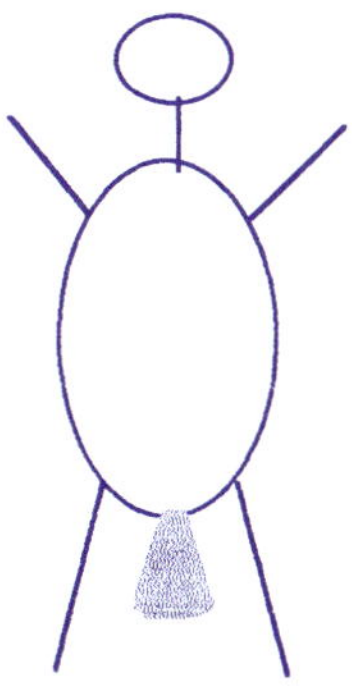

relié à la terre nourricière, à la réalité - notre existence est voulue et utile

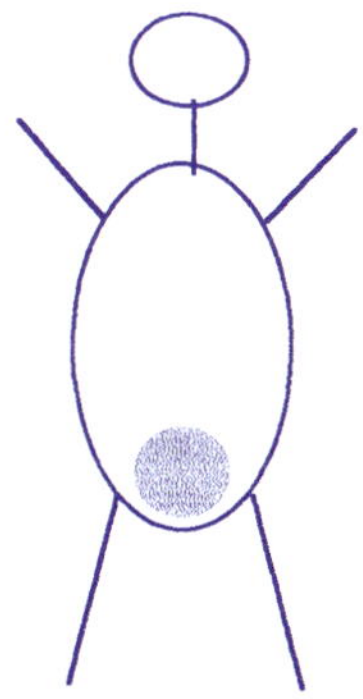

la chaudière énergétique, le carburant en réserve, pour agir, exister, créer

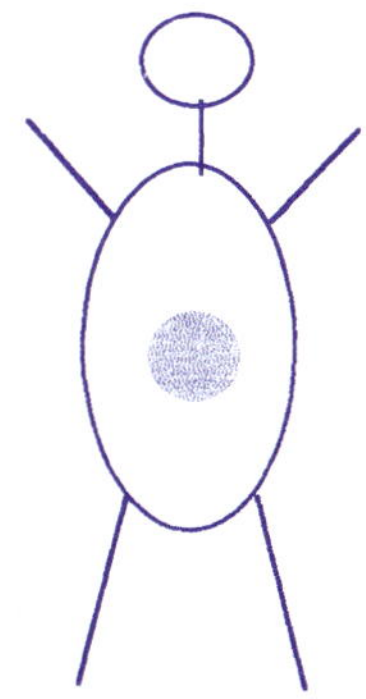

notre centre, notre être, notre mémoire personnelle et unique

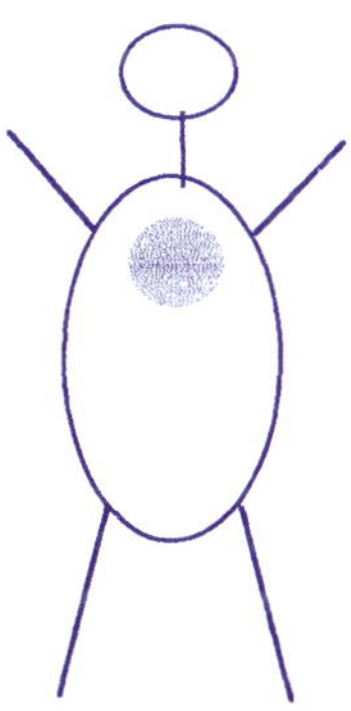

notre centre du coeur d'où partent toutes les liaisons qui nous relient aux autres pour donner et recevoir

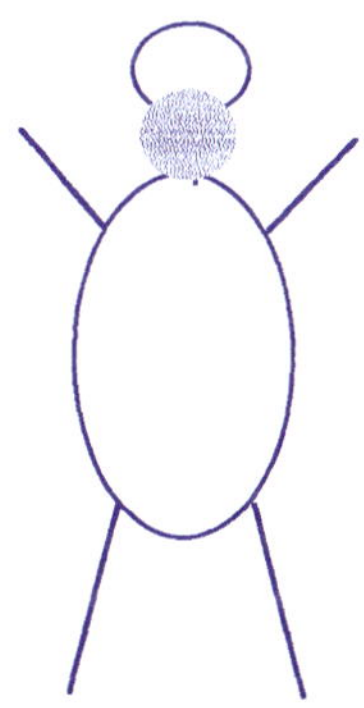

l'émetteur - récepteur de la communication, qui transforme les messages en ondes reconnaissables facilement par nous et par l'autre

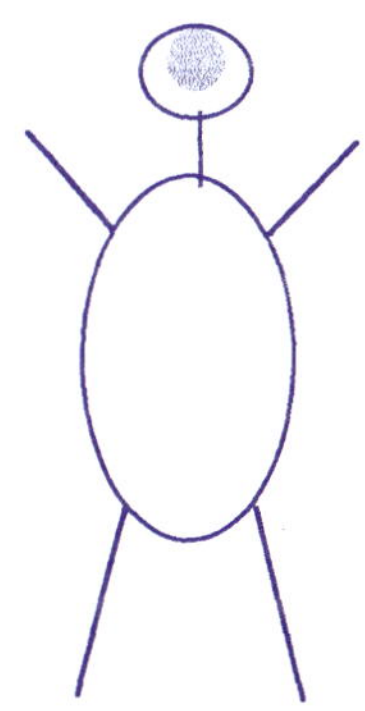

le troisième oeil, le récepteur de l'univers entier, de l'intelligence suprême, de l'intuition

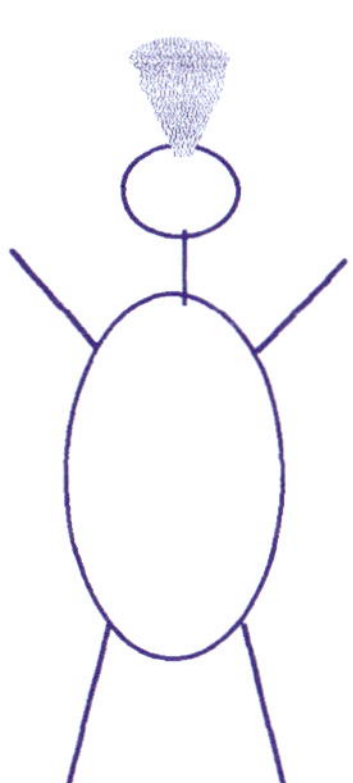

l'antenne tournée vers l'univers, le point d'attache de notre "Fil de Soi" relié à "Dieu"

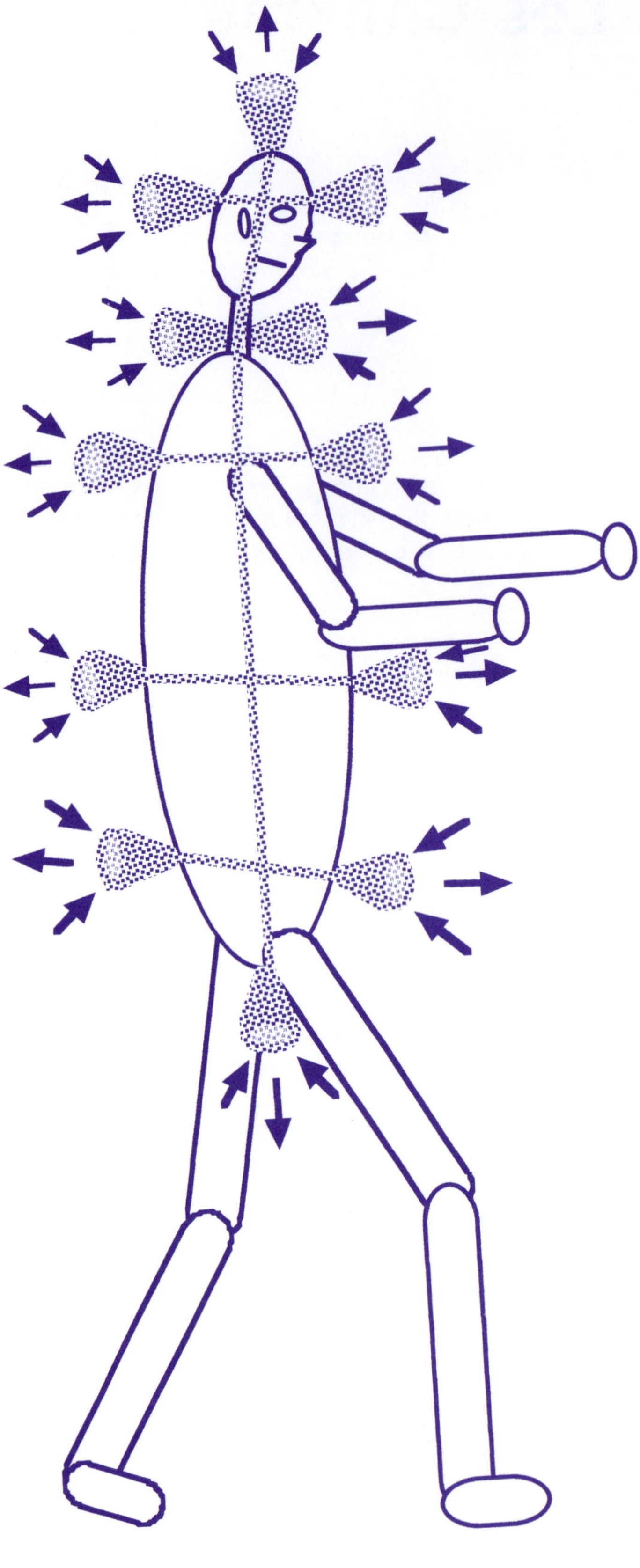

LES VOLEURS D'ÉNERGIE

Voici 4 systèmes pour prendre l'énergie des autres car nous avons oublié que nous pouvons la prendre directement dans l'univers.

Intimidateur : menaces verbales ou physiques. Nous sommes obligés par simple peur, de faire attention à lui ou à elle et donc de lui donner inconsciemment notre énergie.

Interrogateur : il pose des questions et trouve toujours quelque chose à redire aux réponses. L'autre est gêné, il est attiré par son mécanisme, il est harponné et annihilé par l'interrogateur. Il a peur de dire quelque chose de mal qui pourrait lui être reproché. C'est cette déférence qui donne à l'interrogateur l'énergie qu'il souhaite.

Nous devenons interrogateurs quand nous avons eu des parents absents ou préoccupés par leur carrière (par exemple).

L'indifférence fabrique les interrogateurs.

Indifférent : vague et distant, essayant d'intéresser l'autre mais sans lui révéler quoi que ce soit de lui-même qu'il puisse critiquer. Les interrogateurs fabriquent les gens indifférents.

Plaintif : joue la victime - raconte des choses pénibles - nous laisse entendre notre responsabilité. Si nous lui refusons notre aide, cela risque de lui confirmer que nous n'en faisons pas assez pour lui. Il est intimidé par l'autre, il craint pour sa sécurité.

Les systèmes s'entraînent mutuellement. Nous devenons plaintifs devant un intimidateur si l'indifférence ne suffit pas. Si cela ne suffit pas encore, nous attendons de devenir assez forts pour répondre à l'agression en devenant un autre intimidateur, agressif ou passif, en jouant avec la sympathie ou la culpabilité des autres pour attirer l'attention.

La manipulation par le visage, les mimiques, les attitudes corporelles :

- Une moue ou une grimace de reproche,
- un air de petite fille fragile,
- un air menaçant,
- un sourire séducteur,
- notre habillement, le maquillage,
- se donner l'air méchant,
- se donner l'air gentil

Toutes ces attitudes tentent de détourner l'autre de la réalité, de son propre ressenti pour toucher une fibre en lui de l'enfant qui ne veut pas perdre sa mère ou qui a peur de son père.

Combinées avec notre système de défense énergétique et psychique, elles contribuent à la manipulation de l'autre et à le faire quitter son être véritable.

Les systèmes relationnels destructeurs

A cause de nos blessures, nous entrons en relation avec des systèmes préétablis dans notre inconscient. Nous prenons un rôle que nous connaissons bien puisque nous l'avons appris dans notre enfance avec nos proches. Et, "comme par hasard", nous côtoyons des personnes qui correspondent aux rôles inverses pour s'harmoniser avec le notre. Nous continuons ainsi le système qui nous a détruit dans notre enfance, c'est à dire qui nous a fait quitter notre être essentiel. Ces systèmes peuvent se cumuler entre eux :

Le bourreau et la victime Le bourreau est une victime qui s'ignore.

Celui qui est abandonné avec celui qui abandonne Une répétition bien connue.

L'envahisseur et l'envahi Les limites de territoire sont inconnues par l'un et l'autre.

Le fils avec sa maman Un désir d'inceste refoulé, non accepté, par honte.

Le père avec sa fille Un autre désir d'inceste refoulé, non accepté, par honte.

Le juge et le coupable Le juge se sent coupable mais il n'en est pas conscient.

L'amuseur et l'amusé Un "jeu" d'enfant pour obtenir de l'amour, en vain.

Le gourou et le disciple Des rôles qui rassurent pour échapper à sa solitude.

Le sauveur et le protégé Une façon détournée de nier ses propres besoins.

Le supérieur et l'inférieur Un jugement de valeur qui évite la confrontation.

Le dominateur et le dominé La peur, toujours la peur, sous toutes ses formes.

Le manipulateur et le manipulé Pour ne pas perdre le contrôle et ne pas être trahi.

Il n'y a pas de bien et de mal dans ces différentes personnalités, mais simplement des habitudes de comportement prises à la suite de manques ou de trop-pleins dans la relation avec nos parents pendant notre petite enfance. La souffrance, les désirs et les peurs refoulés se cachent derrière ces rôles.

Tout jugement de valeur nuit à notre propre guérison ou à celle de l'autre. Seules la compassion, l'écoute et la tendresse (que je me donne ou que je donne à l'autre) peuvent nous aider à en sortir. Aucun conseil préfabriqué ne résout ces problèmes, il faut souvent beaucoup d'années pour en venir à bout. C'est à dire qu'il ne faut pas changer son comportement avec culpabilité mais le reconnaître, et accepter d'aller combler nos manques ailleurs que dans la relation intime, professionnelle ou amicale. Autrement dit, avec l'aide d'un thérapeute, d'un groupe de parole, de stages spécifiques, et aussi en pratiquant une religion, la méditation ou la prière.

Le but n'est pas de justifier notre souffrance mais de l'accepter

Nos inconscients "gigogne"

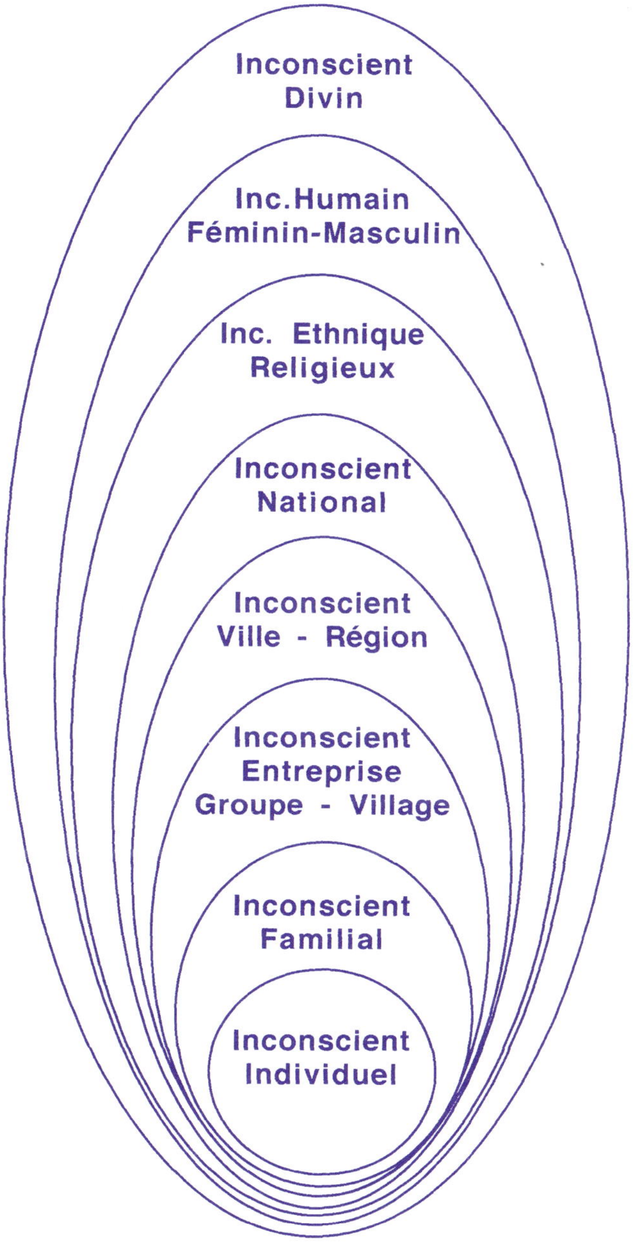

Les mêmes lois régissent chaque inconscient,capable de nous détruire ou de nous faire évoluer vers la paix, la joie, le bonheur. Nous avons un pouvoir immense sur nos vies.

Les différents inconscients à chaque étage se combinent entre eux par la loi universelle de l'équilibre, et une névrose individuelle ou collective s'harmonise à une autre névrose. Seul un travail de connaissance et de conscience interne peut débloquer le mécanisme négatif et destructeur.

Un individu provoque sa sagesse ou sa névrose. Une famille, un peuple provoque sa réussite sociale, sa névrose, sa haine ou son amour.

Ce sont nos pensées, négatives ou positives qui provoquent autant de conséquences, d'où l'intérêt des prières (positives) et des mantras.

Exemples: - les religieux ouverts, tolérants sont entourés d'amour et les religieux fanatiques sont entourés de haine et de violence.
- les religions créant le mystère, l'élitisme, le secret ou l'isolement provoquent un jour ou l'autre le besoin d'élimination par le reste des humains.
- les pensées des hommes et des femmes provoquent la guerre des sexes.
- les pensées d'un peuple provoquent la guerre ou la paix.

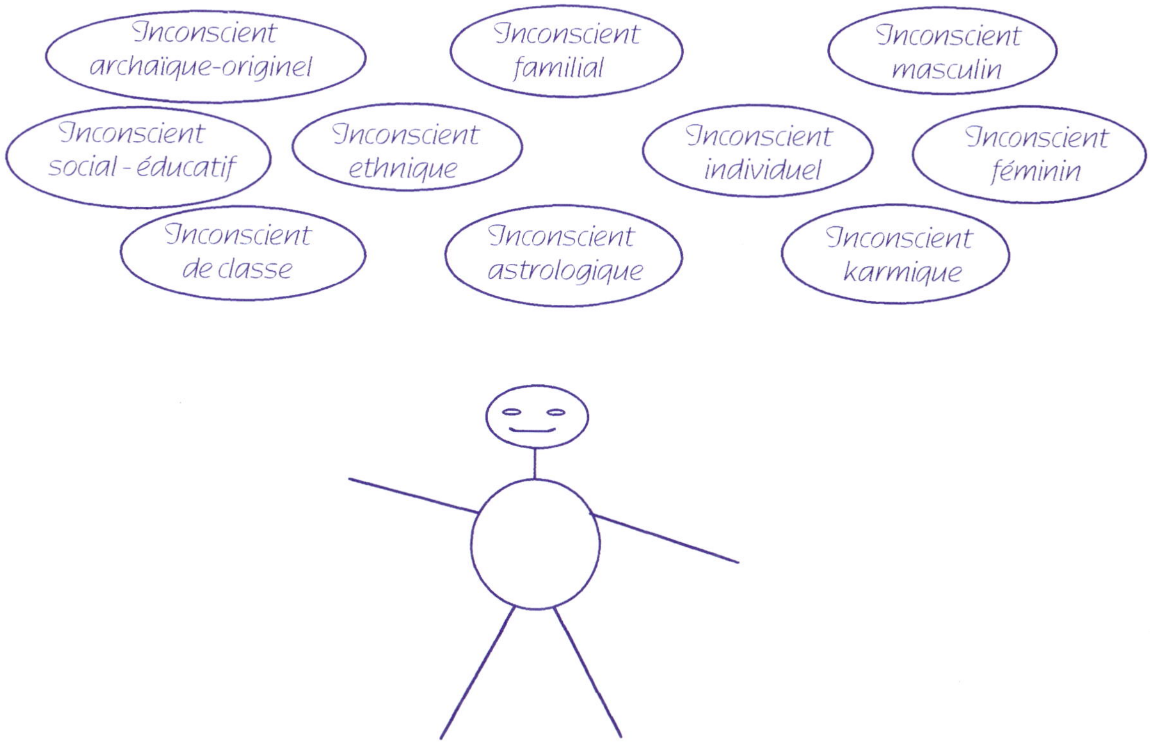

Inconscient individuel Toute mon histoire, du ventre maternel à l'âge adulte, mes blessures de l'enfance, mes attachements, mes croyances, mes peurs.

Travail sur soi: thérapie avec régression, actes symboliques, massage et travail sur le corps, rompre les liens, les attachements,travail du miroir avec la personne que j'ai devant moi.

Vérité: la seule vérité est au fond de mon être.

Inconscient familial Les secrets de famille, les névroses répétées de génération en génération,la répétition d'une épreuve d'un de mes ascendants.

Travail sur soi: psychothérapie, rompre les liens, symbolisations

Vérité: je n'ai rien à garder en moi de l'héritage familial.

Inconscient social - éducatif La morale, le devoir, le bien et le mal, toutes les croyances imposées par ceux qui ont jalonné ma croissance, y compris les religieux.

Travail sur soi: je recherche ma vérité, mon chemin de vie inscrits au fond de mon être, mon divin intérieur avec au besoin un maître spirituel en évitant d'autres croyances, religieuses ou sectaires.

Vérité: Aucune règle de vie, morale ou croyance ne peuvent m'être imposées si je ne les sens pas comme justes en moi.

Inconscient de classe La croyance que mon destin est prédestiné par ma classe d'origine: ouvrier, bourgeois, aristocrate, fonctionnaire,intellectuel, petit chef, etc...; avec toutes les fausses valeurs véhiculées par ces groupes.

Travail sur soi: je découvre dans chaque classe des êtres de grande valeur, je sens dans laquelle je suis le plus à l'aise et je choisis mon vrai chemin de vie.

Vérité: mon chemin de vie ne dépend pas de ma classe d'origine.

Inconscient ethnique Le mode de vie et les croyances de la race d'hommes dont je suis issue comme la dépendance maternelle des méditéranéens, l'argent comme instrument de pouvoir des américains, la spiritualité noyée dans le culturel des asiatiques, l' orgueil des européens du nord, la sensualité et le tribalisme des africains, etc... (notre culture)

Travail sur soi: je découvre les autres cultures et les autres religions pour retrouver, derrière elles, l'essence de la spiritualité, le divin en soi.

Vérité: je serai complet si je prends le positif des différentes cultures sans en placer aucune en vérité universelle.

Inconscient originel La perte de la sensation d'appartenir à un tout - La séparation en chacun de nous du féminin et du masculin (Yin et Yang), différent du sexe.

Travail sur soi: loi de cause et effet, spiritualité, méditation, prière, équilibrage du masculin et du féminin en moi.

Vérité: Dieu ou l'univers ne m'abandonne jamais, il m'envoie des messages à chaque instant - Je peux très bien être masculin et féminin en même temps.

Inconscient masculin La croyance inconsciente que je dois rabaisser, affaiblir l'image de la femme et de la féminité en moi, pour ne pas me faire dévorer par elle. Je dois asservir la femme pour garder ma liberté - Également, j'ai besoin d'une mère près de moi toute ma vie et je recherche ma mère dans ma femme.

Travail sur soi: Je développe mes cinq sens (en particulier le toucher), mon ressenti intérieur, les messages de mon corps. Je recherche ma liberté à l'intérieur de moi et l'indépendance affective par rapport à la femme.

Vérité: je peux garder ma liberté sans asservir aucune femme - Je n'ai pas besoin d'être materné pour trouver toute ma force.

Inconscient féminin La croyance que je dois castrer l'homme, le dompter, l'attacher, le manipuler pour me protéger de sa force. Pour garder mon pouvoir, je dois materner et étouffer - La croyance que j'ai besoin d'un homme pour assumer ma vie matérielle et me protéger.

Travail sur soi: créer ma vie sans me servir d'un homme, garder mon autonomie financière, être une femme avant d'être une mère. Garder ma liberté et laisser mon homme garder la sienne. Quitter le rôle de mère avec mon conjoint. Travailler l'échange et la communication dans le couple.

Vérité: je peux vivre avec un homme sans le castrer, sans le materner, en le laissant libre et garder quand même mon pouvoir sur ma vie.

Inconscient astrologique La croyance que j'ai les même aptitudes que tout le monde. Par ma naissance, je possède des qualités personnelles et des faiblesses que je dois connaître pour créer ma vie dans l'harmonie.

Travail sur soi: thème natal avec un astrologue - thérapeute et relire souvent les principales caractéristiques de mon thème.

Vérité: j'ai mes propres atouts dans la vie que mon thème astrologique m'aide à connaître.

Inconscient karmique La croyance que mon chemin de vie est tracé par ma volonté intellectuelle en négligeant les messages de mon ressenti profond.

Travail sur soi: retrouver mes désirs d'enfant, rechercher mes blessures d'enfance et les croyances qui m'ont dévié de ce chemin. Recherche spirituelle. Thérapie de régression. Travail sur mes rêves ou en rêve éveillé.

Vérité: à ma naissance, je possède un programme gravé en moi qui m'amène à mon chemin de vie et je suis équilibre et joie de vivre si je le suis.

Pour tous: travail sur le corps (Yoga,massages,danse, etc...) et prendre soin de son corps (l'aimer).

PROCESSUS INCONSCIENTS

Sans nous en rendre compte nous utilisons des processus inconscients qui nous permettent d'oublier une souffrance reçue dans l'enfance en modifiant la réalité afin de l'amener à notre pensée de façon rassurante et nous faire oublier nos comportements avec l'autre, ce qui nous évite de nous remettre en question.

La projection : j'attribue à l'autre ce qui m'appartient, ce que je ne peux pas assumer, ce que je n'accepte pas en moi ; par exemple, une émotion, un sentiment. J'attribue à la personne mes affects correspondant à une situation passée, non acceptée où je n'ai pas pu à ce moment exprimer ma tristesse, ma colère, ma peur ou ma joie (situation inachevée).

L'introjection : je m'attribue des émotions, des sentiments, des comportements ou des règles de vie qui ne sont pas les miens. Quand j'avale tout rond une opinion (ex. : il faut, il ne faut pas) j'ai perdu ma capacité de choix, j'ai fait mien le désir, l'opinion d'un autre.

La déflexion : j'adresse à une personne un jugement, un sentiment, une émotion, un ordre, un conseil qui ne lui est pas destiné parce que j'ai peur, je n'ose pas l'adresser à la personne concernée. Ex : j'exprime une colère à mes enfants (qui me sont soumis par nature) destinée à mon patron, à un collègue, mes parents ou mon conjoint.

La rétroflexion : je vais me faire à moi ce qui est destiné à un autre.

Exemples :

- je me mets en colère contre moi pour une dispute, alors qu'au fond je suis en colère contre l'autre.
- je frappe dans ma main ou sur ma cuisse au lieu de frapper l'autre.
- je me caresse au lieu de te caresser.

Toutes les maladies psychosomatiques sont des rétroflexions. Le suicide est aussi une rétroflexion, je me tue au lieu de te tuer.

La proflexion : je manipule mon entourage pour obtenir ce que je veux sans avoir besoin de le demander car je ne supporte pas le refus et la frustration.

La confluence : je n'ai pas de frontière avec l'autre, je le dérange contre sa volonté et je laisse l'autre me déranger, me dicter mes comportements, différents de mes désirs. Je retourne dans la fusion maman / bébé. Il ne peut pas y avoir de vrais échanges, de vrais contacts puisqu'il n'y a pas de zone neutre où je peux rencontrer l'autre.

La situation inachevée : Dans mon enfance, et plus tard sous forme de répétition, j'ai subi des situations de souffrance où je n'ai pas été respecté dans mes besoins, je n'ai pas été écouté dans ma détresse et j'ai gardé enfoui dans ma mémoire corporelle ce besoin de m'exprimer, d'être entendu. Je renouvelle donc toute ma vie des scénarios anciens car j'espère inconsciemment qu'enfin j'obtiendrai la satisfaction de ce manque.

Identification projective : je me projette dans l'autre. Je crois être l'autre. Ex : j'écoute une conférence dont je partage le message. Je crois être l'autre, à son niveau, avec ses capacités. Je suis certain de pouvoir faire ce qu'il fait.
Parfois c'est en négatif, je suis la personne méchante que j'ai en face de moi.

Le but me semble de prendre conscience de nos pensées, de nos émotions, de nos paroles et de nos comportements liés à ces processus inconscients, puis de modifier nos pensées. Et par voie de conséquence, le reste suivra. Nous changeons l'intérieur pour que l'extérieur change. Et, par la loi de cause à effet, nos relations avec l'autre changeront.

Certains de ces comportements, quand ils sont conscients, nous sont utiles dans certaines situations de notre vie et dans nos relations de tous les jours à condition de n'être pas figés comme faisant partie de notre personnalité. Ex: Je rentre en confluence avec mon conjoint par moments dans une profonde intimité - Je m'identifie à l'autre pour comprendre son message et ses besoins.

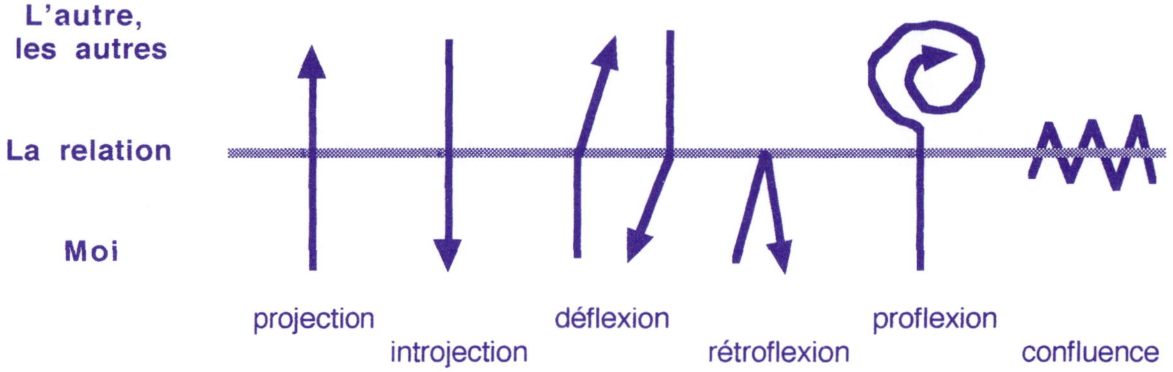

Les termes sont empruntés à l'école de Gestalt.

Ce que Freud a oublié:

-L'empreinte du grand créateur, du chef d'orchestre de l'univers, qui montre que nous formons un tout , que chaque élément a une existence par rapport aux autres éléments, que chacun, chaque chose est présent pour l'utilité de l'autre et rien n'est un hasard.

-La nécessité de la défusion de l'autre (en réalité de sa mère), sans quoi la vision, la sensation de l'existence de Dieu, d'un tout unique, d'un seul organisme vivant comprenant tout l'univers ne peut pas être ressenti.

-La désintellectualisation de son oeuvre permettant de voir derrière le désir sexuel, vers le père ou vers la mère, la recherche d'un simple instrument de pouvoir nous permettant de retrouver l'harmonie, l'amour, la fusion protectrice du ventre de la maman et son pouvoir créateur.

-L'acceptation indispensable d'une ambivalence en chaque être humain (y compris maman), à savoir une partie merveilleusement bonne et l'autre dangereuse, destructrice pour chacun de nous, d'où la recherche de contacts humains profonds (nécessaire à notre épanouissement) mais avec une vigilance (pas la méfiance) de chaque instant.

-Que notre propre maman n'a pas été "suffisamment bonne" pour nous permettre de laisser éclore notre "soi" profond, capable d' "être" sans le soutien des autres et contenant le pouvoir créateur plein d'amour que nous avons tous (le "Jésus en nous"). Et la seule façon de le découvrir est une psychothérapie sérieuse accompagnée d'un chemin spirituel en dehors des religions institutionnelles et sectaires (et pourquoi pas "avec" mais surtout pas "dedans", c'est à dire en rejetant ce qui n'est pas bon pour nous).

-Que notre chemin vers nous-mêmes passe par notre corps qui contient une grande intelligence, une grande mémoire, une grande énergie, un grand amour (qui n'ont rien à voir avec ceux de notre mental) et qui sont là, à notre portée, pour changer notre vie et nous permettre de devenir vivants, incarnés, adultes, responsables mais jamais coupables, afin d'accomplir notre chemin de vie véritable, inscrit dans notre âme et dans notre corps en un tout inséparable.

-Que notre pensée est créatrice et qu'elle nous amène le bon ou le mauvais que nous y mettons.

La théorie de Freud : Ce qui compose notre inconscient

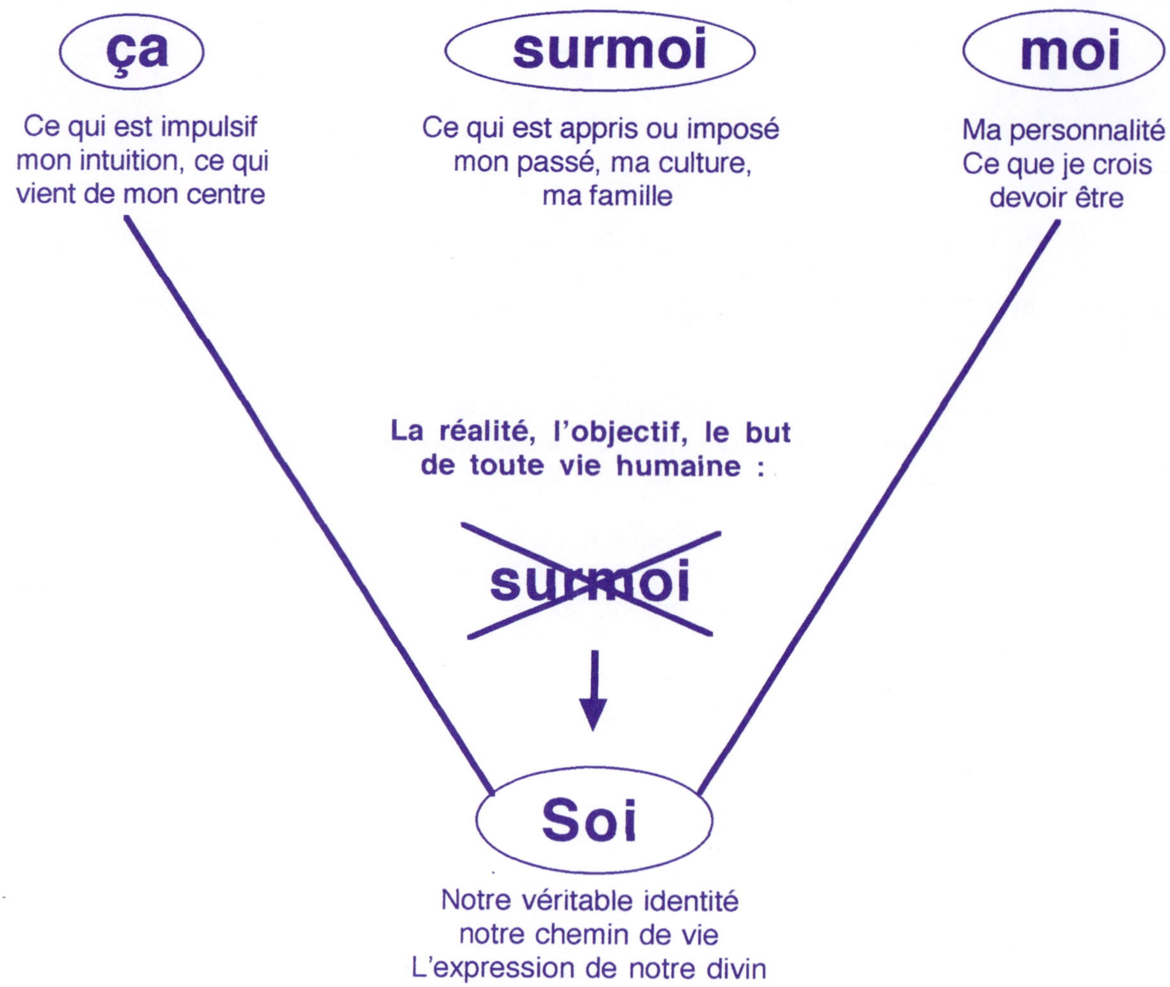

La suppression du surmoi, qui a pour conséquence la réunion du ça et du moi en 1, donne le Soi. C'est à dire la vraie identité divine et non pas la personnalité construite.

Quand je me dis psychologue, psychanalyste ou curé, je transforme mon surmoi mais je ne le supprime pas. Ce qui fait qu'il y aura toujours des points de divergence, de conflit avec d'autres personnes aussi avancées soient-elles spirituellement ou psychologiquement.

Quand je suis en contact avec mon Soi, je ne me dis plus ni psychothérapeute, ni psychologue, ni psychanalyste, ni curé, ni catholique, ni musulman, ni bouddhiste, ni yogi, ni disciple, ni français, ni femme, ni homme, ni mari, ni épouse, ni père, ni mère, ni frère, ni soeur, ni fils, ni fille, ni..., ni..., ni... Je ne peux plus juger personne et je ne peux plus être en conflit avec personne, sauf pour me défendre en protégeant ma place ou mon territoire.

Chapitre 2

Écoute de soi et de l'autre.

Élargir notre conscience en nous et autour de nous.

Notre "Soi" est l'âme de notre être, ce que nous sommes vraiment, il est très différent du comportement, du masque que nous avons fabriqué pour plaire à nos parents, au système éducatif, à toute notre famille. Nous avons répondu à la demande de notre entourage et de tout l'inconscient collectif depuis que l'homme existe.

Nous avons donc une renaissance à effectuer. Pour cela, un éveil de conscience est nécessaire, une ouverture d'esprit à du nouveau; et ce nouveau, c'est l'écoute de soi-même: notre âme, notre corps et notre esprit (notre intuition, notre ressenti profond, notre nécessité impérative).

Nous pouvons découvrir petit à petit le système de défenses et de croyances que nous avons mis en place afin de nous protéger de ce monde dangereux pour nous puisqu'il nous demandait de devenir un étranger à nous-mêmes.

Notre chemin passe par un grand nombre de deuils à faire, d'illusions à perdre. Nous devons découvrir les autres tels qu'ils sont, le monde tel qu'il est, et nous, tels que nous sommes. Et avant tout, l'essentiel est de devenir l'ami de soi-même.

"je me donne le droit d'être comme je suis, même si cela gêne les autres".

Dans notre vie, ce qui nous arrive n'est ni bien ni mal, nous observons simplement. Si je suis capable d'observer ma souffrance, je suis capable d'observer la souffrance de l'autre.

Je mets mon intelligence, mon intellect au service de mon être et non le contraire.

L'amour de l'autre passe par l'amour de soi et l'amour de soi existe si je suis en accord avec mon chemin de vie, ce qui est programmé en moi avant ma naissance et qui se confirme par mes attitudes dans mon enfance. C'est la seule façon de me mettre en paix avec moi-même, de m'aimer et d'aimer l'autre.

L'écoute de soi nous amène du ressenti de notre corps jusqu'au spirituel, c'est-à-dire au sens de notre vie.

Pour nous libérer d'une souffrance refoulée, nous devons passer par les sensations du corps puis laisser aller les émotions qui surgissent (colère, peur, tristesse, joie). Ensuite nous comprenons ce qui s'est réellement passé en nous pour enfin accepter la souffrance et retrouver la paix intérieure, la plénitude.

Chemin de conscience:

Spirituel
↑
Volonté (Action)
↑
Mental (pensées)
↑
Émotions
↑
Corps (sensations).

L'amour de soi et des autres, c'est le médicament universel. Mais nous ne sommes pas responsables de la santé, du bonheur des autres, de nos enfants, de notre conjoint, de nos parents. Chaque être a le même pouvoir sur sa vie. Nous ne pouvons être que des accompagnateurs.

Les deux fléaux qui nous empêchent de reconnaître et d'accepter nos besoins sont l'attachement et la fusion. Les deux schémas suivants nous montrent la différence entre les deux :

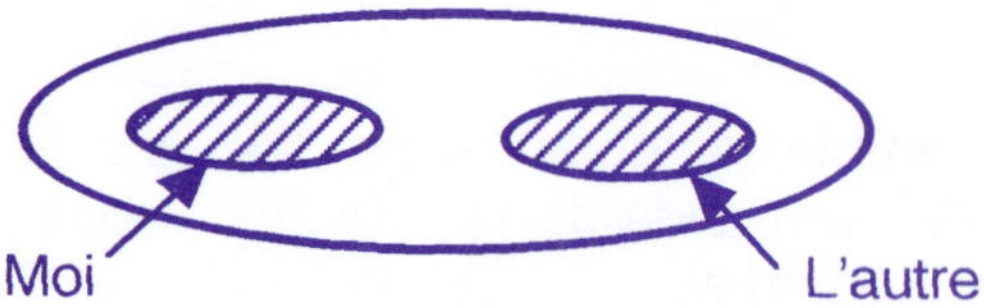

Fusion :
Ne connait pas la confrontation
ni la frontière avec l'autre

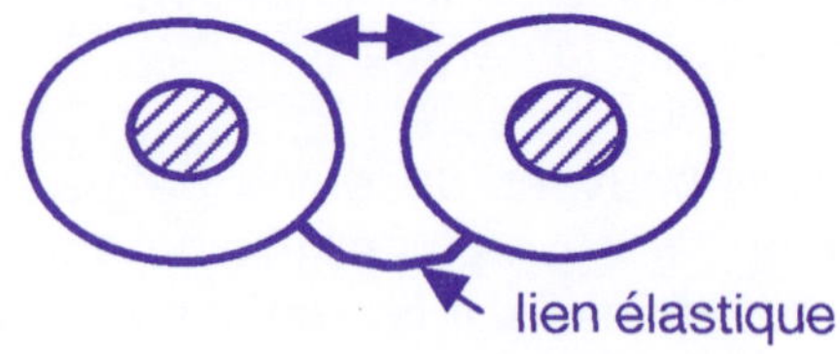

Attachement :
Connait bien la confrontation

Dans la fusion, toute notre agressivité est refoulée alors que dans l'attachement toute notre agressivité ne suffit pas à couper le lien mais seulement à tendre l'élastique qui revient toujours en sens contraire avec force.

Dans notre chemin de connaissance du Soi, nous pouvons nous faire aider par des livres ou par des thérapeutes mais afin d'éviter le piège de l'intellect, la formule de Lise Bourbeau me paraît très utile : "Plus c'est compliqué, plus c'est intellectuel; plus c'est simple, plus c'est intelligent".

Nous devons apprendre le discernement: savoir quand c'est juste et quand ça n'est pas juste pour nous-mêmes, même si c'est juste pour un autre.

Un autre piège est celui du romantisme. Quand nous sommes dans le romantisme, nous sommes dans l'imaginaire. Quand nous ressentons la beauté, la merveille des êtres et du monde qui nous entourent, nous sommes dans le réel.

Nous devons comprendre la différence entre émotion et sentiment. L'émotion, c'est le sentiment perturbé.

Le sentiment est une réaction appropriée à la situation du moment présent.

L'émotion est une réaction psychologique due au réveil d'une sensation correspondante à une situation passée (de souffrance ou de joie).

Nous devons accepter nos émotions, elles existent; et de plus, elles sont un magnifique outil pour comprendre nos souffrances, nos joies du passé.

Les 4 principales émotions sont : la colère, la peur, la tristesse et la joie. Mais elles ont toutes une seule origine : la peur (d'autres émotions découlent de cette peur : l'orgueil, la honte, la jalousie, la culpabilité, l'angoisse, l'excitation, la rancune, etc...). Il s'agit de la peur de perdre quelque chose ou quelqu'un, ou la non-acceptation de cette perte, cela s'appelle un deuil non accepté. Quand nous acceptons de rentrer dans notre peur en acceptant les autres émotions, nous pouvons découvrir que nous sommes remplis d'Amour pour les autres, pour nous-mêmes, pour l'univers. L'amour est naturel à l'homme, la peur est rajoutée par nos blessures inconscientes.

Ce n'est pas le manque d'amour de nos parents que nous regrettons le plus et qui nous rend malades psychiquement mais bien de ne plus avoir personne à qui donner, avec qui échanger de l'Amour. Nous avons un besoin fondamental de donner et de recevoir.

Nous pouvons être heureux même si nous ne recevons pas d'amour dans notre famille à condition de découvrir que nous sommes capables de donner cet amour à un malade, un élève, un handicapé, un enfant du Tiers-Monde. Également à son jardin, sa maison, son oeuvre, son animal familier. Nous recevons en échange un sourire ou la beauté de ce que nous avons créé.

Chaque être humain a besoin de donner. Il suffit qu'il découvre un endroit où il peut donner, à des gens qui sont capables de recevoir, de remercier, et la personne la plus capable de recevoir que nous connaissions c'est nous-mêmes. Le plus beau cadeau que l'on puisse se faire, c'est un chemin intérieur psychologique et spirituel à la recherche de son âme et d'ôter l'image que nous nous sommes fabriquée.

<u>Quelques remarques personnelles apprises et ressenties avec différents maîtres :</u>

- la personne et son comportement sont deux choses différentes.

- je fais confiance à mon ressenti, je laisse de côté mon raisonnement.

- tout est changement permanent, tous mes jugements sont faux.

- les autres sont des miroirs pour me faire avancer.

- l'ouverture de mes cinq sens, y compris et surtout le toucher, est essentielle.

- j'aime tendrement mon corps et j'en prends soin.

<u>L'écoute de soi se situe à cinq niveaux :</u>

- **le corps** (sensations physiques),
- **les émotions** (ce que je ressens),
- **les pensées** (ce qui vient à mon esprit ici et maintenant),
- **l'énergie** (la libre circulation de mon énergie dans mon corps et vers l'autre),
- **l'intuition** (les messages étranges, impromptus, les besoins impératifs de mon être).

Pour comprendre qui je suis et mes besoins, je développe la présence et l'écoute de l'autre à chaque rencontre et principalement avec ceux que je crois connaître (mes enfants, mon conjoint, mes amis). En thérapie, il est passionnant de constater à quel point nous croyons connaître la personne avec qui nous vivons depuis vingt ans, mais nous découvrons vite notre erreur.

Il est impossible de connaître quelqu'un puisque chaque être est en changement, en évolution permanente. Sa façade, son comportement extérieur fabriqué, construit dans l'enfance ne changent pas mais son être, lui, est en perpétuelle évolution même si son âme, elle, ne change pas.

Pour terminer cette introduction, une très belle phrase de Johnny Halliday dans une de ses dernières chansons :
"Ce que je sais, je le sens ; ce que je sens, je le sais; et personne ne peut me faire douter de ce que je sens".

Et ensuite un très beau texte de théâtre, écrit par un comédien de la région de Nîmes:

"- Au début de la vie, ce qu'on désire le plus, c'est d'être aimé.
Ensuite on grandit et on fait des rêves, des rêves d'enfant. Pas ceux de la télé, ou des livres, non.
Des rêves purs, que l'on se construit avec sa vie parce qu'on voit bien que le monde va mal.
Des rêves sincères, profonds, avec à la clé... le bonheur.
- Et puis on grandit encore, et la raison nous fait oublier nos rêves.
La raison du savoir, des professeurs, de l'argent, de la compétition.
"Sois le meilleur, sinon t'es une merde".
Faudra gagner sa vie, être sérieux, se contenter de ce que l'on a.
"Y a plus malheureux que toi, tu sais".
Je sais. C'est bien pour ça que je rêve, pour eux et pour moi.

- Alors tout ça finit par rentrer dans nos têtes et petit à petit, tout ce qui était beau est écrasé par des choses laides, hideuses.
Et nos rêves d'enfant sont ratatinés, écrabouillés dans un coin de notre cerveau, ou alors, ils se réfugient peut-être dans notre coeur, ils attendent.

- Alors, à l'âge adulte, si on arrive à les retrouver nos rêves d'enfant, ils deviennent des désirs adultes, profonds, sincères.
Comme de changer le monde, d'arrêter les guerres, de devenir un homme digne et libre.
Cela pourrait conduire au bonheur.

Mais malheureusement on se laisse aller, c'est bon de se laisser vivre. Et les choses moches, pas belles, refont surface.
Elles recouvrent tout ce que l'on est de leur gangue gluante. Et on se comporte comme un salaud, un horrible, un lâche, surtout avec ceux que l'on aime.
Et on finit par être le contraire de ce que l'on désire.

- Alors il faut se battre, tous les jours, pour nettoyer nos rêves d'enfant de cette crasse.
Ce bonheur est une bataille terrible. Contre soi, pour soi.
Il y a des moments où il faut être fort, très fort pour gagner la victoire.
Finalement, la plus grande liberté que l'on ait, c'est de choisir sa voie, ses armes pour livrer cette bataille.

Maintenant, je sais, plus jamais, plus jamais je n'oublierai mes rêves d'enfant."

(texte de Daniel NICOLAS)

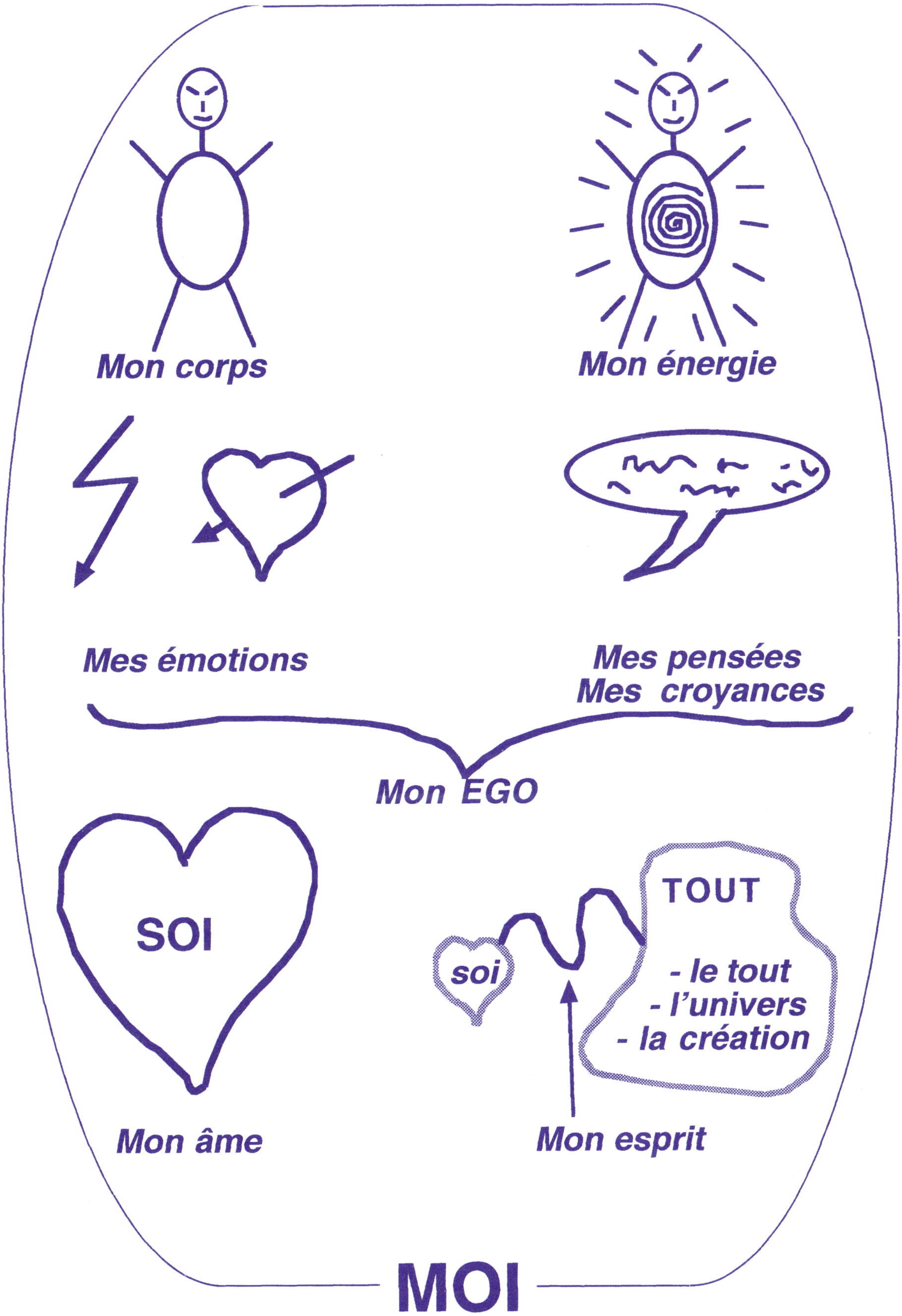
Mon corps
Mon énergie
Mes émotions
Mes pensées
Mes croyances
Mon EGO
SOI
soi
TOUT
- le tout
- l'univers
- la création
Mon âme
Mon esprit
MOI

Échelle des besoins

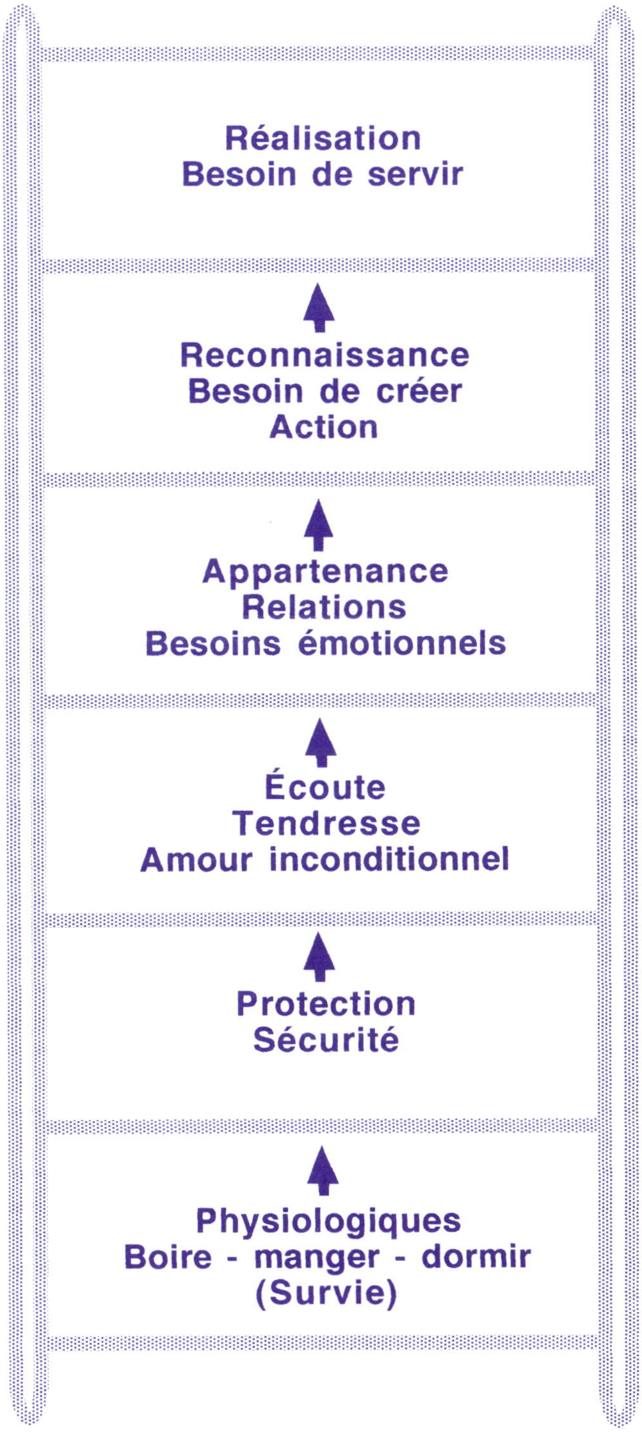

Le besoin suivant ne peut être reconnu et satisfait que si les précédents le sont.

Le Manque

Nous avons besoin de cinq piliers indispensables qui soutiennent notre existence et dont le **manque** d'un seul nous prive d'être vivant, à notre juste place dans ce monde mais que nous pouvons réparer et retrouver à tous moments de notre vie.

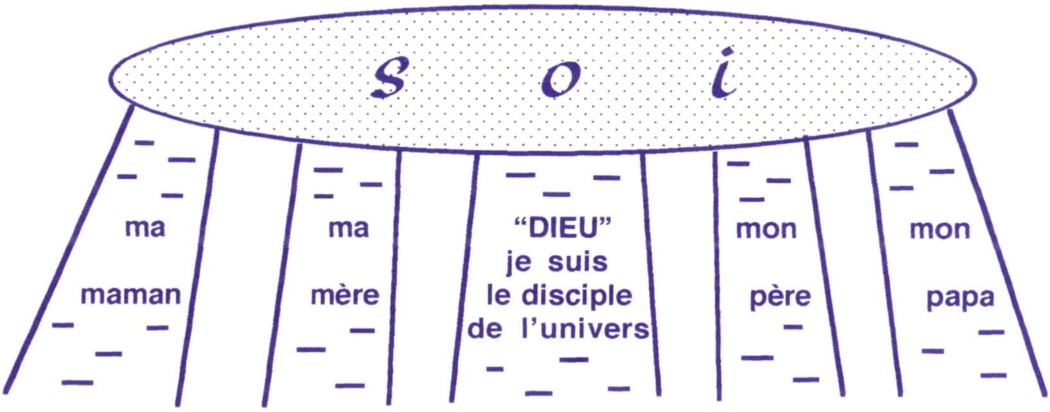

Les piliers du SOI

- une maman : La tendresse d'une femme, ses caresses, ses massages, ses regards sans jugement, qui me reçoit tel que je suis et accepte que je suive mon propre chemin de vie unique et incontournable.

Nous pouvons réparer ce manque avec une Somato-thérapeute femme, utilisant le massage, le ReiKi ou autre, <u>sans connotation sexuelle</u> et également par l'amitié sincère d'une femme avec la tendresse des mots et de la voix.

- **une mère** : Une femme initiatrice qui m'apprend le langage des émotions, des sentiments, les sensations du corps et m'apprend à découvrir le mien.

Nous pouvons réparer ce manque avec une femme amie ou un groupe d'amies, une psycho-thérapeute en séance individuelle ou en stage.

- **DIEU** : La spiritualité qui me montre que je reçois chaque jour des quantités de messages du monde qui m'entoure pour me guider dans la tâche de vie que l'univers me demande et qui me conduit vers ma paix intérieure.

Nous pouvons réparer ce manque par la pratique d'une religion, la prière, la méditation.

- **un père** : Un homme qui me donne la connaissance, l'enseignement de la vie, des lois naturelles et qui m'apprend la spiritualité, la sagesse, la loi, l'exigence, le respect de soi et de l'autre.

Nous pouvons réparer ce manque avec un maître spirituel homme ou un prêtre (avancé spirituellement) et en appartenant à un groupe, une société ou une religion possédant un cadre clair et précis.

- **un papa** : Un homme qui m'accueille avec tendresse, qui ose me toucher sans désir, qui me montre que j'existe seul, en dehors de maman et de toute autre personne et dont je peux découvrir, dans son regard, que tout l'univers est en moi.

Nous pouvons réparer ce manque avec un Somato-thérapeute, un stage de massage dont notre partenaire est un homme, la tendresse de Jésus, etc...

Quand nous réparons ces piliers à l'âge adulte, nous découvrons l'ampleur de notre manque, de notre souffrance et, après l'**acceptation de ce manque**, nous pouvons vivre notre vie.

Tant que nous ne sommes pas allés ressentir nos manques, nous vivons en permanence en ressentant ce qui nous manque, ce que nous aimerions avoir, plutôt que d'apprécier et de savourer tout ce que nous avons; et c'est beaucoup plus que tous nos manques réunis.

L' "Indécis", le “Fusionnel”, le “Solitaire” (le Border-line et le Psychotique) n'ont généralement pas conscience de leurs besoins, de leurs manques. Ils sont anesthésiés, amnésiés. Le thérapeute doit deviner les besoins et les manques de son client en faisant très attention de ne pas projeter les siens sur lui. Il lui fait revivre ses manques en les comblant provisoirement jusqu'à la prise de conscience totale de celui-ci.

Alors que l' “Émotionnel” (le Névrosé) les assume de façon détournée ou symbolique, il peut les remettre à sa mémoire plus facilement. Le thérapeute aide son client à y voir plus clair, à mettre des mots et des noms sur ses manques et ses besoins en s'aidant par des exercices appropriés.
Par contre, selon mon expérience, l' “Émotionnel” a plus difficilement accès au sens de Dieu, à sa religion intérieure. Il lui faut souvent un long chemin auprès d'un maître spirituel véritable et une pratique religieuse ressentie de l'intérieur pour y accéder, sinon il se crée des faux Dieux qu'il projette sur des hommes ou des objets.

Certains "Fusionnels" et "Solitaires" semblent avoir plus facilement accès à ce sens de Dieu car, ayant été blessés très tôt dans leur âme, ils ont dû rechercher un secours à l'intérieur d'eux-mêmes.

D'autre part, je pense que c'est un jour ou l'autre à l'extérieur du couple que nous devons réparer nos manques afin qu'ils ne soient plus un handicap dans notre relation intime, sinon notre couple s'apparente à la confluence et / ou à la dépendance. C'est également le cas dans nos relations amicales ou professionnelles.

<u>Si mes manques m'empèchent de répondre aux besoins d'écoute, de tendresse et de reconnaissance des autres, j'ai 5 étapes à franchir:</u>

1) Je reconnais et j'accepte que je ne sais pas donner suffisamment d'écoute, de tendresse et de reconnaissance autour de moi.

2) Je comprends et j'accepte que je n'en ai pas reçu suffisamment.

3) Je me pose la question: "Comment faire pour en donner si je n'en ai pas reçu ?"

4) "Où et comment apprendre à en recevoir et à en donner ?"

5) Je rentre dans l'action de changement et je me fais aider.

Si nous n'avons pas eu autrefois ou si nous n'avons pas aujourd'hui ces conditions idéales pour réparer nos manques, rien ne sert de nous lamenter en jouant la victime. Nous pouvons toujours faire quelque chose afin de réparer le présent ou le passé grâce à des personnes de remplacement, à condition de bien vouloir regarder dans nos souffrances, dans nos peurs et d'oser la solitude de notre être, à condition d'accepter que la relation de couple existe avant tout pour accomplir une tâche humaine et également comme miroir de notre histoire. Tout est à comprendre et à apprendre afin de grandir. Personne n'est victime. Nous sommes tous des élèves de la vie.

Pour l'enfant, c'est quand même dommage que nous soyons souvent, de nos jours, obligés de divorcer pour que chaque parent puisse enfin jouer son rôle. Et tout cela parce que nous sommes nous-mêmes encore des enfants qui ont oublié de grandir; nous recherchons inconsciemment dans le couple ce qui nous a manqué ou ce qui nous a blessé dans notre famille et que nous n'avons pas accepté.

Les messages essentiels de notre enfance :

Nous avons besoin de recevoir de notre maman et de notre papa des messages aussi important que les os de notre corps, nos poumons ou notre cerveau. Sans cela, si un seul manque, nous sommes bloqués dans notre croissance affective au niveau de ce vide et toute notre vie, dans toutes nos relations, nous recherchons ce manque.

De maman :

- **J**e t'accueille.
- **Q**u'est-ce que tu as besoin ?
- **J**e ne peux pas être toujours là.
- **D**is-moi ce que tu ressens.
- **J**e ne suis pas ta vraie mère, c'est de la terre dont tu es issue. Je ne suis qu'à son service pour t'accueillir.
- **J**e suis là pour te protéger.
- **T**u peux compter sur moi.
- **M**aintenant, va voir papa.
- **É**coute-le, j'ai entière confiance en lui.

De papa :

- **J**e t'accueille.
- **J**e te protège.
- **J**e te guide.
- **J**e t'enseigne.
- **J**e t'admire.
- **J**e te confirme que tu as tout en toi.
- **J**e te donne des épreuves.
- **J**e t'aide à quitter maman.
- **J**'exige.
- **J**e t'envoie dans le monde.
- **J**e t'aide à accepter ta solitude.

Ce ne sont pas les mots exacts que nous avons besoin de recevoir mais le sens et l'énergie juste, correspondante au message reçu.

Je ne peux entendre ces phrases que dans l'ordre. Si une seule me manque, je ne peux pas entendre la phrase suivante. Je rappelle qu'il s'agit du niveau inconscient de l'être et non pas de notre pensée.

Dans notre chemin de guérison, si une de ces phrases est dite par un thérapeute qui n'a pas réglé ce problème en lui, l'énergie correspondante au message ne passe pas et le message ne peut pas être reçu par nous. Au contraire, nous sommes dans une plus grande confusion intérieure.

Pour m' inciter à connaître, comprendre, accepter, utiliser et aimer mon corps :

Je découvre mon corps

Dans le regard de l'autre

en le touchant

en le caressant

en en parlant

en le bougeant

en le regardant

en jouant

en dansant

en le massant

en respirant

en le sentant

en le ressentant

en l'écoutant

en le respectant

en l'aimant

en l'offrant

en le remerciant

en l'habitant

comme un bébé qui s'éveille à la vie...

La Présence

A Soi :

C'est être conscient, seconde par seconde de tout ce qui se passe à l'intérieur de mon corps, que ce soit physique, émotionnel ou mental.

A l'autre :

C'est prendre conscience que l'autre est un autre : son histoire, ses blessures, ses désirs, ses besoins. Je ne peux donc pas le comprendre mais simplement l'entendre, c'est à dire l'écouter avec neutralité, avec compassion et sans le prendre en charge.

La présence à mon bébé, c'est accepter qu'il ne pleure jamais pour rien. Ce n'est pas non plus pour "faire ses poumons". Il y a toujours une cause, même si je ne peux pas la comprendre ; je peux l'entendre dans l'écoute, la présence et la tendresse, sans me culpabiliser.

La présence à mon enfant, c'est lui accorder chaque jour des moments de disponibilité sans "distractions" extérieures, sans jugement et sans conseils.

A la relation :

C'est l'espace d'échanges entre moi et les autres : les paroles, les actes et l'énergie. Je reste conscient de la réalité en me respectant et en respectant l'autre. Je garde la responsabilité de ma partie de la relation et je ne suis pas responsable de la partie de l'autre. Il y a une ligne frontière exactement au milieu de notre relation, chacun reste responsable de son propre territoire. Je ne donne pas de conseils, de menaces, je ne prends pas le pouvoir et je n'accepte pas que l'autre le fasse. J'affirme simplement mes limites, mes besoins et je respecte ceux des autres.

A mon Dieu intérieur :

En plus de ma pensée, mon intelligence, mes émotions, mon corps, je possède une énergie divine qui me guide grâce à mes intuitions. Le silence extérieur et intérieur me met en contact avec cette partie de moi, mon âme, qui possède des pouvoirs au-delà de toute imagination humaine.

A la Terre :

La Terre-Mère est ma source de vie physique. J'y prends toute ma force, toute mon énergie. C'est une nécessité vitale de rester en conscience avec cette réalité. Cela m'aide à me libérer de tous mes attachements humains et matériels. C'est ma seule sécurité, je viens de la terre et j'y retournerai quoi qu'il arrive.

A Dieu, messager et guide de l'univers :

Une énergie qui régit tout l'univers existe. Cette énergie est capable de créer l'univers entier et en même temps tout ce qu'il y a sur cette planète ; les minéraux, les végétaux, les animaux et les hommes. Au niveau humain sa puissance est infinie et rien de ce qui se passe n'est un hasard. L'ouverture de ma conscience me fait découvrir cet équilibre. C'est un immense orchestre dont aucun être humain ne peut connaître tous les accords. Ce qui est certain, c'est qu'il n'y a pas deux ou plusieurs orchestres mais un seul. Il n'y a donc aucune séparation entre les races, les religions ou les cultures ; comme les instruments d'un orchestre, elles ont toutes un rapport avec les autres. Elles sont des compléments indispensables à la connaissance humaine et aucune ne possède la vérité en entier. Tout ce qui existe est nécessaire, sinon cela n'existerait pas.

A mon corps, mes sensations :

C'est par mon corps que je reçois les messages de mon divin, et le langage de mes douleurs, de mes malaises et de mes maladies est un langage ; cela n'a rien à voir avec les microbes ou les conditions extérieures. Ces derniers sont réels mais ils utilisent les erreurs de mon chemin pour abîmer mon corps. Ces intrusions sont des conséquences et non des causes.
C'est aussi la présence aux instants de bonheur que ressent mon corps par l'intermédiaire de tous mes sens.

A mes émotions :

Chaque refus d'une réalité, d'un besoin me procure une émotion due à mon histoire. Ces émotions sont là pour m'avertir d'une erreur ou d'un danger. Les accepter, les reconnaître et en tirer des leçons me ramène dans mon chemin de vie avec lequel je ne peux pas tricher.

Les émotions

Le travail sur nos émotions se fait, à mon sens, à deux niveaux:

- 1) Les voir, les reconnaître, les différencier l'une de l'autre, comprendre la différence entre les émotions déformées par notre passé et celles, utiles, qui nous aident à nous positionner dans la vie, nous affirmer, nous protéger tout en respectant les autres.

- 2) L'acceptation (et non le refoulement !), la compréhension du message, notre responsabilité, les conséquences de nos émotions qui nous abîment et mangent notre énergie, ainsi que le choix conscient et responsable du passage à l'acte réparateur éventuel. Voir le document : Le "oui".

<u>Les quatre principales émotions :</u>

La peur :

Elle est très utile en cas de danger immédiat pour nous protéger, trouver en nous le maximum d'énergie afin d'agir et de sauver notre peau ou notre intégrité. Mais, par contre, elle est beaucoup plus souvent une réminiscence des blessures de notre passé, donc nous avons peur de revivre la même blessure. Nous oublions alors, que nous avons grandi, que la situation n'est jamais la même, les gens autour de nous ne sont pas les mêmes et "toute ressemblance est complètement fortuite". C'est , au contraire, une chance de réparer notre passé en vérifiant que la situation n'est plus dangereuse pour nous et l'occasion inestimable de vérifier notre force intérieure, la confiance en notre divin et l'occasion de perdre la croyance correspondant à cette blessure.

La colère :

Elle est indispensable pour protéger notre territoire, notre corps, notre intégrité, notre chemin de vie, notre rôle dans l'instant. elle ne doit pas se confondre avec la violence qui est la conséquence du refus de nos colères anciennes ou la déviation d'une colère destinée à quelqu'un d'autre dont nous avons très peur. Elle sert à protéger nos besoins, nos limites, notre territoire et notre place. Dans notre société, il y a beaucoup de violence et d'agressivité parce que les colères ne sont pas exprimées au bon moment ou aux bonnes personnes, qui sont d'ailleurs le plus souvent notre mère et notre père.

La tristesse :

C'est un sentiment mal connu et elle est souvent prise pour un sentiment négatif ou destructeur. C'est peut-être le plus beau des sentiments. C'est celui qui nous libère d'un deuil, d'une croyance, d'une illusion. Sans notre tristesse nous gardons inscrits en nous des cicatrices non refermées qui se rouvriront un jour ou l'autre avec des souffrances plus grandes. Si nous n'acceptons pas notre tristesse, c'est souvent la maladie et la mort qui viennent terminer ce travail de deuil dans notre corps. La tristesse, la dépression, quand elle ne sont pas chroniques, nous amènent à baisser notre niveau d'énergie interne afin d'être capable de supporter l'épreuve sans abîmer notre corps. La tristesse est la seule façon d'accepter la réalité qui nous dérange.

La joie :

La joie profonde qui vient de notre centre, qui remplit notre corps en toute sérénité est la seule qui devrait porter ce nom. Elle n'est pas à confondre avec celle qui provient de la satisfaction de nos désirs, de l'expression physique de nos plaisirs temporaires qui ne sont que des pansements maladroits et provisoires sur nos blessures de coeur. Elle n'est pas à confondre non plus avec notre satisfaction très égoïste de voir nos désirs réalisés par nos enfants, un membre de notre famille ou une célébrité quelconque. L'excitation temporaire et hystérique est une drogue qui aura obligatoirement sa conséquence négative aussi forte dans un proche avenir, c'est un effet de balancier naturel rejoignant la loi de "cause à effet" relatée dans tous les enseignements spirituels.

Le travail sur nos émotions refoulées est la base de tout travail en psychothérapie, mais ce n'est que la base et en aucun cas le travail en entier.

Les émotions sont un processus physique pour nous informer qu'il se passe quelque chose d'anormal ou de dangereux dans notre environnement. Dans le cas, où ce n'est pas pour nous prévenir d'un danger imminent, c'est le signe d'un refus d'accepter une réalité correspondant à un refus identique de notre petite enfance.

Nos émotions nous ramènent dans notre corps et nous font quitter le raisonnement, la logique, la morale. Elles sont une porte ouverte à la connaissance de notre vrai "soi".

Le refus d'accepter nos émotions, donc de les refouler, nous éloigne de plus en plus de notre être essentiel, notre âme. Tous ces refus se logent dans notre corps et constituent une chape de béton au-dessus de notre âme qui rigidifie notre corps et amène, par voie de conséquence, douleurs et maladies. La conséquence ultime étant la mort de notre corps physique avant même d'avoir découvert, accepter et réaliser notre véritable chemin de vie.

Toutes les émotions sont semblables à l'intérieur de chaque être humain, seule l'intensité varie, nous pouvons donc communiquer facilement sur ce sujet, en exprimant le plus possible à ceux que nous rencontrons les émotions que nous vivons. Cela nous aide à mieux les reconnaître, à mieux les différencier et à permettre à notre conscience d'en découvrir le sens. Dans le cas contraire, nos émotions dirigent nos actions, nos pensées, nos choix de vie et nos relations, de façon inconsciente, et souvent négative pour notre bonheur.

Quand nous sommes dans une émotion, nos pensées, nos paroles et nos actions ne sont pas justes. Toute décision prise au cours d'un état émotionnel est négative pour notre chemin.

Émotions positives et émotions négatives

Nous passons alternativement entre trois états émotionnels différents : neutre, positif et négatif.

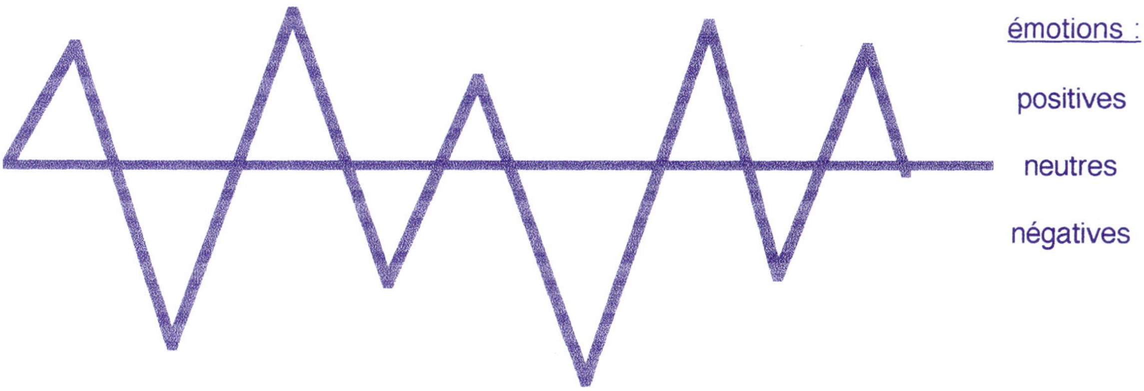

Au bout d'un certain temps, il ne reste dans notre mémoire inconsciente que :

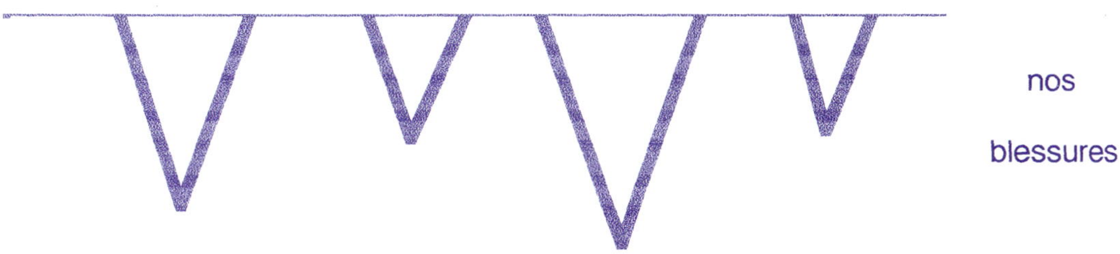

Au théâtre, au cinéma, dans les romans ou dans la chanson, nous cherchons souvent à retrouver en souvenir nos émotions positives oubliées, pour équilibrer notre inconscient. Les souffrances racontées dans ces histoires ne sont là que pour nous rassurer sur nos propres souffrances, pour les tolérer.

Les émotions négatives restent incrustées dans notre corps et dans notre inconscient tandis que nous devons faire des efforts pour nous souvenir des émotions positives. Tout cela parce que nous qualifions, nous jugeons ces émotions, comme des enfants qui ont oublié de grandir. Un chemin spirituel vise à accepter sans jugement ce qui est agréable, ce qui est désagréable et ce qui est neutre. Nous passons de l'un à l'autre sans émotion.

“ Je mets les deux genoux à terre avec tous les hommes masculins du monde, dans la plus grande humilité pour vous demander à vous les femmes, de nous aider à ressentir, nous aider à apprendre notre corps, nos émotions sans jamais vous croire supérieures à nous, sans jamais chercher à nous attacher et à nous prendre pour votre création, donc en nous laissant libres.

Je vous promets au nom des hommes du sexe masculin, que si nous gardons notre liberté, alors un jour ou l'autre, nous vous aiderons à retrouver le paradis, le bonheur qui est en vous ; cela prendra du temps mais le jeu en vaut la chandelle. ”

L'intuition

Nous avons tous de grandes capacités à l'intérieur, en chacun de nous, que nous avons étouffées dans notre petite enfance. Certains, au contraire, les ont développées afin de survivre aux souffrances psychologiques imposées par leur environnement. L'intuition est une grande force en nous que l'église catholique appelle la grâce, donnée par l'esprit saint. Cette force malheureusement peut être filtrée par notre égo, par nos croyances et transformée de manière négative, pour prendre le pouvoir sur l'autre ou pour nous faire croire que nous avons des dons miraculeux que l'autre ne possède pas.

Suivre notre intuition, c'est accepter d'être guidé par notre sagesse intérieure. Nous recevons dans notre âme, dans notre divin intérieur, des messages qui nous sont donnés par l'intermédiaire de l'énergie qui circule tout autour de nous, entre tous les êtres humains et directement de la source universelle commune à tous les éléments de la création, le divin collectif.

Nous recevons principalement ces informations par trois endroits de notre corps, trois chakras. Ce sont ces émetteurs-récepteurs qui communiquent avec l'extérieur et nous permettent de recevoir et d'envoyer des messages à l'aide de notre énergie.

Le premier se situe au niveau du sixième chakra, entre les sourcils, notre "troisième oeil". Il nous permet de recevoir la vérité universelle, celle qui nous enlève le moindre doute en nous, le "Je sais". Sans que nous ayons besoin de preuves, nous comprenons des certitudes qui sont toujours d'une grande simplicité, d'une évidence dont plus personne ne peut nous détourner. D'ailleurs, quand, par une pratique quotidienne, par le silence intérieur du mental, par un grand calme et une verticalité de notre colonne vertébrale, nous percevons de plus en plus clairement cette vérité, nous avons la surprise de rencontrer, "comme par hasard", beaucoup de gens, de cultures, de religions ou de milieux différents qui ont découvert la même vérité et où le débat n'a plus lieu d'être.

Le deuxième se situe au niveau du cinquième chakra, c'est à dire de la gorge. Il nous permet de recevoir des messages, comme de petites voix intérieures qui nous délivrent de sages conseils. C'est ce que nous appelons notre guide ou nos guides, notre ange gardien. Ce sont aussi des messages qui viennent de l'extérieur et qui parlent directement à notre conscience. Nous comprenons par exemple tout d'un coup une phrase ou un message symbolique à un niveau de conscience supérieur. En observant la vie autour de nous, nous découvrons que l'univers nous envoie des messages de façon symbolique à tout instant. Quand nous rencontrons un maître de sagesse, c'est surtout par ce langage qu'il s'adresse à nous.

Le troisième se situe au niveau du deuxième chakra, dans le ventre. Il nous permet de ressentir par l'intermédiaire de notre état émotionnel et par toutes nos sensations corporelles, la qualité bienfaisante ou destructrice de l'énergie que nous recevons dans un lieu, dans une situation et surtout avec les personnes que nous côtoyons. Nous pouvons ressentir des "aspirateurs d'énergie" ou des personnes de lumière qui nous éclairent dans notre chemin. Cette capacité nous permet de mettre la bonne distance dont nous avons besoin pour nous protéger et vivre notre chemin de vie en dehors de toute dépendance, de tout attachement.

LA RELATION : LES PHASES DU CONTACT

Dans toute relation humaine, et même avec les animaux, la nature, il existe un cycle naturel de contact et de retrait. Pour que je sois bien dans ma relation, j'ai besoin de respecter les phases de ce cycle et d'exiger que les autres respectent ce cycle avec moi. Que cela soit le matin au réveil avec mon conjoint, quand il rentre du travail, avec mon enfant qui revient de l'école, un rendez-vous amoureux, une arrivée ou un retour de vacances, un rendez-vous d'affaires, avec mes parents, etc..., le même cycle se reproduit.
Ce processus est également valable pour les contacts corporels (relations sexuelles, massages, etc...).

Première phase - pré-contact :

Nos énergies, nos âmes se rencontrent et établissent la possibilité d'une communication en s'harmonisant, en devenant présentes l'une à l'autre.

Cela peut être une phase de silence, de sourire simple, discret avec l'installation à l'intérieur de soi, d'une énergie positive et une préparation pour être réceptif à la rencontre, à l'écoute, à l'observation de ce qui va réellement se passer.

Sans peur, sans méfiance, sans désir et en confiance mais en installant une distance raisonnable pour me protéger, moi et mon territoire.

Deuxième phase - contact :

J'entre dans la communication et j'essaie d'harmoniser nos désirs respectifs de relation, d'entendre le message de l'autre, souvent inconscient. Exemple : un enfant, énervé, en colère, réclame en réalité de la tendresse et de l'écoute suite à un grand stress et certainement pas un parent qui s'énerve en face de lui. Petit à petit, avec la bonne volonté de chacun, s'établit un contact possible où chacun comprend où en est l'autre dans son émotivité, sa demande, sa capacité à recevoir, à accueillir l'autre. Les échanges se font à un niveau superficiel.

Troisième phase - plein contact :

Quand le contact est bien établi, peut s'engager alors une communication profonde, une communion où les êtres échangent au niveau de leur âme, de leur ressenti, sans prise de pouvoir, sans soumission. Et là, chacun va grandir, va s'enrichir de l'autre, même s'il y a souffrance.

Quatrième phase - post-contact , retrait :

Après une phase de plein contact, il est nécessaire de revenir doucement à une légèreté de la relation où chacun va tranquillement retourner chez soi, dans son territoire personnel et nous pouvons quitter la relation sans oublier un mot ou une attitude pour remercier du cadeau que chacun a fait à l'autre, en lui offrant une partie de lui.
Cela peut être un sourire, un mot gentil, une promesse, un au-revoir sincère et sans arrière pensée. Cette phase est aussi importante que les autres.

En conclusion, nous pouvons dire qu'il faut du temps, de l'écoute et de l'amour dans toute relation.

LES ÉTAPES DU DEUIL

Ces étapes, qui paraissent incontournables et qui ont été observées dans toutes les écoles de psychothérapie se retrouvent dans toutes les situations de deuil, que ce soit un être cher qui disparaît en mourant ou en nous quittant, que ce soit un deuil à faire suite à un échec sentimental, professionnel, éducatif (notre enfant qui nous quitte ou qui suit un chemin de vie bien éloigné du nôtre). Nous avons le même processus de deuil à faire, avec les mêmes étapes, pour tout ce qui nous a manqué dans notre enfance. Et bien sûr notre propre deuil, notre propre mort, si bien observée par Elisabeth Kübler-Ross et Marie de Hennezel dans l'accompagnement au mourant.

Les étapes du deuil ne se déroulent pas forcément dans l'ordre qui suit, et il y a parfois des retours aux étapes précédentes ou des combinaisons de deux étapes en même temps. L'important est de ne pas rester bloqué dans une étape.

Nous sommes dans un état émotionnel qui nous empêche d'entendre, de comprendre un discours logique, des conseils ou des généralités, évidentes à d'autres moments. Notre corps nous parle par des ressentis physiques, par des émotions qui nous éloignent de la réalité présente. Nous avons perdu notre équilibre, notre stabilité. Il est difficile de nous comprendre. Nous avons besoin simplement d'être accueillis, de sentir une présence dans la tendresse, sans jugement, sans comparaison, sans morale. La communication passant par le ressenti.

1. <u>LA NÉGATION</u> :

D'abord nous refusons la réalité en disant : "Non, pas moi, cela ne peut être vrai". Nous croyons au miracle : " Je ne veux pas, cela ne peut pas m'arriver à moi".

2. <u>L'IRRITATION OU LA COLÈRE</u> :

Après le choc et le refus, vient une période de ressentiment. La question est alors : "pourquoi moi ?". Cette période se traduit par des comportements d'agressivité ou d'hostilité vis à vis de mon entourage ou de moi-même.

3. <u>LE MARCHANDAGE</u> :

Après la colère nous essayons de négocier avec Dieu, avec notre âme, avec notre destin. Nous pensons : "En étant gentil ou parfait, peut-être que Dieu m'entendra puisque ma colère ne marche pas." Dans un hôpital il n'est pas rare d'entendre une personne au seuil de la mort dire des phrases à une infirmière comme : "Je bouge mes jambes comme vous me l'avez demandé, je pourrai bientôt marcher, n'est-ce pas ?"

Après un échec ou un abandon, je peux me dire : "si je deviens ceci ou cela, si je fais cela, il ou elle reviendra et je réussirai cette fois". C'est à ce moment que la prière prend tout son sens et montre son utilité, son efficacité, dans la mesure où elle sert à nous amener vers l'acceptation de la réalité.

4. <u>LE DOUTE</u> :

Nous remettons en cause tout notre chemin à ce jour. Nous nions notre partie divine, notre création, notre amour de la vie, de l'autre et de nous-mêmes.
Le doute nous ronge et nous déforme la vérité, l'objectivité de ce que nous vivons et de ce qui nous entoure.

5. <u>LA CULPABILITÉ, LE REGRET, LE REMORDS</u> :

Nous nous croyons seuls responsables d'un échec, de la souffrance de l'autre, des erreurs de notre vie. Nous oublions que la vie n'est qu'un terrain d'expériences nécessaires à la croissance de l'humanité

6. <u>LA DÉPRESSION</u> :

Nous commençons à entrevoir la réalité. Nous prenons conscience de ce que nous allons perdre. Nous comprenons qu'il nous est impossible de revenir en arrière. Nous allons quitter quelque chose ou quelqu'un, le monde d'avant ne pourra plus exister. Nous pouvons chercher à ce moment des activités prenantes ou des comportements d'enfant ou tout autre objet de compensation, comme la nourriture par exemple. En tous cas, nous avons besoin de chaleur, de nature, de soins, de douceur et de tendresse.

7. <u>L'ACCEPTATION</u> :

Quand nous ne sommes plus submergés par l'angoisse, la peur, le désir, vient l'étape de l'acceptation. La paix revient dans notre corps, dans nos émotions, dans notre mental. La tempête intérieure se calme. La sérénité retrouvée nous aide à reprendre contact avec la réalité et nous reprenons notre vie en main, même si c'est simplement pour vivre les derniers instants de notre existence dans ce monde. L'important est d'avoir osé vivre toutes les émotions précédentes.

Notre but pour nous-mêmes ou celui que nous aidons est d'accepter ces étapes sans les nier et je pose ou je me pose les questions suivantes à chacune des étapes : Qu'est ce qui se passe pour vous (ou en moi) en ce moment ? - Quelles émotions ? - Quelles sensations corporelles ?

Et essayer d'entendre les messages cachés, non dits ou dits de façon symbolique comme : "J'ai peur, ne me laissez pas seul". - "Je souffre, faites quelque chose pour moi" - "Je souffre et vous ne souffrez pas, ce n'est pas juste, je suis en colère contre votre bien-être". Nous pouvons entrer en contact par le toucher (par exemple : le simple contact de la main), la tendresse et la chaleur, quand toute parole devient inutile.

Quand je fais un deuil de quelque chose ou de quelqu'un, j'ai besoin de me faire du bien, de prendre du temps pour moi. J'ai besoin de rechercher la tendresse et la chaleur, la chaleur physique et humaine. Je me donne beaucoup d'attention et je cherche des contacts où je reçois de l'attention sans avoir besoin de jouer à la victime.

Voies sans issue:	*Étapes à franchir:*	**Significations:**
- coupé de la réalité - colère - dépréciation de l'autre ou de moi	**ORGUEIL**	= l'égo = le MOI construit = me croire indépendant des autres, de la nature = refuser ce qui "EST"
- fuite sous toute ses formes - possession - sécurité matérielle - dépendance - isolement - paranoïa - lâcheté - activisme	**PEUR**	- avec le DOUTE et l' ANGOISSE = peur de la mort physique avant d'avoir accompli mon chemin de vie, ma tâche divine et d'être accompli moi - même
- me sentir responsable des autres - prendre le pouvoir sur l'autre - manipulation - culpabilité - obsession - jalousie - séduction - possession	**DÉSIR**	= désir d'accomplissement intérieur pour SOI et pour l'univers
- fusion - maternage - étouffement	**AMOUR**	= le don à l'autre, à l'univers en reconnaissance de tout ce que j'ai reçu
- me prendre pour Dieu - tristesse - dépression - romantisme - rêve	**BESOIN D'HARMONIE UNIVERSELLE**	= recherche permanente d'équilibre en moi et autour de moi = le bon et le beau
- ne pas laisser Dieu s'effacer en Soi - mysticisme	**DIEU = SOI**	= SOI (le vrai) = LIBERTÉ **dans** mon chemin = mon pouvoir créateur d'harmonie en moi et autour de moi

Derrière chacune des étapes se cache la suivante : derrière l'orgueil se cache la peur, etc...

Conclusion

Je voudrais, pour terminer ce chapitre, rendre témoignage de mon chemin par un texte que j'ai écrit un matin d'Août au Québec après une longue expérience de prise de conscience :

"Il a peut-être fallu 40 jours à Jésus dans le désert pour revivre le traumatisme des conditions de sa naissance et de sa vie dans le ventre de sa maman. Moi, c'est peut-être une période presque aussi longue qui m'a permis de revivre le mien.

J'ai d'abord vécu 11 jours de jeûne (en France) en compagnie de Claude, ma compagne qui, elle, ne jeûnait pas. Le plus souvent, je lui préparais à manger, le meilleur possible et en plus c'était une période où elle travaillait beaucoup donc n'était pas disponible à mon égard.

Je dois dire que Claude a de multiples points communs avec maman : infirmière de métier, même odeur de peau, même chaleur dans ses bras, beaucoup occupée par son travail, etc...

Donc, après cette période de jeûne, nous voilà partis au Québec, pays pour moi synonyme de spiritualité, de simplicité, d'amour universel, de gentillesse, d'espace, de beauté, en quelque sorte ce paradis que je croyais trouver en sortant du ventre de ma maman.

Le voyage déjà, en avion : une sorte de tuyau étroit où je passe d'un continent à l'autre. Ma maman ayant eu six enfants avant moi, cette partie de l'épreuve fut pour moi facile. Et c'est d'ailleurs, comme dans le ventre de ma maman, la qualité de la nourriture, la gentillesse, la générosité de l'équipage et la fraîcheur juvénile si typique des Québécois que j'ai reçues dans ce voyage. C'était comme pendant ma naissance car aussi, hélas, dans ce voyage, le soir n'arrivait pas à l'heure ! La journée fut de 30 heures avec le décalage horaire et une foule d'indices, de coïncidences m'ont fait comprendre que j'aurais dû naître le 21 Octobre au lieu du 24 Octobre. J'étais prêt le 21 et comme tout bébé, je l'ai signalé à maman énergétiquement ; mais notre médecin de famille de réputation "bien sous tous rapports" a retardé l'accouchement sous des prétextes "bidon". Donc, avec une grande angoisse, j'ai cru que je n'aurais pas l'autorisation de naître. Trois jours immenses, cruels, inhumains, contraires à la nature, à Dieu, à mon Dieu intérieur ! Pour la deuxième fois dans mon histoire, l'homme n'était pas d'accord avec Dieu ! La première fois fût pendant ma conception où j'ai senti dramatiquement que je n'étais pas désiré. J'étais créé par Dieu et une femme humaine, ma mère, a décidé que je n'étais pas le bien venu, j'étais rejeté ! Le rejet ! Tout mon drame, tout mon traumatisme tient dans ce mot "REJET" et, pendant toute ma vie, toutes mes actions, mes comportements, mes relations, mes amours ont été teintés pour ne pas dire dégueulassés par cette peur du rejet !

Et me revoilà à la descente de mon avion avec Claude à Montréal, ce paradis promis. Désillusions suivies de désillusions ! Détails presque insignifiants, mais pas pour moi, après ce jeûne de onze jours qui libère toutes mes sensations intérieures à un niveau ultime, sublime, extatique.

Un bagage qui n'arrive pas, la queue à la location de voitures, une culpabilité immense d'être passé devant quelqu'un, la voiture automatique, le stress de Claude qui s'ajoutait au mien, surtout quand il a fallu qu'elle conduise cette voiture.

Tout y était, les êtres humains ne voulaient pas que je naisse et ma maman, symbolisée dans mon inconscient par Claude, n'était pas là, complètement à ma disposition, pour accueillir ma détresse, pour me cajoler, me réconforter et me donner ses bras pleins de chaleur et de tendresse, pour m'aider à supporter cette épreuve mortelle. Non, rien de tout cela et, en plus, je devais être son guide (la circulation à Montréal n'est pas évidente).

C'est comme mon histoire avec maman : quand j'étais dans son ventre et bien après jusqu'à sa mort, quand j'avais 11 ans, je l'ai prise en charge affectivement et j'ai essayé de la consoler de sa détresse à elle qui n'avait d'égale que la mienne. Mon ressenti ne me trompait pas. Quel dilemme, vouloir sauver ma maman ou me sauver moi-même mais comme j'ai toujours cru que maman c'était moi et moi j'étais maman, en sauvant maman, je me sauvais. J'ai donc annihilé en moi toute émotion, tout sentiment en allant jusqu'à couper mon corps énergétiquement, en morceaux bien séparés pour pouvoir survivre (en devenant de structure psychotique).

Et me revoilà roulant vers Montréal avec Claude dans un stress intérieur que je voulais encore étouffer pour vivre de "bonnes vacances" avec Claude. Je ne voulais pas lui imposer ma mauvaise humeur, mon mal intérieur (encore !).

Nous arrivons tant bien que mal à l'appartement qu'une de ses amies (infirmière !) lui a prêté pendant son séjour en France et là, c'est le bouquet :

Un appartement glauque parmi les appartements glauques ! C'est tout ce qu'il fallait pour déclencher en moi un processus de conscience ou plutôt de réveil de conscience traumatisant. Un copain à eux (qui loge dans l'appartement), un québécois à l'opposé de l'image idyllique que je me suis fait d'eux, nous ouvre la porte, j'allais dire nous accueille, mais ce n'est pas le mot.

Un ours sale et mal léché esquissant un sourire interrogateur sans un mot. Je m' explique avec la meilleure volonté possible, apprise pendant toutes les épreuves de mon enfance et toujours en refoulant toutes ces sensations désagréables qui s'accumulent en moi depuis notre atterrissage.

Nous entrons dans un appartement bordélique, sombre (en plein jour, il est impossible de lire dans la salle à manger). Je passe sur la description apocalyptique que je pourrais en faire même si elle est nettement caricaturée par mon état intérieur.

Mais la chambre, ah ! la chambre ! chaude, bruyante (sur rue) sale, encombrée, très très encombrée, lit non fait, matelas à nu, taies d'oreiller dépareillées, placées sur le lit avec des draps et une couverture beaucoup trop courts.

La couverture, sûrement propre, mais qui possédait les traces noirâtres de bien des catastrophes culinaires, vomitoires ou autres remontant à la nuit des temps.

Et, au milieu de ce capharnaüm, un lit de bébé très beau, engoncé dans un coin, repoussé par des tas d'objets, livres, vêtements divers qui occupent et remplissent la pièce.

Tout y était pour illustrer l'ambiance de ma naissance !

Refusant la fatigue du voyage, et l'accumulation du stress, nous décidons de faire quelques courses au supermarché du coin et nous nous précipitons sur toutes les nourritures alléchantes qui comblent notre manque et nous rassurent d'être bien vivants.

Ensuite nous mangeons de bonne choses mais dans de mauvaises conditions sur une terrasse surchauffée, sale et encombrée, car je voulais éviter de manger à l'intérieur de l'appartement.

A ce moment la tension monte en moi et nous discutons, Claude et moi, en essayant de contenir chacun notre agressivité qui se reporte sur l'autre et j'avoue que j'en laisse passer pas mal par mes comportements et par mes paroles. Inconsciemment je rendais Claude responsable de ces conditions d'accueil au Québec (c'était ma colère contenue destinée à maman que j'avais gardée en moi).

Puis j'ai essayé de faire la sieste, mais à l'intérieur de mon corps c'était un cataclysme énergétique digne des transformations de "l'incroyable Hulk" (héros de bande dessinée).

Je me suis relevé avec le désir de trouver un autre endroit pour dormir, mon paradis perdu que je voulais retrouver !

J'ai roulé des heures, visité un endroit encore plus glauque, genre rêve américain avec des chambres aménagées pour des fantasmes romantico-sexuels.

Je me suis perdu et retrouvé pour revenir à cet appartement, les yeux brûlés de fatigue , épuisé et admettant enfin que Dieu, mon Dieu, voulait que je vive ces conditions car elles faisaient partie de mon chemin. Ma naissance à moi, au lieu de la refouler, la nier, je devais l'accepter dans tout mon corps, dans toute mon âme avec toutes les émotions qui s'y rattachent.

Et au bout de tout cela, le lendemain matin, après une nuit de sommeil réparateur, au plus grand et noble sens du terme, je me réveille dans le bonheur total, le bonheur suprême de l'acceptation, la Foi profonde, immense, dans laquelle je suis en train d'écrire ces lignes, pour ne pas oublier, JAMAIS, cet épisode de ma vie, qui a coloré de sa couleur sombre, très sombre, toute mon existence jusqu'à ce jour.

Et maintenant je vais déjeuner, heureux avec Claude, et bien sûr nous faisons nos bagages, nous partons dans les Laurentides, cette magnifique province du Québec où nous allons vivre de beaux moments, de merveilleux moments, c'est sûr ! C'est la loi du balancier.

Je vous aime, j'aime la vie, j'aime Claude, je m'aime...

Le paradis, OUI, c'est sur terre, je l'ai rencontré, à condition de vivre son purgatoire !"

L' amour , c'est l'acceptation.

L'acceptation, c'est l'amour,

de Soi,

de L'autre,

des autres,

de la vérité,

du réel.

Chapitre 3

Acceptation - Action de changement.

Travail sur le corps.

J'ai compris l'utilité de l'action et du changement de comportement dans mes relations de tous les jours, ici et maintenant, avec une formule de KRISHNAMURTI qu'il a largement développée dans son oeuvre :

"Tout notre passé est contenu dans notre présent, toutes nos actions, nos choix de vie et de partenaire sont dictés par les souffrances de notre passé. Notre passé est donc complètement contenu dans notre présent. Si nous ne changeons rien à nos actions, à nos comportements et à nos pensées; notre futur sera obligatoirement une continuation de notre présent. Nos choix de vie future et nos relations futures ne changeront qu'en apparence mais ils seront toujours dictés par les souffrances de notre enfance et par le poids des générations précédentes que nous portons en nous.

C'est donc en changeant quelque chose en moi, même un tout petit changement, que je change définitivement mon futur. Mon futur est complètement contenu dans mon présent. Chaque action de changement ici et maintenant m'apporte obligatoirement un futur meilleur."

Une action nouvelle => une expérience => la connaissance.

Entrer dans l'action ne veut pas dire s'attacher aux fruits de l'action. J'agis pour un but mais je ne m'attache pas au résultat, mes réponses sont en moi uniquement, mes satisfactions viennent de l'intérieur de moi, de mon centre, de mon âme.

Entrer dans l'action de changement ne signifie pas se violenter, se forcer. Je fais des efforts mais je ne me force pas. Je ne change que ce que je suis capable de changer aujourd'hui et rien de plus. J'accepte mes limites. En acceptant mes limites aujourd'hui, je permets à mon inconscient de m'aider à les dépasser. Il vaut mieux que je fasse une petite action de changement plutôt que d'essayer et d'échouer dans un grand changement trop difficile pour moi maintenant.

Nous sommes les seuls responsables de nos souffrances ; nous avons toujours une solution pour sortir de la souffrance : pas de changer les faits ! ... "ce qui est", mais la résonance en nous de ce qui se passe autour de nous.

J'ai la certitude que tout être humain a en lui le désir profond de découvrir sa source divine cachée dans son inconscient ; malheureusement, des blessures psychologiques profondes, beaucoup plus graves que des maladies du corps, reçues dans la petite enfance (et même avant) et répétées maintes fois au long de notre vie, viennent enrayer le parcours de développement personnel.

Chacun ressentira suivant son chemin intérieur **sa** vérité qui est la seule à laquelle il doit croire, mais ce qui est essentiel c'est de savoir et d'accepter que tout est changement : il suffit de regarder la nature pour s'en convaincre ! Et nous, les humains, nous garderions les mêmes croyances toute notre vie ?... Quel orgueil ! Et si nous acceptions aujourd'hui de remettre en question tout ce que nos parents, nos enseignants nous ont appris... Dans tous les domaines des sciences et des arts, ceux qui ont beaucoup appris de leurs maîtres et qui ont remis en cause tous leurs acquis, ce sont eux qui font progresser, qui découvrent, qui inventent ! Et à leur tour, plus tard, ils seront à nouveau contestés par leurs élèves.

Alors, je vous propose d'accepter de remettre en cause toutes vos croyances et votre personnalité, d'accepter de perdre l'illusion qui vous maintient artificiellement en vie, dans une vie relative, faite de doutes et de souffrances.

Mais dans ce chemin, j'accepte mes étapes, je ne vais pas trop vite, je ne crois que ce qui me paraît à ma portée, à ce moment, avant d'aller plus loin.

Notre désir profond ne serait-il pas d'améliorer, clarifier notre relation avec l'autre, sans aucune dépendance positive ou négative, y compris avec nos enfants, notre conjoint, nos parents, mais aussi avec nos frères, nos soeurs, notre thérapeute, nos maîtres.

La question que nous pouvons nous poser : “Quelle est la personne au monde la plus importante pour moi aujourd'hui ?” La réponse juste est : “C'est moi..., avec mes besoins et mes souffrances”. Si nous admettons cette réponse, nous pouvons nous poser cette deuxième question : “Quelle est la deuxième personne la plus importante au monde après moi ?” La réponse juste est : “C'est l'autre..., n'importe quel autre, avec ses souffrances et ses besoins”. “Est-ce que je peux faire quelque chose pour moi aujourd'hui ?” “Est-ce que je peux faire, ensuite, quelque chose pour un autre ou des autres aujourd'hui, tout en respectant mes propres besoins ?”

Nous devons pour cela adapter notre environnement pour que le beau et le bon soient les deux nourritures de notre croissance.

Pour entrer dans l'action, nous avons besoin de mieux nous connaître et pour cela en premier lieu écouter les messages de notre corps (les maladies, les émotions), et de rééquilibrer notre féminin et notre masculin (Yin et Yang), présents en chacun de nous:

- Si je suis un homme, je réfléchis aux qualités féminines que je n'ai pas développées, telles que l'intuition, l'expression de la tendresse, la créativité, la douceur, la psychologie, l'écoute...

- Si je suis une femme, je réfléchis aux qualités masculines telles que l'action, l'intellect, la réflexion, la rationalité, le courage, la force...

Nous découvrons aussi que notre pensée est créatrice; à travers notre inconscient d'où l'utilité de la rendre positive.

L'être humain crée son propre bonheur, selon ce qu'il pense de lui-même. La première grande difficulté, c'est penser, dire et faire la même chose.

Il est difficile de dire à quelqu'un: “je pense que tu es un imbécile” mais il est beaucoup plus facile de voir la beauté de son âme, ses souffrances derrière ses choix de vie ou ses raisonnements.

Le véritable enjeu est d'affronter nos propres blessures. La haine, c'est l'amour blessé.

Il nous est possible d'évaluer notre degré d'épanouissement personnel à la profondeur de nos relations et à l'intimité des contacts que nous avons avec les autres.

Le vrai processus de changement est inconscient. Ce sont toujours des pensées, des actions ou des intuitions qui nous surprennent, nous étonnent sur nous-mêmes.

Notre liberté est réelle et nos relations ne deviennent fructueuses et joyeuses que lorsque nous commençons vraiment à assumer la responsabilité de nos actes, en examinant nos propres problèmes et en ayant envie de changer.

Quand nous ne parlons que des autres c'est que nous n'avons pas accès à notre ressenti.

Le principal outil du changement c'est être dans l'ici et maintenant : j'observe tout ce qui se passe en moi (émotion, tension, douleur, pensée); je vois, je reconnais, j'accepte et je lâche (je n'alimente pas).

Lorsque tout a été accepté dans notre coeur, plus rien n'est grave, plus rien ne nous dérange.

Je termine cette introduction par cette **"Réflexion sur le risque"** dont j'ai oublié l'origine:

Rire, c'est risquer de paraître idiot.
Pleurer, c'est risquer de paraître sentimental.
Aller vers quelqu'un, c'est risquer de s'engager.
Exposer ses sentiments, c'est risquer d'exposer son Moi profond.
Présenter ses idées, ses rêves à la foule, c'est risquer de les perdre.
Aimer, c'est risquer de ne pas être aimé en retour.
Vivre, c'est risquer de mourir.
Espérer, c'est risquer de désespérer.
Essayer, c'est risquer d'échouer.

Mais il faut prendre des risques, car le plus grand danger dans la vie, c'est de ne rien risquer du tout. Celui qui ne risque rien, ne fait rien, n'a rien, n'est rien. Il peut éviter la souffrance et la tristesse mais il n'apprend rien, ne ressent rien, ne peut ni changer, ni se développer, ne peut ni aimer, ni vivre. Enchaîné dans sa certitude, il devient esclave, il abandonne sa liberté.

Seuls ceux qui risquent sont libres.

Un temps pour la connaissance,

Un temps pour la conscience,

Un temps pour l'action.

Oser dire... Oser faire ... Oser être.

Le chemin du bonheur

Expériences à faire mais à dépasser :

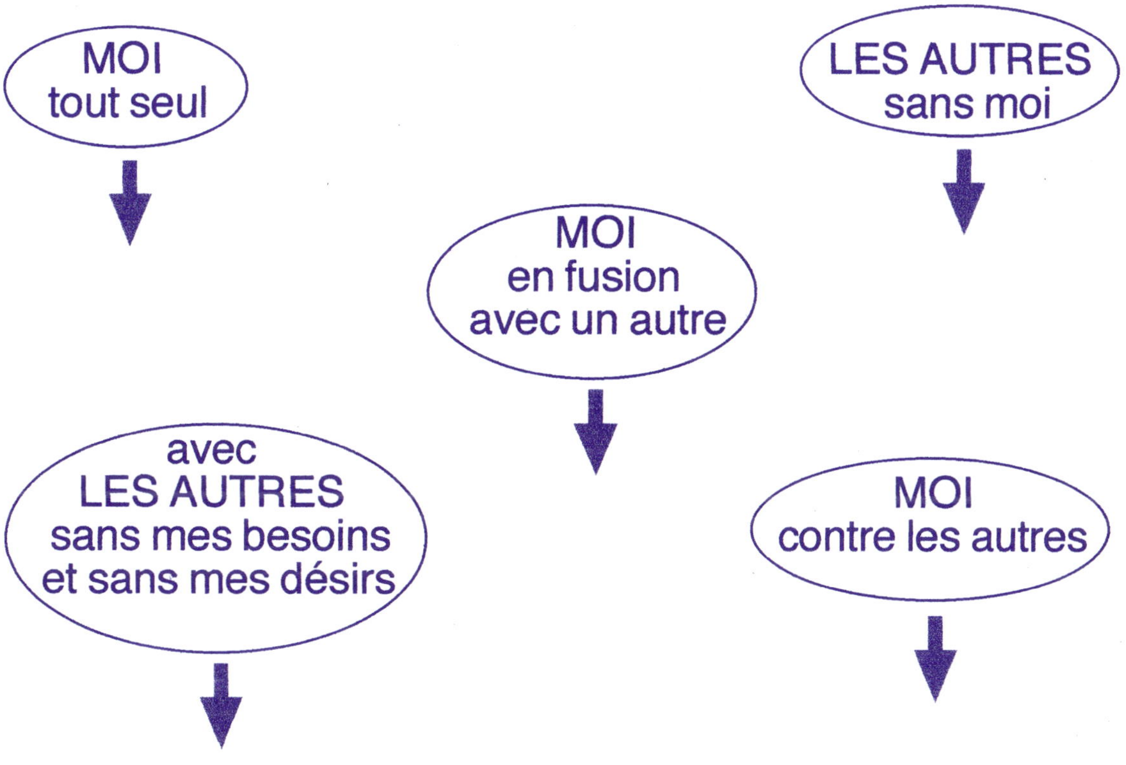

But à atteindre :

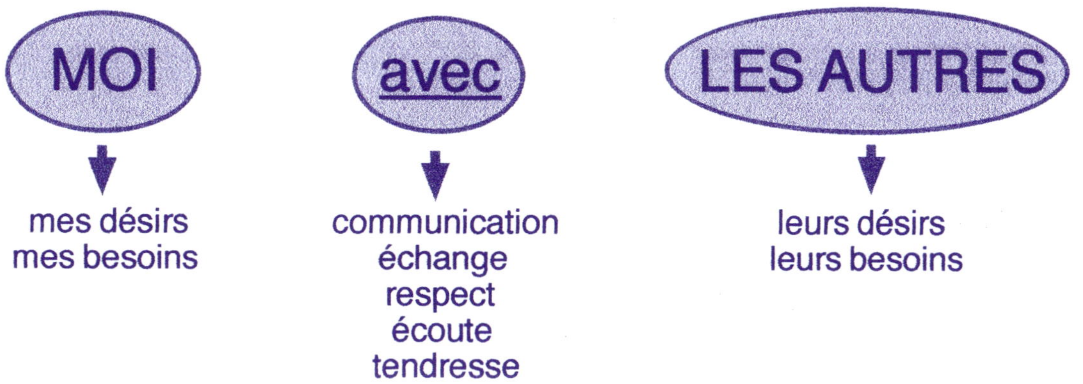

et je cherche mon autonomie affective, matérielle et spirituelle.

L'amour inconditionnel

Pour grandir, nous avons besoin de recevoir et de donner de l'Amour.

Ma définition de l'Amour :

C'est être ouvert aux sentiments, être libre de ressentir, accepter ce que je ressens sans jugement et accorder aux autres la même liberté. C'est être moi-même et laisser les autres être ce qu'ils sont naturellement. C'est donner sans rien attendre en échange, pour le plaisir de donner. C'est respecter ma place et mon territoire tout en respectant la place et le territoire de l'autre.

Le faux-amour
(j'attends d'être aimé)

* Je ne respecte ni mes besoins, ni ceux des autres.
* Je ne prends pas ma place ou je ne laisse pas les autres prendre la leur.
* Je confonds mon territoire et celui des autres.
* Je veux changer ce qui me gêne en moi ou en l'autre.
* Je me contrôle ou je contrôle les autres.
* Je donne mais, en échange, je veux recevoir.
* J'attends de la reconnaissance, de l'estime, de l'admiration.

L'amour inconditionnel et réparateur
(je m'aime et je donne mon amour aux autres)

* Je respecte mes besoins, ma place, mon territoire et ceux des autres.
* J'accepte que je suis un être humain, donc : ayant des peurs, des désirs, des limites, des blessures, des besoins, des forces et des faiblesses et j'accepte la même chose dans tous les êtres humains que je rencontre.
* J'accepte d'entendre, de voir, de sentir ce qui me dérange, ce que je refuse et ce que je ne comprends pas, en moi et en l'autre.
* J'accueille l'autre dans sa différence, sans jugement et sans comparaison.
* Je ne donne pas de conseils mais je parle de mes expériences.
* Je donne pour mon propre bonheur sans rien attendre en retour.

Quelques réflexions sur l'Amour:

• Le chemin de l'amour passe avant tout par l'amour de la nature, des animaux, de la terre, de toute la création sans exception.

• Le don et l'amour pour les autres, ce n'est pas dans les mots ni dans les cadeaux, c'est énergétique, cela dépend de notre état de conscience et de notre disponibilité à l'autre.

• Le manque d'amour est avant tout un manque d'amour de soi.

• Amour et souffrance sont deux entités radicalement opposées. L'amour renforce le SOI, la souffrance le supprime.

• Le névrosé appellera amour tout ce qui est susceptible de satisfaire ses besoins, ses désirs.

• L'amour exige sur les enfants une attention non-égoïste.

• Le contact physique est indispensable pour l'enfant. Sans lui, l'amour ne peut pas être ressenti.

• Dans les premiers mois de la vie, l'amour est essentiellement le toucher et un contact physique chaleureux. Un bébé non-aimé est, en particulier, celui qu'on ne touche pas assez.

• L'amour à l'enfant, c'est aussi lui laisser sa liberté d'expression.

Si j'aime untel et pas untel, ce n'est pas de l'amour, c'est de l'égoïsme. Si, après avoir lu ce document, je me force à aimer ou je me persuade d'aimer celle ou celui que je déteste, ce n'est pas de l'amour, c'est de l'égoïsme. L'amour, c'est sans aucun effort.

Tant que je crois que l'autre doit s'adapter à moi pour faire mon bonheur, je suis dans l'illusion la plus totale. Tant que je crois que, si mon mari me bat, me trompe ou me fait la vie dure, c'est qu'il ne m'aime pas, je suis dans l'illusion. Quand je pense "je voudrais que mon mari (ou ma femme) change", je perds une occasion de grandir et je redescends dans l'illusion que l'autre peut faire le travail à ma place.

Quand je comprends le magnifique cadeau que Dieu, la vie, ou l'univers me fait en me mettant devant mes responsabilités d'adulte, pour me faire avancer, je découvre alors mon besoin, soit de quitter ce mari qui me fait la vie dure, soit d'exiger qu'il respecte mes besoins, mon territoire, mes limites. Je prends ma place, je quitte la victime en moi. Je découvre ma force, identique en chaque être humain, qui n'a pas été mise en valeur par mon père, dans mon enfance. Je fais le deuil de ce père qui m'a manqué. C'est l'occasion de vérifier que j'ai tout en moi, même si mon papa à moi, n'a pas joué son rôle afin que je prenne confiance en moi.

Alors, OUI, j'aime ce mari macho, bavard, absent, violent, infidèle ou fusionnel. Jamais aucun autre être humain n'aurait pu me donner un plus beau cadeau pour me faire grandir.

Mon non-amour, c'est mon refus de rentrer dans ma souffrance, dans ma peur, mon refus de perdre l'illusion qui me fait croire que j'ai besoin de lui. Et il n'y a jamais de hasard, si j'ose rentrer dans ma peur, sans colère, sans jugement, alors là, OUI, je suis dans l'amour, dans l'amour de moi, de mon divin intérieur. Je suis dans l'amour de l'autre pour lui offrir ce cadeau qui le fera grandir lui aussi, même si nos chemins se séparent. Je suis dans l'amour de Dieu qui m'amène une si grande chance de me faire grandir et découvrir ma force, ma créativité, ma foi en moi, en mon divin, que nous avons tous sans exception.

Et, en tant que mari, c'est pareil, j'accepte de perdre la peur du féminin, de la force féminine, intuitive, émotionnelle, sentimentale que j'ai en moi et dont ma femme me montre l'exemple pour que je découvre que ce n'est ni dangereux, ni faible, ni destructeur.

Je découvre que ma vraie force s'appuie sur ma féminité, ma vulnérabilité, ma sensibilité, ma tendresse, à condition que je comprenne, moi aussi, le magnifique cadeau que la vie me fait par l'intermédiaire de la femme qui est avec moi, que j'ai choisie, que ce n'est pas un hasard et qu' elle est, quoi que j'en pense, exactement celle qu'il me fallait pour me faire grandir, pour que je ne dépende plus de sa féminité à elle. Oui, c'est un cadeau divin cette femme dépendante ou castratrice.

Si j'accepte ce qui est, je prends la responsabilité de ma vie, je quitte ce petit enfant insatisfait qui est en moi, j'accepte d'être adulte, je laisse chaque être vivant prendre la responsabilité de sa vie et j'accepte que tout être a ce divin en lui.

OUI, et je peux prendre alors conscience d'un plan divin subtil qui m' amène à prendre ma place, défendre mon territoire, affirmer mes besoins et accepter mes limites. Je comprends ce qu'est l'amour divin et inconditionnel de tous et surtout de moi-même.

Je ne renonce pas devant l'épreuve, j'accepte, je m'aime, j'aime la vie et je vis ma vie. J'aime et je suis aimé, au-delà de tout l'aveuglement égoïste que j'ai mis en place dans mon inconscient.

Seul l'amour inconditionnel aide à guérir mes blessures psychologiques.

La tendresse

La tendresse nous est aussi indispensable pour vivre que l'oxygène de l'air. Elle sert à compenser toutes les agressions que nous recevons de l'extérieur et à nous donner la force d'assumer nos épreuves afin de grandir vers note rôle d'adulte responsable et créatif. Les enfants de tous âges sont évidemment les plus grands consommateurs de tendresse, indispensable à leur croissance.

La tendresse des mots, des sons, du silence : Celle qui passe par nos oreilles.
Nous avons besoin d'un havre de paix où nous pouvons nous ressourcer afin de mieux nous préparer et nous armer pour les épreuves de notre vie.
Nous avons besoin de mots doux, d'accueil et d'encouragement dans notre environnement le plus proche, que ce soit dans notre famille ou notre travail.
Le bruit, l'agitation et la parlote nous dévient de notre Soi, de notre chemin de vie, de nos besoins les plus élémentaires. Nous croyons pouvoir supporter un environnement bruyant et parfois nous le recherchons simplement pour nous anesthésier de nos souffrances, de nos malaises, de notre mal-être.
La musique peut être tendresse ou drogue anesthésiante, quand elle sert d'évasion, de fuite, y compris la musique classique.

La tendresse du toucher : Celle qui passe par notre peau.
La caresse, quand elle est proposée comme un bonheur partagé et non pas comme un devoir ou une performance, nourrit celui qui reçoit et celui qui donne.
Le massage, dans le même esprit que la caresse, est la plus belle représentation de la tendresse du toucher surtout si le désir du corps de l'autre n'est pas la motivation du donneur.
Les mamans de certaines peuplades africaines massent délicatement leur bébé pendant de longs moments chaque jour.
Le toucher d'une étoffe, d'une fleur, de la peau, de l'eau, d'un arbre, etc... nous procure également de la tendresse nourrissante.

La tendresse des odeurs : Celle qui passe par notre nez.
La délicatesse des odeurs qui nous entourent est importante. La pollution de l'air de notre ville, le confinement de l'air de notre maison et surtout de notre chambre à coucher, la fumée de cigarette sont autant d'agressions qui n'ont rien de naturels. Les odeurs fortes comme les parfums artificiels nous privent de toutes les nuances subtiles que notre odorat est capable de distinguer, en particulier ceux de la nature.

La tendresse du goût : Celle qui passe par notre bouche.
La saveur des aliments qui nous informent de nos besoins pour notre corps; à condition d'être débarrassés des conditionnements de notre enfance et de nos besoins de compensations névrotiques.

La tendresse de la vue : Celle qui passe par nos yeux.
La beauté, l'harmonie de mon environnement chez moi, dans la nature ou dans mon travail. Mon corps, quand je me suis débarrassé de mon système de croyances et de défenses - qui l'enlaidit inconsciemment pour me protéger -.

La tendresse de Dieu, de l'univers : Celle qui passe par notre intuition, notre ressenti, notre sixième sens.
Énergétiquement nous ressentons si notre environnement nous convient. Et surtout nous ressentons nos limites et notre besoin d'une distance juste, qui varie sans cesse avec les personnes qui nous entourent. Personne d'autre que nous-même ne peut nous les dicter, nous les imposer de force; sinon c'est de la manipulation.
Nous avons le devoir de nous sentir bien là où nous sommes et de modifier notre entourage matériel et humain, sans pour cela forcément rompre nos engagements, sans imposer à l'autre des conditions qui ne respectent pas ses besoins. Et aussi sans croire que nous n'y avons pas droit ou que notre culture, notre religion nous imposent des privations.

C'est de notre responsabilité à chacun de ne pas accepter les situations ou les personnes dont nous ne recevons pas de tendresse. C'est bien sûr d'abord à nous-mêmes que nous devons donner le maximum de tendresse.
Comment pouvons-nous donner de la tendresse si nous n'en n'avons pas autour de nous ? Nous devons d'abord rechercher toutes les formes de tendresse que nous pouvons recevoir afin de pouvoir en donner.

Le pardon

(ou plutôt le chemin du pardon)

Le pardon est le moyen et le but de toute guérison physique, émotionnelle, mentale et spirituelle; le pardon à l'autre mais surtout, ensuite, le pardon à soi-même.

Notre chemin psychologique passe par 3 grandes étapes intérieures :

1) Découvrir ce que les autres m'ont fait subir, mes souffrances, mes blessures en découvrant petit à petit ce que j'ai enfoui dans mon inconscient, ce que j'ai refoulé, anesthésié, oublié. A cette étape, je ne peux pas être dans le pardon sinon je ne peux plus découvrir et accepter ma colère, ma haine et ma tristesse dans la profondeur de mon corps.

2) Découvrir ma responsabilité dans mes blessures, comment j'ai créé un système inconscient d'isolement, de fusion ou d'attachement pour me protéger, pour éviter les épreuves ou plutôt la souffrance des épreuves. Mais ce système de défense s'est retourné contre moi en m'isolant ou en m'attachant à certains humains. En gardant cette habitude à l'âge adulte, je n'ai pas pu grandir pour trouver toute ma force et ma créativité, pour bien me défendre et découvrir mon autonomie.

3) Découvrir que mes rancunes ont pris toute la place dans mon inconscient et ont dissimulé l'amour total, immense et infini qui m'a été donné quand j'ai reçu la vie par l'intermédiaire d'une maman et d'un papa qui, même contre leur volonté d'êtres blessés, m'ont tout donné.

Le pardon à l'autre, et surtout le pardon à moi-même, devient inévitable, profond et définitif. C'est un long chemin. Je comprends que mes parents, mes frères, mes soeurs, ou tous ceux qui ont joué ce rôle et toutes les relations que j'ai subies dans mon enfance ont eu leurs propres blessures inscrites dans leur inconscient qui ont transformé la relation qu'ils ont eue avec moi. En comprenant mes blessures, j'accepte celles des autres. Nous sommes tous responsables mais pas coupables !

Cela ne nous empêche pas de réagir vivement chaque fois que quelqu'un pénètre d'une façon ou d'une autre dans notre territoire à condition de ne pas le confondre avec celui de l'autre. Ma femme, mon mari, mon enfant ont leur territoire propre qui ne se confond pas avec le mien. Le territoire commun se gère dans le respect des besoins de chacun par une concertation permanente, ce qui n'a rien à voir avec l'autorité nécessaire des deux parents pour aider l'enfant à se construire.

Si le pardon ne vient pas dans notre vie aujourd'hui, c'est parce qu'une ou plusieurs émotions n'ont pas été acceptées et exprimées comme la colère, la peur, la tristesse ou même la joie (exprimées voulant dire "sorties de notre corps", ce n'est pas forcément avec violence; des mots ou une action symbolique peuvent suffire). Cela est bien-sûr la répétition d'une situation similaire non-acceptée de notre enfance.

Le pardon est une libération et non pas une soumission. Si je demande pardon, c'est pour terminer une situation ancienne, ce n'est donc pas pour me culpabiliser. Dans mon enfance, c'est à mes parents de se positionner pour faire de moi un adulte, je ne peux pas être coupable d'un comportement dont je ne suis pas conscient. Notre société a pendant longtemps dirigé en culpabilisant. En me pardonnant, je me sépare de la culpabilité qui est en moi.

Le pardon à moi-même est toujours au bout du chemin, sinon je suis rempli par le remords qui me détruit de l'intérieur. Le remords, c'est la culpabilité du passé. Ce n'est pas seulement au niveau conscient que je dois me pardonner mais surtout au niveau inconscient. Voici les conséquences du remords (en moi) que je projette sur les autres :

remords ⇒
- **idéaliser**
- **critiquer, juger**
- **culpabiliser**

Cela peut être avec la même personne : à certains moments je l'idéalise et à d'autres je la juge négativement.

Cela peut être avec plusieurs personnes : Certaines, je les idéalisent, je les mets sur un piédestal (comme une idole, par exemple), et d'autres, je les juge négativement, arbitrairement, sans les connaître vraiment, en les cataloguant, en les mettant dans des "cases".

Par mes blessures, je suis rempli de la culpabilité d'avoir rompu le lien avec maman. Cette culpabilité est la conséquence d'une relation anti-nature avec maman. Mon âme sait qu'elle a besoin de maman, dans son ventre et après ma naissance. La culpabilité est tout simplement le résultat du conflit entre mon âme, qui veut maman, et mon égo (la force en moi qui a compris la nécessité de quitter ce lien qui ne m'apporte pas ce dont j'ai besoin).

Le chemin du pardon, c'est me réconcilier avec mon égo. C'est un pardon à l'intérieur de moi, entre deux parties de moi. C'est la **réconciliation**, l'**unité** en moi.

Le pardon est la plus douce des caresses

LES RÉSISTANCES
À NOTRE CHANGEMENT INTÉRIEUR

Pour commencer un véritable changement intérieur, nous devons passer par plusieurs étapes.

La première étant de découvrir que nous avons en nous beaucoup de peurs, de manques, de désirs inassouvis. Souvent nous croyons que nos choix sont guidés par notre conscience, pour nous faire plaisir, alors qu'ils sont guidés par nos peurs ou nos désirs refoulés. Par exemple, pour beaucoup d'entre nous, nous passons à table parce que c'est l'heure sans nous poser la question : est-ce que mon corps a réellement faim, a besoin de nourriture à ce moment? Choisir de manger si notre corps n'en a pas réellement besoin alors que nous sommes attendus à table, est un comportement infantile.

Nous croyons le faire pour faire plaisir aux autres, en réalité c'est une soumission inutile et surtout qui nous empêche de nous respecter, d'être à l'écoute de nos besoins réels pour devenir un adulte libre et responsable.

Nous avons souvent des quantités d'habitudes que nous n'avons pas l'intention de changer parce que nous n'y pensons même pas.

Tout changement véritable n'existe qu'avec des **expériences nouvelles**. Sans expérience, il n'y a aucun changement. Pour nous en convaincre, nous devons passer du "j'ai pas envie" à "si je faisais comme si j'en avais envie". Simplement expérimenter afin de découvrir ce que demande réellement notre corps sans faire intervenir le mental, le poids du passé, de nos attachements et de notre éducation. Si nous sommes honnêtes avec nous-mêmes, automatiquement les résistances vont faire leur apparition.

Et plus nous aurons la conscience de la nécessité des changements de nos comportements, de nos habitudes qui sont indispensables pour être nous-mêmes, plus les résistances vont se renforcer. Nous entrons dans un vrai et douloureux combat contre nous-mêmes.

C'est en nous respectant que nous respecterons les autres.

C'est en découvrant nos difficultés, nos faiblesses, nos souffrances, que nous respecterons celles des autres.

Ce n'est pas en me soumettant aveuglément au désir de l'autre ou au contraire en me rebellant aveuglément, en refusant toute demande de l'autre que je suis juste avec moi et avec la vie, donc dans l'amour.

Si la demande de l'autre ne va pas à l'encontre de mes besoins fondamentaux, pourquoi pas, du moment que je ne fais pas intervenir une morale ou des principes venant de mon éducation. Nous devons nous déséduquer pour pouvoir nous rééduquer. C'est-à-dire découvrir en nous une mère et un père parfaits que nous avons tous à l'intérieur de nous. Ce qui n'a rien à voir avec le souvenir de nos parents et de l'éducation que nous avons reçue dans notre enfance et que nous avons introduits à l'intérieur de notre conscience, de notre mémoire comme "message de vérité".

Lorsque nous sommes convaincus de la nécessité d'une telle transformation, indispensable pour être dans l'amour réel de soi et ensuite dans l'amour réel de l'autre (et non pas de ce qu'il m'apporte pour satisfaire mes désirs d'enfant), alors le travail d'affaiblissement et de disparition de nos résistances peut commencer, il est très long et très difficile.

Cela ressemble à une greffe d'organe étranger: le corps refuse ce changement, ces nouvelles cellules qu'il ne reconnaît pas et il fait tout pour les éliminer. Notre inconscient fait pareil car notre évolution va modifier chaque cellule de notre corps. Il va proposer la douleur physique, la souffrance psychique, la tension de certaines parties du corps, la fuite sous toutes ses formes (ex: prétexte bidon pour échapper à une difficulté), le déni ("cela ne sert à rien", "c'est une secte", "les thérapeutes sont tous fous", "le spirituel c'est dépassé", etc...)

Le prix à payer est très élevé, chacun aura à suivre le "chemin de sa passion" comme le Christ. Mais au bout du chemin et même à chaque étape, la récompense vaut largement tous les sacrifices. Le partage de nos difficultés avec des êtres engagés comme nous est essentiel pour nous soutenir et nous encourager sur cette route.

Nous aurons besoin de beaucoup de patience, de détermination, en un mot: **LA FOI !**

Les résistances physiques :

Notre corps, sentant une transformation intérieure, jusqu'au niveau de chaque cellule, nous apporte des douleurs de toutes sortes pour essayer de nous arrêter en chemin. Elles sont parfois beaucoup plus douloureuses que précédemment. Certaines maladies peuvent être la conséquence d'une résistance.

Les résistances émotionnelles :

Notre tristesse, notre colère et notre peur non acceptées de la petite enfance nous aveuglent et nous empêchent de ressentir dans l'ici et maintenant tous les messages que nous recevons.

Les résistances mentales :

Notre mental s'agite en tous sens pour nous éviter de ressentir, d'entendre les messages de notre corps ou provenant du monde extérieur. Nos pensées se bousculent en un flot incessant que seule la méditation ou la relaxation peuvent arrêter.

Les résistances spirituelles :

Nous recevons tous les jours des messages nous montrant que nous ne formons qu'un avec les autres, le monde, l'univers. Soit nous les rejetons vers l'extérieur par des croyances surnaturelles et mystérieuses (miracles, martiens, anges, etc...), soit nous nous acharnons à nous prouver que ce que nous ressentons n'est pas juste.

Les résistances sont parfois utiles pour nous éviter d'aller trop vite sur notre chemin, ce qui pourrait être dangereux pour nous, à condition de ne pas rester bloqués dedans.

Les systèmes relationnels réparateurs

Pour modifier notre système de relation, comme par exemple ceux cités à la page 60, nous avons des outils relationnels qui mettent en route un processus de changement, nous permettent de mieux affirmer nos besoins et nous permettent de prendre confiance en notre force intérieure.

La demande claire

Si j'ose demander, en acceptant le refus éventuel par avance, je mets en place une énergie de communication qui apporte à plus ou moins long terme des "miracles". J'accepte que l'autre a lui aussi des besoins et des limites. Je ne juge pas, je m'affirme, je me positionne, à condition d'oser rentrer dans ma peur de l'autre. Je découvre alors que je m'apportais moi-même mes souffrances, en refusant de me confronter à la réalité et en refusant d'accepter cette réalité. Je renonce à l'idée que l'autre puisse deviner mes besoins car c'est impossible.

La vérification

Je confirme, en le reformulant, ce que l'autre vient de me dire. Je vérifie en l'exprimant si ce que je ressens chez l'autre est exact ou pas. Mon histoire n'est pas son histoire, donc il n'a pas la même grille de lecture des événements, du vocabulaire et des émotions. Je pose des questions pour vérifier si ce que je ressens dans ma relation avec l'autre est juste. Je partage mon ressenti dans l'échange et la communication ; j'évite ainsi les doutes qui m'apportent souffrance et méfiance. Je peux parfois être déçu, mais la vérité, douloureuse un instant, m'apporte ensuite la paix intérieure.

Le choix de mon entourage humain et de mon environnement physique

Si j'ai fait des demandes claires, que j'ai affirmé mes besoins et que je me suis confronté aux réponses négatives de mon entourage, j'ai le devoir de me respecter en osant quitter, sans jugement et sans culpabilité, tous ceux qui m'agressent d'une façon ou d'une autre. C'est parfois simplement une distance provisoire, à condition de ne pas attendre de changement chez les autres. Chacun est libre de sa vie, j'affirme simplement mes besoins personnels sans attentes illusoires.

J'ai besoin également d'un environnement qui me convient et je prends des décisions pour améliorer ce qui me gène, tout en me confrontant à la réalité et aux limites des autres. L'énergie d'un lieu ou des personnes est un facteur essentiel de mon environnement ; elle détermine mon bien-être intérieur.

J'ose me prendre en charge et j'ose m'engager dans de nouvelles expériences de vie, en acceptant mes peurs. Au lieu de gaspiller mon énergie à essayer de changer les autres, je rentre dans mes peurs pour me réaliser, dans mon chemin de vie, sans rien attendre des autres. C'est à moi de me donner ce qui comble mes besoins. Je me donne des objectifs réalistes suivant mes limites du moment.

La relation avec l'autre selon Jacques Salomé

Par ce condensé du message de Jacques Salomé, je voudrais montrer l'importance d'une clarification de nos relations car, pour moi, tout travail intérieur (la relation à Soi) s'accompagne d'une bonne relation à l'autre (intimité à deux) et aux autres (dans la société).

Jacques Salomé me paraît de loin le plus avancé dans cette recherche et j'ai beaucoup appris sur moi et ma façon de relationner au cours des stages que j'ai suivis avec lui.

Jacques Salomé a consacré sa vie professionnelle à étudier et à enseigner les relations avec nos proches. De ses observations qu'il regroupe dans son livre "Pour ne plus vivre sur la planète TAIRE" Éd. Albin Michel, ce document résume l'essentiel. Il a pour but de nous inciter à modifier notre système relationnel afin que l'échange vrai et non destructeur nous apporte une vie plus riche, plus aimante, donc un peu plus de bonheur.

"Seul celui qui change reste fidèle à lui-même".

La cause de notre grande difficulté à être soi-même ainsi que d'être dans l'ici et maintenant, c'est l' I.T.P.I. (Illusion de la Toute-Puissance Infantile).

Explication :

Dans notre enfance, si nous n'avons pas eu un papa et un père, si nous n'avons pas eu une maman et une mère, nous n'avons pas pu passer en douceur de l'unification à l'intérieur du ventre maternel vers l'unification à l'univers en ayant trouvé notre indépendance affective (couper le cordon - sevrage).
Nous rêvons depuis de retrouver cet échange privilégié où il suffisait de demander et de vouloir pour obtenir.

Papa : celui qui joue, fait monter sur ses épaules, embrasse.
Père : celui qui structure, qui donne des repères, des limites.
Maman : celle qui donne les câlins, la chaleur, les caresses.
Mère : celle qui nourrit, qui apporte sa connaissance, son ressenti.

Notre système de relation habituel que Jacques Salomé appelle le **système SAPPE**:
Système relationnel venant de la nuit des temps et détruisant la vraie individualité de chaque enfant. Ce système relationnel parents - enfants est repris et amplifié plus tard par le milieu scolaire et universitaire, ensuite par le milieu professionnel, politique et économique.

Définition :

- **Injonction** (usage abusif de la relation "Klaxon" Tu... Tu... Tu...).
"Tu manges mal! Tu n'es pas poli!" - "Tu devrais être plus gentil!" - "Tu es paresseux!""

- **Menaces, chantages**, (directs ou indirects, réels ou fantasmés).
"Je ne t'aime plus si tu ne ranges pas ta chambre!" - "Tu ne réussiras pas ta vie si tu ne

travailles pas bien à l'école!"

- **Dévalorisation, disqualification ou comparaisons négatives**.
"Ta soeur est plus courageuse que toi, tu sais!" - "Personne ne voudra se marier avec toi!" - "Tu es nul!"

- **Culpabilisations** : laisser croire à l'autre qu'il est responsable de notre état.
"C'est à cause de ton caractère que je suis si fatiguée!" - "Je ne peux pas me reposer après ma journée au bureau parce que vous êtes trop bruyants!" - "Quand tu ne travailles pas bien, cela rend maman malheureuse!"

- **Maintien des rapports de force** (sans alternance) : Dominant / Dominé.
"Je suis l'homme à la maison et dans ma famille c'est à l'homme de décider!"
C'est souvent le même dans le couple qui prend des décisions importantes (maison, vacances...) et qui tient les cordons de la bourse.

Remarque : c'est souvent le contraire dans la relation sexuelle.

Effets à long terme :

- **Non-confiance en soi.**
"Je ne serai pas capable de faire des études comme ma soeur." "Je ne trouverai pas un homme beau et qui me convient."

- **Doute.**
"Si je pratique le sport dont j'ai envie, je ne sais pas si ça plaira à papa." "Si je m'adresse à une fille, est-ce que je saurai quoi lui dire ?" "Est-ce que je suis capable de passer mon Bac ?"

- **Dépendance.**
"Je suis perdue si mon mari n'est pas là." "Je ne peux pas me décider sans l'avis de papa ou maman." "Si je divorce, je serai incapable de me débrouiller tout(e) seul(e)." "Si mes enfants s'en vont de la maison, je n'ai plus de raison de vivre ni de bonheur."

- **Réaction de soumission ou d'opposition.**
"Mon mari est un tyran !" "Je rentre vite sinon ma femme m'engueule !" "Mon mari (ou ma mère), un jour, je le (la) tuerai !"

- **Violences et auto-violences.**
"Mon mari me donne des coups." "Maman me bat mais je ne peux pas faire autrement." "Je me force à faire trois heures de footing ou de vélo par jour pour être bien." "Je ne mange pas ce qui me plaît pour ne pas grossir."

- **Non-amour de soi.**
"Je ne vaux rien, aucune femme ne voudra de moi." "Je suis incapable de faire aussi bien que mon frêre." "Je ne suis pas beau, pas intelligent, trop gros..."

La solution à cette mauvaise communication, Jacques SALOMÉ l'a développée pendant ses 30 ans de formateur en relations humaines, c'est ce qu'il appelle le **système ESPERE**, il se compose de 7 points :

1 - Parler à l'autre, ne plus parler sur l'autre.
"J'aimerais te parler du malaise que je ressens quand tu rentres sans me parler et que tu vas directement devant la télé!" - "J'ai besoin pour me sentir bien dans notre maison que tu ne laisses pas traîner ton cartable dans le couloir!"

2 - Ne plus laisser parler l'autre sur moi.
"A partir d'aujoud'hui, je n'accepte plus que tu parles de moi en me critiquant devant tes amis!"

3 - Si l'autre m'envoie: - messages cadeaux => énergie => amour,
"J'adore regarder ton visage quand tu dors , tu as l'air d'être mon ange protecteur!"

- messages violences => blessures => souffrance.
"T'es toujours aussi peu délicat avec les femmes!" - "On dirait ta mère quand tu rouspètes!"

4 - accès au ressenti au lieu du raisonnement.
"Je ressens un malaise dans mon corps quand tu cries ou que tu ne me dis pas bonjour." "Je ressens le besoin d'aller faire une balade dans la nature."

5 - Passer du réactionnel au relationnel.
"J'ai des difficultés dans ma relation sexuelle avec toi, j'aimerais que nous prenions un temps pour en parler tranquillement." "Je sens que tu es en colère, veux-tu que nous en parlions ?"

6 - Confrontation avec l'autre: - confirmation du message reçu.
"J'entends que c'est désagréable pour toi quand je ne te dis pas bonjour!"

- affirmation de soi.
"Je comprends que tu ne peux pas te passer de moi mais je vais partir un week-end seule, parce que c'est mon besoin et je le respecte!"

- communication à l'autre de mon ressenti.
"Je ressens des frissons et beaucoup de joie quand tu m'embrasses dans le cou!"

7 - L'émotion est le langage du retentissement à l'intérieur de soi.

Afin de modifier notre relation et de débloquer en nous des systèmes de défense dus à des souffrances répétées et qui figent notre comportement, Jacques Salomé préconise l'utilisation de **la Symbolisation**. Exemple: par un objet ou par une lettre (renvoyer des mots reçus comme violence).

<u>La symbolisation s'utilise dans les cas suivants :</u>

1 - Restituer une violence reçue : - morale,
- verbale.
- physique.

2 - Reprendre une violence déposée sur l'autre, si l'autre accepte de la rendre à condition de prendre soin de le demander (par un cadeau ou un acte de tendresse).

3 - Prendre soin d'un désir, d'un sentiment, d'un besoin (ex: par un objet, choisi symboliquement, que je mets sur une étagère bien visible).
4 - Achever une situation inachevée (par une lettre ou un objet destiné à une relation passée).
5 - Renoncer à une auto-injonction (ex: Je mets cette petite poupée sur mon bureau pour symboliser mon désir de ne plus croire que je suis moche et voir ma beauté.)

Les symboles sont des focalisateurs d'énergie.

Il est parfois nécessaire de déposer le symbole dans un endroit significatif, mais neutre car la personne qui doit recevoir n'est pas forcément prête à cela ou n'est plus de ce monde .

Le dialogue vrai avec échanges est bien sûr préférable, dès qu'il est possible de part et d'autre.

<u>Quelques remarques de Jacques Salomé :</u>

- Le bonheur dans un couple n'est pas de rendre l'autre heureux mais d'être dans le bonheur moi-même et d'offrir ce bonheur à l'autre.
- Si je reste pour toi et non pas pour moi dans une relation, un jour ou l'autre je te le ferai payer très cher.
- Il y a beaucoup d'hommes qui sont incapables de dire ; “Je ne t'aime plus”.
- Il ne faut pas entretenir le système relationnel négatif de l'autre par notre propre système.
- Il ne faut pas confondre la personne et ses violences.
- Le plus difficile ce n'est pas de comprendre mais d'entendre.
- La culpabilité, c'est le langage de l'I.T.P.I.
- Toute relation a deux bouts, je ne suis responsable que de mon bout et je ne peux rien changer à l'autre bout.
- Un mari et une femme ne doivent pas être les dépositaires des messages “caca” de l'autre, sinon les messages “fleurs bleues” ne sont pas vus aussi beaux.
- Le pardon forcé, non vécu de l'intérieur après un long processus d'acceptation interne, est une escroquerie, il atténue la violence subie mais ne supprime pas la blessure.
- Il faut toujours prendre soin d'un désir, d'un besoin, d'un sentiment.
- Ne pas chercher à comprendre, mais ressentir, recevoir, entendre.
- On ne peut pas gérer le bout (de la relation) de l'autre, on peut juste l'inviter à..., faire une demande => humilité.
- Je ne laisse jamais chez moi arriver un message négatif sinon cela m'empoisonne.
- L'amour de moi vient de la qualité des relations que je reçois.
- Il faut beaucoup d'humilité pour accepter de ne pas comprendre afin de pouvoir entendre.
- Il n'y a qu'une personne qui alimente sa souffrance, c'est celui qui la porte.
- Je vais vers des relations énergétigènes, j'évite des relations énergétivores.
- Derrière toute peur, il y a un désir : - le désir est énergétique.
  - la peur est sclérosante.
- Nous avons deux besoins fondamentaux : - AFFIRMATION.
  - APPROBATION.
- Être adulte : prendre le risque de s'affirmer, même sans approbation.

Couple : de la fusion à l'autonomie

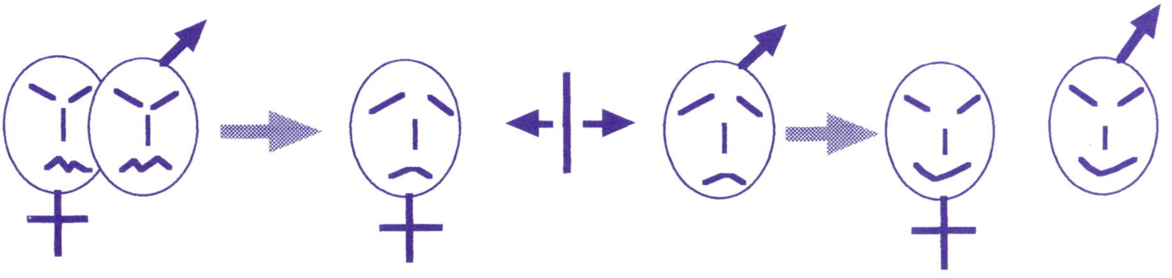

La fusion permanente dans un couple s'appelle la confluence dans l'école de Gestalt. C'est l'image que représentent deux rivières dont les eaux sont mêlées pour en faire une seule.

La frontière n'existe plus entre moi et l'autre. Les activités de loisirs et les relations amicales sont presque toujours en commun.

Cette fusion dans un couple est souhaitable et nécessaire pour les moments de partage et d'échange, dans la joie et la tolérance mais dans la limite des possibilités de chacun.

Dans la confluence, toute activité ou toute relation séparée est vécue comme une trahison.

Il n'y a pas de confrontation saine de deux êtres différents mais souvent des affrontements.

La différenciation de deux êtres distincts n'existe pas et cela empêche toute relation vraie et donc toute évolution intérieure et sociale. Les croyances sont figées.

Cette fusion chronique se retrouve dans les sectes et même dans les partis politiques et les groupes religieux.

Chacun ne sait pas vraiment qui il est et qui est l'autre, où il finit, et où commence l'autre. Leurs territoires sont confondus. La vraie liberté ne peut exister si nous n'avons pas un territoire personnel clair et suffisant.

Dans cette situation il n'est plus possible de reconnaître ses propres besoins et ceux de l'autre. Nos émotions, nos sentiments, comme ceux de l'autre sont niés.

L'étape, où chacun redécouvre son territoire, est douloureuse et souvent il y a un excès inverse à la fusion. Exemple : celui ou celle qui trompe son conjoint, c'est souvent un cri d'alarme pour montrer sa souffrance à l'autre et non pas une trahison, juste une demande de liberté et d'autonomie.

La découverte, par la suite, du couple androgyne où chacun est autonome, libre, fait redécouvrir au couple une relation beaucoup plus intime, alternant avec des phases de liberté, de créativité, de bonheur à partager ensuite avec l'autre.

La voie spirituelle du couple

Le couple reste le meilleur moyen de faire un chemin psychologique et spirituel avancé, à condition de connaître le mode d'emploi.

Nous pouvons nous rendre compte de la façon dont nos énergies divines nous mettent en relation avec celui ou celle qui nous poussera le mieux à avancer sur notre chemin personnel. Car ce sont bien deux chemins distincts et autonomes et non pas un chemin où chacun s'appuie sur l'autre pour se rassurer dans ses mensonges intérieurs.

Quand nous quittons les reproches dits ou non-dits, quand nous quittons notre système de victime ou de sacrifice, la relation devient grandiose, évolutive et elle devient aussi l'endroit où chacun peut grandir, même si notre partenaire ne veut pas suivre. Au contraire, c'est une chance pour nous de grandir tout en respectant nos limites, sans jugement. La séparation ne peut pas toujours être évitée, mais elle se fait dans la paix, la compréhension, quand nous acceptons nos mécanismes inconscients, en pardonnant à l'autre, et surtout à nous-mêmes. Nous acceptons nos limites dues à notre histoire et à nos souffrances. Celles-ci sont enfouies dans notre corps, oubliées par notre conscience mais toujours présentes dans nos comportements, nos croyances, nos désirs et nos pensées.

Le jugement détruit le couple. La compréhension, l'acceptation et le dialogue le nourrissent.

Il y a trois sortes de couples égarés sur leur chemin :

- les fusionnels
- les conflictuels
- les séparés

Ces trois modes de relation sont à l'origine de conflits intérieurs qui favorisent les maladies du corps. Les maladies sont toujours l'expression de conflits refoulés dans l'inconscient. Quand nous sommes en paix avec nous-mêmes, notre corps a toujours assez de force pour se défendre, notre énergie circule bien et nous sommes en bonne santé autant physique que morale.

Le but étant le couple spirituel qui se compose de deux êtres séparés affectivement, adultes, autonomes et partageant leurs expériences intérieures pour se nourrir du chemin de l'autre. Le dialogue dans le couple ne peut pas être sous la forme de conseils, car chacun est différent. La relation s'établit dans la paix et l'échange. Les épreuves ne se partagent pas. Seuls l'accueil, l'écoute, la présence et la tendresse apportent le réconfort dont chacun a besoin.

C'est dans ce climat que nous pouvons ressentir la présence de Dieu, c'est à dire cette force qui nous protège, nous suit dans notre chemin et nous apporte simultanément à l'un et à l'autre des épreuves que nous sommes capables d'assumer en cet instant, là où nous en sommes sur notre chemin.

La relation avec bébé

Toutes nos blessures importantes et primordiales venant de notre petite enfance, il me parait essentiel de comprendre et de soigner notre relation parents / bébé. J'ai mis "parents" au pluriel car je veux souligner l'importance de papa, dès cet âge, dans cet échange.

Dès la conception de l'oeuf avec le spermatozoïde, l'enfant a déjà reçu une immense quantité de messages et toute sa vie utérine sera pour lui une ouverture permanente au monde qui l'entoure.

Sa sensibilité est immense et il ressent toutes les émotions de sa maman, ses pensées, ses souffrances physiques et psychologiques.

L'important, pour une maman, c'est de communiquer avec lui souvent, par la pensée, par les paroles et par le contact de ses mains à travers la peau de son ventre. L'enfant reçoit et il a besoin de savoir et de comprendre. Plus sa maman accepte les épreuves que la vie lui donne, plus elle accepte ses émotions, sans les nier et plus elle donne de bonnes informations à son bébé.

L'important n'est pas d'être une mère idéale, l'important est d'être une mère sincère, consciente de sa responsabilité, mais aussi de ses limites. Le partage avec son bébé les fera grandir tous les deux. Non pas en se faisant prendre en charge affectivement par son bébé, par l'amour qu'elle reçoit de lui (ce serait, dans ce cas, inverser les rôles), mais en étant humaine, dans son rôle de maman, simplement, positivement.

Le papa a un rôle essentiel à jouer, par sa présence, sa voix, l'attention qu'il porte à la maman et au bébé. Mais son absence n'est grave que si elle n'est pas expliquée, qu'elle n'est pas acceptée par la maman. Si la maman accepte ce manque, l'enfant est libéré de la souffrance de sa maman.

L'important est que la maman, avec son enfant, ne se replie pas sur son monde à elle en mettant la charge de sa vie sur son bébé. Cet enfant est accueilli par le monde, par l'humanité entière, pas de sa maman uniquement. L'enfant n'est pas là pour panser les blessures de sa maman mais il est tout à fait capable de les entendre.

Ensuite, dans les premiers mois de la vie, en dehors du ventre de maman, l'enfant a besoin d'exister par lui-même. Pour cela, il a besoin d'être accueilli dans la chaleur, la tendresse, l'écoute.

C'est une partie de Dieu qui vient au monde dans chaque famille, mais ce n'est pas Dieu à lui tout seul. Il doit découvrir le monde humain sans isolement mais sans violence. Il n'est pas assez prêt pour cela, il n'est pas encore terminé et il a besoin d'un entourage privilégié, comme un sas protecteur, pour passer de la vie utérine à la vie humaine extérieure, dans la suite des épreuves qui l'attendent et qui seront nécessaires à sa croissance. Il a seulement besoin de ne pas brûler les étapes. Chaque épreuve correspond à un âge pour être acceptée. Trop tôt, c'est une souffrance refoulée qui est enfermée pour longtemps dans son corps et, trop tard, ce sont des épreuves évitées qui vont s'accumuler en attente; de toute façon, elles arriveront un jour dans la vie de l'enfant. Trop d'épreuves en même temps, c'est également insupportable, donc non accepté par l'enfant.

Mon propos n'est pas de culpabiliser les parents mais de les responsabiliser tout en leur permettant d'accepter leur fragilité d'êtres humains. La conscience et l'acceptation, de la part des parents, est un gage de bonnes conditions pour que l'enfant grandisse.

Aider mon enfant à grandir, grandir avec mon enfant

C'est :

- Dire OUI à ce qui est.

- Entendre la demande de l'enfant qui s'exprime souvent de façon subtile.

- Être attentif à ses changements de comportement : c'est une nouvelle étape qui se prépare.

- Être dans la vraie humilité en évitant le masochisme ou la fausse humilité.

- Sortir de sa culpabilité et de la culpabilisation de son enfant.

- Accepter que la vie est un jeu, l'éducation aussi.

L'important, c'est de s'engager pour l'enfant, sentir et comprendre ce qu'il réclame et d'oublier tout ce que notre société, notre religion, notre culture, notre famille nous ont appris.

Il n'y a pas deux enfants pareils. Il n'y a pas deux éducations semblables. L'éducation, ce n'est pas le pouvoir, c'est seulement donner, donner, donner ... , en y mettant des limites et en acceptant nos propres limites.

Ce n'est pas une lutte, c'est l'acceptation de ce qui se passe ici et maintenant, en agissant en fonction du bien de l'enfant, de ses demandes implicites, en lui avouant sans honte nos limites. C'est aussi lui expliquer honnêtement, sans tricher, sans manipuler : nos actions, nos objectifs ; tout en écoutant, en accueillant, en entendant le feed-back de l'enfant qui n'est jamais innocent ou insignifiant. Tous ses comportements, ses colères, ses paroles, ses abattements sont des messages importants.

Être parent, c'est entendre tout ce qu'il réclame "à corps et à cris" :
- A corps : ses malaises, ses maladies, ses attitudes, ses expressions de visage, ses tics, etc...
- A cris : ses colères, ses tristesses, ses fuites, ses violences, ses écrits, ses dessins, etc...

L'enfant exprime toujours d'une façon ou d'une autre ses besoins.Tout est message, qu'il nous adresse avec son langage d'enfant, le seul qu'il connaisse.

L'important pour notre enfant, c'est que nous sortions de la réaction par rapport à ce que nous avons reçu ou par rapport à ce que nous n'avons pas reçu. Notre enfant est unique, donc notre relation avec lui est unique.

Parfois il réclame simplement des limites. Dans ce cas, la colère réactive des parents, qui voudraient un enfant parfait, n'est pas juste. Seule la fermeté entourée de tendresse et d'amour peut l'aider à se structurer.

C'est notre orgueil et notre culpabilité qui nous empêchent de voir la réalité. Nous sommes des humains, donc limités, perfectibles, blessés, inconscients. Dire OUI à cela, c'est aller à la rencontre de notre vraie grandeur. Tout est dans la présence de Dieu à nos côtés. Nous ne sommes jamais seuls avec nos problèmes.

Osez avancer avec vos erreurs, vos angoisses, vos doutes et, tôt ou tard, l'empreinte de Dieu vous apparaîtra. Un échec apparent se transformera en réussite quand vous aurez lâché prise, quand vous aurez fait confiance à votre Dieu intérieur, au Dieu intérieur de votre enfant et au Dieu protecteur universel qui supervise tout.

Le Karma, le chemin de vie, le destin de votre enfant ne vous appartient pas. Votre rôle n'est que de le préparer à son destin sans l'influencer, sans l'orienter. Accepter, c'est accepter que vous n'êtes pas son Dieu. Vous n'êtes responsables que de votre rôle de parent, de votre vie, mais pas de la sienne.

Aider votre enfant à grandir va vous faire grandir car, inévitablement, vont remonter une à une vos colères d'enfant, vos souffrances d'enfant non résolues, non digérées. Ce qui était insensibilisé en vous, par le temps et l'oubli, va redevenir sensible afin de le revivre dans la douleur originelle pour l'accepter et enfin le dépasser, le libérer de votre corps.

Cette libération vous permettra de vivre votre vie, votre vraie vie, de façon plus légère, plus authentique. Vos relations avec vos enfants, votre conjoint et tout votre environnement seront plus détendues, plus joyeuses, plus confortables, à condition d'oser revivre pleinement ces souffrances sans les refouler à nouveau, ce qui serait fatalement destructeur pour l'enfant que l'univers vous a confié.

La crise

C'est le moment où l'on croit que tout est fini, que c'est trop tard. J'ai tout essayé et rien ne marche, que ce soit avec mon conjoint, mon enfant, ma mère ou mon père.

En réalité, il ne s'agit pas d'essayer quelque chose mais d'accepter ! C'est ce que je crois inacceptable qui est justement à accepter.

Les bases de notre relation sont remises en cause, OUI, et c'est normal. Dans un couple, avec son enfant ou ses parents, la relation, le cadre, les règles doivent changer en permanence. C'est la loi naturelle. Le changement est ce qui est normal. C'est parce que je m'accroche à d'anciennes valeurs, d'anciennes règles, que la crise arrive.

Tout paraît perdu. NON, tout n'est pas perdu ! La relation telle qu'elle est ou telle qu'elle était, OUI, est finie, définitivement finie, j'en fais le deuil. Tout ce côté agréable que je croyais acquis, OUI, c'est fini, définitivement fini. Mais, à la place, c'est une toute autre relation, avec quelqu'un d'autre, celui ou celle qui est en face de moi et qui change. C'est une chance, c'est une nouvelle relation, passionnante, toute neuve, qui commence, avec des choses agréables et des choses désagréables, comme la relation d'avant, pas mieux ni moins bien, différente, mais aussi intéressante, enrichissante, pour chacun d'entre nous. Le jugement, la peur, la culpabilité en moi ou en l'autre m'empêche d'accepter ce changement. Notre partenaire change, c'est quelqu'un d'autre, c'est sûr, mais les expériences nouvelles qui en découlent seront passionnantes, vivantes, comme avant, pas forcément tranquilles ou reposantes, mais vivantes ! Et c'est le plus important.

Avec mon conjoint :

La relation évolue, par exemple, après la phase euphorique de la complicité des jeunes amants, vient une phase plus responsable, plus tournée vers l'extérieur, les projets, l'engagement. Toute notre vie de couple change car nous grandissons de nos expériences et rien n'est acquis, rien n'est définitif.

Si nous refusons une crise en nous accrochant à des valeurs anciennes, nous reproduisons certainement des schémas familiaux ou des réactions à ces mêmes schémas, ce qui revient au même et cela mine la relation du couple qui va se rigidifier petit à petit jusqu'à devenir un équilibre entre un calvaire et un oasis de repos par rapport à la société extérieure.

La relation de couple s'appuie sur trois piliers : La communication, la foi dans le couple et la tendresse. Il est important pour la solidité du couple de ne pas nier ou éviter les épreuves, mais au contraire de les affronter avec confiance en entrant dedans et en s'appuyant sur les trois piliers ci-dessus.

Dans ma famille :

Les crises sont une chance d'arrêter les systèmes de croyances des parents, à condition que ceux-ci quittent la peur de perdre le pouvoir. Le rôle de parents n'est pas d'avoir le pouvoir sur l'enfant mais seulement de donner tout ce que l'enfant a besoin dans la plus grande des tendresses, sans oublier que l'enfant a besoin de limites, d'un cadre clair et précis. C'est le père qui est le garant de ce cadre, à condition qu'il le propose en respectant les besoins de chacun et non en appliquant les désirs de sa propre maman, de sa famille ou de sa culture.

Avec un adolescent :

A l'adolescence, l'enfant revit tous les conflits qu'il a enfouis en lui dans son enfance. Tout ce qui ne s'est pas passé selon ses besoins à lui. Il peut tout réparer à ce moment de sa croissance d'être humain. C'est normal qu'il bouscule tout ce que sa famille a essayé de lui inculquer et c'est bon signe pour sa santé, son individualité, son chemin de vie.

Malheureusement, il se heurte à ce que ses parents ont mis des années à enfouir en eux. Il réveille tout ce que ses parents n'ont pas voulu regarder en face, concernant leur propre histoire. Ce n'est pas un conflit à gérer par le pouvoir mais au contraire une solution pour que chacun aille au plus profond de son humilité.

Cela n'empêche absolument pas de maintenir un cadre et un respect minimum dans le foyer mais en entendant le besoin immense de liberté de son enfant, à l'extérieur de la famille, pour qu'il puisse faire ses expériences personnelles, avec ses échecs et ses réussites. C'est indispensable pour qu'il assume son rôle d'adulte, tant pis pour les bobos.

Avec moi-même :

La crise intérieure, dans la relation à moi-même, subit les mêmes lois que les autres crises relationnelles au cours de mon chemin psychologique et spirituel.

Tout au long de ma vie mes besoins changent. Si je refuse ce changement, par peur de déplaire à mon conjoint, à ma famille, à ma religion ou à ma culture, la crise intérieure douloureuse est inévitable. Il y a conflit entre mes besoins et mon mental qui véhicule des croyances puériles, même si ces croyances sont répétées tous les jours, comme des vérités universelles, à la télévision ou dans les livres.

J'ai le choix entre faire semblant de ne pas voir ce conflit ou au contraire saisir ma chance de grandir à un niveau de conscience plus élevé. Ces crises, si elles sont acceptées, sont de véritables morts et renaissances qui font la grandeur de l'être humain adulte, solitaire et responsable.

LES OUTILS DU CHEMIN VERS SOI

Que l'on soit dans une démarche psychothérapeutique, psychanalytique, spirituelle ou religieuse, aucune voie ne peut sérieusement nous aider dans ce voyage sans une "pratique" de tous les jours. Qu'elle s'appelle ascèse, exercice, confrontation ou autre, il s'agit bien d'un entraînement quotidien avec des méthodes, des exercices adaptés à chacun et à chaque moment de notre évolution vers la conscience.

La principale méthode étant de retourner notre caméra intérieure (celle qui filme la vie qui nous entoure) vers l'intérieur de nous, afin de ressentir, à chaque instant l'origine d'une émotion, d'un sentiment, que ce soit de la colère, de la peur, de la jalousie, de la tristesse ou de la joie; ainsi que notre façon de fuir les relations gênantes et d'aller vers les relations qui servent à nous rassurer dans nos croyances.
Exemple : "tu es d'accord avec moi que untel est hypocrite, méchant, prétentieux ou autre..." alors qu'il ne s'agit que de l'effet-miroir et des projections de notre inconscient dont le sens est de nous apprendre notre mode de fonctionnement.

Nous apprenons davantage dans les rencontres avec les gens qui ne sont pas d'accord avec nous si nous voulons bien simplement écouter, sans les juger.

L'autre outil indispensable est le travail sur le corps afin de supprimer toutes les tensions de notre corps qui sont en fait des mémoires douloureuses de notre passé, enfouies, enkystées à l'intérieur de nous. En les assouplissant, en les libérant, nous leur permettons de revenir à notre conscience, et nous comprenons de plus en plus nos comportements, nos choix de vie, le choix de nos relations qui n'ont rien à voir avec le hasard.

Il est vrai que dans ce chemin nous passons par des souffrances aiguës, mais ô combien libératrices, de nos souffrances passées, qui, elles, sont beaucoup plus importantes, beaucoup plus sournoises et qui détruisent l'harmonie, la paix, l'amour de notre chemin de vie véritable.

Techniques simples :

- la méditation sous toutes ses formes,
- le contact avec la nature et les animaux,
- le silence autour de soi et en soi,
- la créativité sous toutes ses formes (dont le dessin, la peinture, la musique, la sculpture, le modelage, l'écriture, la danse),
- le symbolisme : la force du symbole pour parler à notre inconscient ou celui de l'autre.
- la prière personnelle ou appartenant à une religion, (seulement si j'en connais, j'en ressens le sens ; chaque parole est symbolique).

- le séjour dans le désert,
- l'éveil des cinq sens, en particulier le toucher,
- le beau et le bon autour de soi et pour soi,
- bouger son corps, en prendre soin, l'aimer comme il est,
- se donner du temps, supprimer l'activisme, l'agitation de son corps et de ses pensées, (y compris la boulimie de lecture, de musique ou de télévision)
- la présence à l'autre et l' écoute de l'autre, de ses besoins, de ses limites.
- l'écriture de mes ressentis, de mes rêves sur un cahier intime.
- la relaxation avec une musique de relaxation pouvant éventuellement comporter une technique d'éveil à la conscience. (*exemple :* Steven Halpern - Claude Desarzens).
- se donner un temps de pause le matin de bonne heure et / ou le soir après le coucher du soleil dans un environnement extérieur calme.
- la vie en groupe associatif ou autre (chorale, théâtre, etc.) l'important est la communication entre les êtres,
- la poésie, la chanson,
- une nourriture équilibrée le plus possible végétarienne (progressivement) et en quantité modérée.
- la solitude dans le silence,
- séjour en couvent, en monastère, en ashram,
- boire beaucoup d'eau,
- douches longues et fréquentes en variant si possible les températures.
- harmoniser à notre goût les couleurs qui nous entourent,
- la connaissance des différentes étapes psychologiques de l'enfant (pour voir lesquelles je n'ai pas complètement acquises),
- le développement et la confiance en mon intuition,
- le développement de l'amour en soi, en commençant par l'amour de soi (tel quel, avec mes défauts, mes limites, pas celui que je voudrais être et que je ne suis pas),
- pratiquer et rechercher la tendresse.
- l'échange intime avec un(e) ami(e) ou un conjoint.
- supprimer ses dépendances : lecture, musique, télévision, dormir, manger, fumer, alcool, etc.... (avec excès).

Techniques nécessitant une aide, une formation, un apprentissage avec un spécialiste confirmé :

- le yoga : technique d'assouplissement des muscles et des articulations, de respiration, de méditation, d'enseignement spirituel ayant pour but l'éveil de la conscience et le dépassement de notre ego.
- le Yi-King, le Gikong, le Taï Chi et tous les arts martiaux,
- la danse sous toutes ses formes,
- le travail de la voix, le chant,
- le théâtre,
- les enseignements psychologiques et spirituels,
- le massage et le toucher du corps (californien, Chiatsu, Ayurvédique, intégration posturale, relaxation coréenne, réflexiologie, ReiKi),
- le Zazen,
- les contes,
- la visualisation,

- la visualisation des couleurs,
- les techniques de comportement relationnel (P.N.L. - Analyse transactionnelle - méthode Jacques Salomé),
- la connaissance de mon système de défense inconscient, de tous mes mécanismes inconscients (psychopathologie),
- la sophrologie.
- stages spécialisés (exemple : le couple avec Paule Salomon - la relation avec les élèves de Jacques Salomé - etc...).

L'accompagnant doit être choisi beaucoup plus pour ses qualités d'être que ses techniques. La qualité d'être étant cette impression que l'amour inconditionnel (et non pas le maternage) est présent en lui, donc sa capacité à accepter l'autre sans jugement, sans conseil stéréotypé. Autant l'amour pour les autres que l'amour qu'il se donne.

Techniques se pratiquant en séance individuelle ou en groupe avec un thérapeute confirmé :

- la catharsis, ou méditation dynamique : "seule l'absence d'activité vous mène dans votre centre mais le mental est incapable de concevoir la possibilité d'être non actif. Alors que faire ? L'activité doit être poussée à l'extrême, ainsi elle cesse tout simplement. Soyez "follement" actifs. Et le mental qui souhaite être actif se trouve expulsé de votre système. C'est seulement après une catharsis profonde que vous pouvez atteindre l'inactivité et avoir un aperçu de ce qui n'est pas le monde de l'effort, simplement être ici et maintenant, vous pouvez être actif extérieurement et profondément inactif à l'intérieur" (Osho Rajneesh).

Nous rentrons également en catharsis avec la transe - le rebirth - la végéto-thérapie - la bio-énergie. Il est par contre déconseillé de commencer par ces techniques pour les personnes s' étant coupées de leurs émotions à cause de leur grande sensibilité refoulée.

- la psychothérapie traditionnelle et / ou en groupe, (la psychanalyse est une forme de thérapie mais elle ne convient pas à toutes les structures - voir son ressenti).
- un groupe spirituel,
- le thème natal astrologique,
- la sophrologie, la relaxologie,
- le rêve éveillé dirigé,
- travail en groupe sur des thèmes précis : argent, sexualité, mort / naissance, etc.
- le lying : technique utilisée principalement par Arnaud Desjardins et les disciples de Swâmiji Prajnanpad (*initiateur de la méthode*).
- analyse des rêves (ce sera toujours vous le meilleur interprète de vos rêves, pour vous en donner la clé, aucun thérapeute ni aucune école ne vous donnera de solutions toutes faites, seulement des pistes à expérimenter),
- travail émotionnel,
- l' acupuncture,
- la kinésiologie,
- l'ostéopathie,

- la somatothérapie : une thérapie complète axée principalement sur le corps.
- le sens de tous les malaises, accidents et maladies. La blessure de l' enfance que l'on essaie de réparer (voir livres de Lise Bourbeau et Jacques Martel entre autres).

Techniques contestées par certains mais qui me paraissent efficaces pour les avoir moi-même expérimentées à un moment de mon chemin.

- le lavage du côlon et le lavage du nez,
- l'urinothérapie.

Tous ces outils, pour les avoir presque tous utilisés à un moment ou à un autre de mon chemin, m'ont prouvé leur efficacité; mais je pense que nous devons nous sentir prêts à les utiliser. Nous devons suivre notre instinct, notre intuition, pour sentir celui qui est bon pour nous à chaque moment de notre évolution. Que tout acte ou exercice devienne habité de sens. Que nous sentions en nous la nécessité de ce travail. Que nous soyons en harmonie avec l'exercice et surtout avec la personne qui nous accompagne; et également avec le lieu où nous sommes.

Les pièges de la catharsis

La catharsis est un état modifié de conscience obtenu par certaines techniques comme le Rebirth, la Bio-énergie, la méditation dynamique, la transe, le massage profond, l'hypnose, etc...

Avec ces expériences, nous découvrons les couches profondes de notre inconscient mais nous ne sommes pas forcément prêts à les accepter. Notre "histoire" personnelle se compose de multiples couches, ce sont nos blessures inconscientes qui se présentent comme un "mille feuilles" au dessus de notre âme :

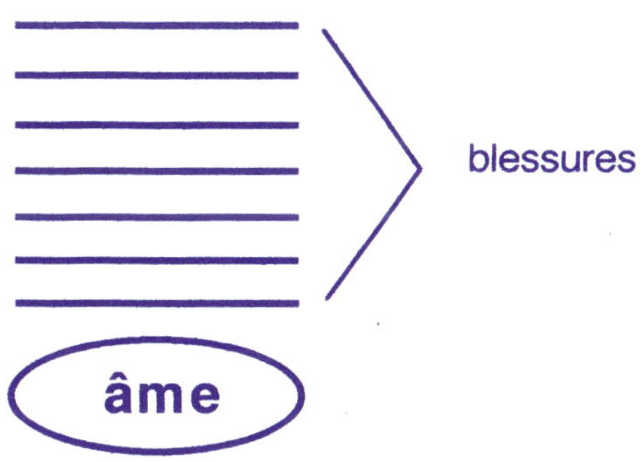

Si nous voulons guérir les couches les plus profondes avant celles du dessus, nous fabriquons une couche supplémentaire, d'énergie inverse, au dessus des autres, par l'intermédiaire de notre volonté et il sera encore plus difficile de nettoyer notre âme ensuite. Le chemin est d'accepter ce qui vient naturellement ici et maintenant, sans se raconter des histoires, sans tricher, sans se contrôler, au rythme de notre divin intérieur. Jamais notre volonté personnelle (de l'égo) ne pourra nous faire brûler des étapes. Seules la prière, la méditation et l'acceptation peuvent nous aider à faire remonter couche après couche, dans l'ordre, ce qui a été refoulé ou anesthésié.

Sinon, ces expériences de catharsis peuvent mener au renforcement de nos défenses au lieu du "lâcher-prise", ce qui est un comble pour un chemin intérieur.

Par exemple, si nous ressentons la culpabilité d'exister ou le remords de ne pas avoir fait ce qu'il fallait pour notre maman et que nous utilisions la volonté pour corriger cet aspect de nous-mêmes, nous allons rajouter une couche d'agressivité, en nous culpabilisant inconsciemment de nous sentir coupable, en nous obligeant à ne plus l'être, alors que le but est de l'accepter. Cette culpabilité quittera notre corps quand cela sera nécessaire, peut-être dans dix ans, cela n'a pas d'importance, il suffit pour nous d'en accepter la souffrance, ici et maintenant, rien de plus.

Seule la prière soumise à notre divin peut nous y aider. La volonté pour prier, pour méditer, pour accepter, OUI, mais la volonté pour se changer ou se faire différent de ce que nous sommes, NON, ce serait dangereux et suicidaire à long terme. Ce qui n'empêche pas la vigilance sur nos comportements pour ne pas laisser notre inconscient abîmer les personnes que nous côtoyons, en particulier nos enfants. De la conscience et de l'effort ; non pas de la culpabilité, de la volonté ou du contrôle !

Seul notre guide intérieur, notre intuition, peut nous montrer notre chemin du jour, sans forcer l'inconscient, sans violence. Le changement est magique mais ce qui ne l'est pas du tout, c'est la pratique, l'engagement, la prière, la méditation et l'amour inconditionnel. Ce sont des efforts à faire chaque jour de notre chemin.

Je reste simplement responsable et conscient de mes comportements, de mes paroles et de mes actes.

Quelques exercices simples de tous les jours :

La douche consciente :

La douche a pour effet de nettoyer la peau mais aussi l'Aura, elle enlève toutes les impuretés que nous avons reçues et qui se sont déposées sur notre corps. Prendre le temps au moins une fois par jour sous la douche est non seulement un grand plaisir mais aussi d'une grande utilité pour nous aider dans notre chemin. Si la douche est une corvée, c'est que notre corps n'est pas encore assez important pour nous. Il est pourtant notre église, notre temple intérieur et aucune spiritualité ne peut se passer du chemin par le corps, par l'amour de soi en totalité, donc par l'amour de notre corps.

L'expérience quotidienne du toucher de toutes les parties de notre corps en le savonnant, en le massant, en le caressant , si possible sans prendre un gant, est un chemin facile, efficace et pratique pour grandir. Le contact de notre main avec chaque centimètre de peau nous amène la conscience dans chaque région de notre corps et, par conséquence, dans tous les endroits où nous avons refoulé des souffrances. Nous masser les pieds et les caresser nous ramène à la réalité et au contact avec notre terre-mère.

Sentir le contact de chacune des gouttes qui frappent notre corps est aussi un exercice de présence à soi et de présence à notre environnement immédiat ; c'est un entraînement pour vivre nos relations et notre vie de tous les jours en pleine conscience.

Le mouvement fou :

Il s'agit de mouvements désarticulés du corps en les provoquant pour commencer et en laissant ensuite notre inspiration, notre intuition, nos besoins de l'instant nous guider pour nous faire du bien, comme pour répondre à une demande de notre corps.

L'important est de ne pas porter de jugement, d'enlever toute honte, toute culpabilité, toute recherche d'esthétique.

Cet exercice peut se faire debout, assis ou couché. Il peut se faire également en passant d'une position à l'autre, sans contrôle du mental. Il peut durer quelques secondes ou beaucoup plus. Quand il se prolonge, nous pouvons laisser émerger un mouvement répétitif et, dans ce cas-là, nous restons dans ce mouvement que nous accentuons et que nous répétons inlassablement jusqu'à son extinction naturelle après en avoir joui du mieux possible en laissant émerger éventuellement, sans forcer, un souvenir, une prise de conscience, une colère refoulée. Si toutefois la violence devenait incontrôlable, il est bon de s'arrêter tant que nous ne sommes pas en présence d'un thérapeute. Notre corps devient libre mais reste toujours conscient.

Cet exercice est très utile pour nous faire lâcher le contrôle ainsi que la rigidité de notre corps et surtout de notre mental. Notre respiration reste tranquille, en rapport avec l'effort fourni, <u>sans la bloquer</u>.

La présence dans le Hara et dans le contact avec le sol

C'est un entraînement de chaque seconde, sans crispation, dans un lâcher-prise total. Nous ressentons chaque inspiration remplir notre ventre, l'air est accueilli dans la coupe que fait notre bassin, trois doigts en-dessous de notre nombril. Tout en restant présents à notre environnement et aux relations que nous avons, nous ne perdons pas cette conscience, cette présence à nous-mêmes. En même temps, nous ressentons le contact de toute la plante de nos pieds avec le sol, dans l'endroit où nous nous trouvons. Cela peut être en marchant (dans ce cas nous sentons tout le déroulement du pied) mais aussi assis ou immobile, comme enraciné dans le sol, conscient de notre appartenance à la terre-mère et donc à l'univers tout entier.

Cet exercice est en particulier très utile quand nous nous sentons déstabilisés dans une relation ou dans un milieu hostile. Il n'empêche aucunement l'amour de circuler, au contraire !

La visualisation des couleurs

Que nous soyons en relaxation ou dans le métro, nous pouvons trouver un moment dans la journée pour visualiser des couleurs dans notre corps en profitant de l'inspiration pour les faire pénétrer à l'endroit désiré.

Le rouge dans les pieds, les jambes et le bassin, l'orange dans le ventre, le jaune dans le plexus solaire (le centre de notre corps), le vert ou le rose dans notre poitrine, le bleu pâle dans nos épaules, notre gorge et notre mâchoire, le bleu foncé, indigo dans notre crâne, le violet au sommet de notre tête (au centre) et aussi, si nous le souhaitons, le blanc environ dix centimètres au-dessus de notre tête, en imaginant ensuite qu'il se répand tout autour de nous comme pour faire un cocon protecteur à notre corps.

Les couleurs imaginées doivent être belles et pleines de lumière. Il est tout à fait normal d'avoir des difficultés à en imaginer certaines, c'est justement avec celles-là qu'il faut insister en acceptant toutefois de ne pas y arriver à ce moment, ce qui ne nous empêche pas de recommencer plus tard.

Cet exercice est important pour aider à refaire circuler l'énergie dans notre corps, cette énergie que nous avons bloquée suite aux blessures de notre enfance.

Le bonjour conscient

Prendre conscience de la façon dont nous abordons toutes nos relations intimes, professionnelles ou anodines est une façon pratique, régulière et efficace de grandir.

Que cela soit une parole, une poignée de main ou un baiser, nous pouvons en apprendre énormément sur nous-mêmes en nous observant sans jugement, comme témoin de nos comportements. Nous pouvons ressentir la différence de contact suivant les personnes avec qui nous nous trouvons. Cela nous permet d'expérimenter en prenant des risques nouveaux et d'observer les conséquences dans la relation, dans notre ressenti corporel et dans nos émotions.

Nous pouvons observer également l'échange énergétique de nos auras réciproques.

Le manger conscient

Sentir à chaque bouchée les sensations différentes dans notre bouche, sur notre langue et les odeurs par notre nez. C'est une bonne école pour ressentir si nous respectons bien les besoins de notre corps ou si nous comblons un manque affectif.

En prenant le temps de manger, de savourer, si possible dans le silence, nous faisons un merveilleux cadeau à notre corps, donc à nous mêmes.

Modifier sa façon de "faire pipi"

Pour un homme, faire pipi assis ou accroupi. C'est se placer dans la peau d'une femme, dans l'humilité, la vulnérabilité, le lâcher-prise, en essayant de se relâcher complètement au niveau du bas-ventre et de laisser s'ouvrir le chakra du périnée afin de se relier à la terre-mère.

Pour une femme, faire pipi debout, sous la douche ou dans la nature en ressentant la puissance de son clitoris, symbole de son masculin. C'est trouver sa force intérieure, comme la puissance d'un grand arbre. C'est quitter le ventre maternel de la terre-mère pour exister dans sa solitude, sa force, son unicité, reliée au Dieu créateur.

Cet exercice n'est valable que s'il est chargé de sens.

Se masser ou se faire masser les pieds ou le visage

Les pieds et le visage comportent de nombreux points d'acuponcture qui "résonnent" avec toutes les autres parties du corps. Il est souhaitable d'insister aux endroits douloureux sans dépasser ses limites.

Le nettoyage intérieur du matin et du soir

Autre que l'utilité de la douche avec de l'eau, une prière, le matin au saut du lit et une autre, juste avant de se coucher, en contemplant les étoiles, sont des rituels qui favorisent le nettoyage de notre inconscient. Cela nous prépare efficacement pour la journée qui commence ou pour une nuit paisible.

Les outils qui court-circuitent l'inconscient

Tous les outils cités ci-dessus ont ce but mais ceux qui suivent et qui sont à notre portée dans notre vie de tous les jours, me paraissent les plus efficaces.

- **La prière** personnelle ou religieuse mais aussi la pensée positive, la pensée créatrice, le rêve éveillé.

- **L'amour** donné et reçu.

- **La tendresse** par la parole, le toucher, le regard, la beauté (naturelle), l'écoute, le goût et les odeurs (naturelles).

- **Le massage** sans aucun autre objectif que le câlin, la tendresse, le recevoir et le donner gratuits comme un dû de l'univers et sans connotation sexuelle.

- **La nature**, la vue, le toucher, les odeurs, la promenade, le jardinage.

- **La lumière** dans la quantité mais aussi dans la qualité, la beauté et la diversité.

- **Apprendre à recevoir** au niveau rationnel et surtout au niveau irrationnel comme l'intuition par exemple.

- **Le "OUI"** à ce qui se passe, dans mon corps, physiquement, émotionellement, intuitivement et également en relation avec les autres, calmement, sereinement. Ce qui ne m'empêche pas de faire, ensuite, une action pour corriger les causes de ce qui est ; et qui ne convient pas à mes besoins.

<u>Et quelques vérités essentielles que je garde en mémoire :</u>

- Mon chemin est unique, celui de l'autre est différent et ne m'appartient pas.

- Je fais confiance à ma vérité profonde qui me guide sur mon chemin.

- Je suis l'exemple de Jésus : sa passion, son abandon, sa solitude, ainsi que l'acceptation du rejet, de la trahison, de l'humiliation et de l'injustice.

- Je pense, je dis et je fais la même chose.

- J'accepte ce qui est et pas ce qui devrait être.

- Je suis dans le présent ici et maintenant.

- Je fais **U N** avec l'univers et pas deux.

- J'accepte la réalité telle qu'elle est, je me vois tel que je suis.

- Je recherche le silence intérieur et extérieur, j'accepte le vide de mes pensées.

Le "oui"

C'est l'acceptation de ce qui "est", sans jugement, sans peur de perdre quelque chose ou quelqu'un. C'est souvent la culpabilité qui nous empêche de dire "oui" à ce qui est ou notre désir de culpabiliser l'autre, par projection, qui nous fait lui refuser nos "oui".

C'est l'essentiel de tout chemin psychologique et spirituel. Dans toute démarche sincère, nous allons être confrontés à nos refus. Chaque souffrance rencontrée est un refus dans notre inconscient. C'est en osant accepter cette souffrance que nous pouvons la traverser, prendre conscience de notre refus et nous libérer de cette croyance ancienne.

Le "oui", c'est dire :

- **oui** à ma douleur
- **oui** à ma tension
- **oui** à mon émotion
- **oui** à ma pensée
- **oui** à mon ressenti
- **oui** à mon intuition

Je ne les nie pas, je ne les juge pas. Je ne laisse pas s'installer de messages comme : "c'est bien, c'est pas bien" ou "je n'en veux pas". Je ne laisse pas dire à mon mental : "oh non, pas celle-là" ou " oh non, pas maintenant", et je dis "oui" à ce qui est.

A chaque fois, c'est un petit deuil à faire, à accepter (voir document "les étapes du deuil"). C'est le deuil de celui ou de celle que je crois être et qui n'aurait pas cette peur, cette émotion, cette douleur, cette souffrance.

Je reconnais également en moi les messages comme : "Ah oui, mais je voulais faire autre chose", "je voulais paraître heureux", "je voulais être disponible pour quelqu'un."

Dire "oui", c'est accepter "ce qui est" et non pas ce qui devrait être ou ce que je voudrais qu'il soit.

Oui, j'ai de la haine pour mon conjoint, mon enfant, ma mère ou mon père. Oui, j'ai du désir pour ma mère, mon père, ma soeur, mon frère. Oui, j'ai envie de tromper mon conjoint. Oui, je suis en colère, je suis triste, je suis jaloux. Tant que je n'accepte pas totalement ce qui **est**, toutes mes pulsions et tous mes sentiments négatifs, je ne peux rien changer et je ne peux donc pas chercher la souffrance qui est derrière (**ce qui ne veut pas dire passer à l'acte**).

La colère, c'est la non-acceptation; mais pour apprendre à accepter, je dois d'abord voir toutes mes colères avec honnêteté. Chaque fois que je ne suis pas content, pas satisfait de ce qui m'arrive, c'est toujours un refus de la réalité, donc une colère contre ce qui est, donc une non-acceptation. J'accepte aussi d'être mécontent, j'accepte mon refus, je l'observe, je ne le juge pas.

De même, je ne peux rien changer au fait, à ce qui "**est**". Oui, mon mari, ma femme me trompe. Oui, mon enfant est handicapé. Oui, j'ai loupé mon examen. Oui, mon enfant se drogue. J'accepte (ce qui n'est pas subir !) et ensuite seulement je peux agir.

D'autre part, pour ce qui se passe en moi, mes émotions, mes tensions, mes malaises, dire "oui", c'est passer par les étapes suivantes : je vois, je reconnais, j'accepte et je lâche (je n'alimente pas par mon mental, par ma peur, par mon refus).

J'arrête de lutter contre ma douleur, mon émotion ou ma pensée, j'arrête de faire des efforts pour les diminuer, les changer, les oublier, les nier. C'est en les acceptant que le message venant de mon corps pourra être entendu, car il y a toujours un message à entendre. Quand j'accepte ce qui se passe en moi, j'ai déjà entendu, même si ma conscience n'est pas claire à ce moment-là.

Je reste l'observateur de ma souffrance, de ma tension, de mon émotion, de ma pensée. Je ne me laisse pas emporter par elle. Je ne la laisse pas m'envahir tout entier. Je reste dissocié de cette manifestation, de ce message venant de mon corps et de mon âme. Je ne m'identifie pas à elle, je ne fusionne pas avec elle. Du moins, j'essaie et j'accepte aussi de ne pas y arriver pour le moment, c'est un long entraînement. Je respire calmement dedans, je ne lutte pas contre. Mon "centre" reste calme et confiant, comme un lac de montagne; il se trouve au centre de ma respiration, dans mon ventre.

Accepter, c'est devenir un simple observateur neutre de cette souffrance, cette tension, cette émotion, sans la juger, sans la qualifier. Il n'y a pas d'effort, de tension, pour arriver à cela ; c'est la non-tension, le non-effort. Je ne laisse pas mon mental m'identifier à cet homme qui souffre.

Quand mon corps a une maladie ou une douleur, je ramène ma présence, mon attention dans la zone concernée et je reste présent sans peur, sans jugement, sans regret, sans refus, sans analyse. Je suis conscient et présent en observant tout ce qui me dévie de cette présence, comme la non-acceptation, la colère, le regret, le jugement, etc...

L'acceptation, dans mon corps, commence par les couches superficielles, avec les tensions des muscles sous la peau et, ensuite,va jusqu'aux tensions les plus profondes, les plus subtiles qui se trouvent dans ma colonne vertébrale, mon arbre de vie, l'axe de mon corps.

Je ne lutte pas, j'accepte, ce qui ne m'empêche pas de prier - sans y mettre de la volonté qui voudrait changer ce qui est, qui n'accepte pas comme une nécessité ce message qui vient de mon corps à ce moment -.

Toute émotion comme la tristesse, la colère, la peur ou la satisfaction, est le signe de la non-acceptation. Toute pensée est le signe d'une fuite qui cache la non-acceptation, le refus. Tout effort pour ne pas penser ou ne pas avoir d'émotion est aussi le signe de la non-acceptation.

Je suis présent à ce qui se passe, je fais le vide en moi et j'accepte mes limites de là où j'en suis, sans jugement de valeur, sans regret, sans désir, sans peur. Ma respiration est tranquille, j'accueille ce qui est.

C'est un entraînement de chaque seconde, car, dans la tourmente émotionnelle, mentale ou physiologique, le OUI est beaucoup plus difficile; c'est l'entraînement au OUI plus facile qui aide à apporter de plus en plus le OUI pendant mes tempêtes intérieures.

Passage à l'acte :

Je dis "oui" à ce qui est à l'intérieur de moi, mais je reste responsable de mes actions, de mes paroles, ce qui ne m'empêche pas d'oser mais en assumant ma responsabilité. J'assume totalement mes erreurs, je dis "oui" à mes erreurs, je ne les nie pas, je ne les regrette pas, je ne dis pas : "si j'avais su." car justement, je ne savais pas ! (ce qui ne m'empêche pas de faire des actions ou d'avoir des pensées réparatrices).

Le "oui" n'autorise pas le passage à l'acte irresponsable. C'est un "oui" adulte et non celui d'un enfant capricieux et égoïste. Ne pas nier une pulsion, ce n'est pas forcément la laisser s'exprimer mais la reconnaître, l'accepter en soi. C'est aussi en comprendre le sens dans son histoire et trouver un lieu sécurisant pour en parler.

Je peux toujours remplacer cette pulsion, ce désir par un passage à l'acte symbolique, ce qui est une action très réparatrice.

Je vérifie si mon action est dangereuse ou négative pour l'autre ou pour moi-même. Si non, pourquoi pas, je peux faire mon action, aussi surprenante soit-elle, aussi contraire aux habitudes de ma famille ou de ma culture soit-elle.

L'action :

L'acceptation n'est pas la non-action, au contraire, l'acceptation permet d'agir juste et sereinement. En Inde, la plupart des gens se noient dans l'acceptation car ils ne passent pas à l'action du changement.

L'acceptation, ce n'est pas la fatalité. Je vérifie si je ne peux vraiment rien changer ici et maintenant. L'acceptation enlève l'émotion à condition d'accepter l'action qui découle du message que je reçois.

Si je ne vois pas d'action de changement maintenant, je l'accepte. C'est le cas tant qu'il y a émotion ou tension dans mon corps. Pendant l'émotion, la pensée n'est jamais juste, j'attends que le calme, la sérénité reviennent en moi pour agir, pour prendre des décisions. Quand ma pensée est juste, il n'y a ni tension, ni émotion, ni agitation en moi.

L'humilité, l'acceptation, ce n'est pas la non-action, l'inertie ; c'est l'action qui m'est demandée là, à cet instant, au-delà de toute peur et de tout désir.

<u>Les conséquences de l'action :</u>

- en changeant un comportement, une habitude ;

- en supprimant une dépendance, un attachement ;

(que ce soit une dépendance à : sa femme, son mari, sa mère, son père, ses enfants et également à : l'alcool, la cigarette, la drogue, le bruit, la nourriture, le sport, l'agitation, la musique, la télévision, etc...)

- en délogeant une tension musculaire par le massage ;

- en étirant un muscle contracté par le yoga ;

- en débloquant une fixation vertébrale par l'ostéopathie ou la chiropractie ;

je supprime la façon dont je me suis protégé dans mon enfance à l'occasion d'un conflit intérieur, c'est à dire un conflit entre l'extérieur, les autres et mon âme. Par conséquent, la béquille n'existe plus, donc le conflit se réveille et c'est ma chance pour rentrer à nouveau dedans, accepter ma souffrance, pardonner, me pardonner et me libérer des conséquences de cette épreuve non acceptée.

Et, après ma prise de conscience :

Je dis OUI et MERCI à ce message qui m'a fait grandir

Le OUI, c'est aussi oser le NON ! Oui, je m'autorise à dire NON à tous ceux qui voudraient m'imposer des croyances ou des conditions de vie contraires à mes besoins. Je découvre les différents niveaux de relation avec l'autre : Le conflit, la confrontation, la communication et l'acceptation (et non pas la résignation) que l'autre ne sera jamais comme je voudrais qu'il soit.

Je termine par cette suggestion de prière :

Mon Dieu (1),
donne-moi la sérénité d'accepter les choses que ne puis changer,
le courage de changer les choses que je peux
et la sagesse d'en connaître la différence.

(1) Il s'agit toujours d'un Dieu intérieur à soi (notre divin) et non pas un Dieu extérieur avec lequel nous n'aurions aucune responsabilité.

Ma place, mon territoire, mes besoins, mes limites

Ma place

Dès le ventre de ma maman, j'ai besoin d'avoir une place, d'être accepté là où je suis. C'est d'ailleurs cette première place de mon existence qui est la source principale de mon équilibre ou de mon déséquilibre psychique.

Toute ma vie, j'ai besoin d'avoir ma place. La religion est, avant tout, un moyen de me confirmer que j'ai bien ma place en ce monde; et que ma place existait, existe et existera à jamais dans l'univers.

Dans ma famille, avec mes parents, mes frères et mes soeurs, j'ai besoin de ma place. Ma place pour dormir, pour manger, pour rêver, pour faire mes devoirs et aussi pour être dans le silence afin de retrouver mon silence intérieur.

Si j'ai eu une place claire et suffisante dans ma famille, j'aurai beaucoup de facilité dans ma vie d'adulte, affective ou professionnelle, à trouver et faire respecter ma place, afin de me positionner face aux autres.

Car, toute ma vie, j'ai besoin de ma place, dans mon rôle professionnel, de mari, de femme, de père, de mère. Il est primordial pour une mère divorcée, qui a la garde de ses enfants, de laisser sa place au père, ce qui n'a rien à voir avec son territoire ! Elle protège son territoire tout en laissant, pour les enfants, la place du père dans leur vie. Elle n'a pas à juger si c'est un bon père ou pas, sauf cas de danger réel pour la santé des enfants. De toute façon, un bon père ou une bonne mère, cela n'existe pas, c'est une utopie. La vérité est : les besoins essentiels de mon enfant, sa place, son territoire, sont-ils respectés ? Le reste n'est qu'enfantillages de parents qui ont oublié de grandir.

Si j'ai besoin d'avoir une place respectée et reconnue, j'accepte que chacun autour de moi ait une place respectée et reconnue. Je ne peux pas obtenir ce que moi-même je ne donne pas aux autres.

Mon territoire

Toutes les guerres et les conflits viennent d'un non-respect de territoire ou dont les limites ne sont pas claires. Les êtres humains, comme les animaux, ont besoin d'un territoire. C'est vital pour l'équilibre intérieur. Ce sont des repères nécessaires pour vivre. Il faut des siècles pour stabiliser des territoires qui ont été envahis, ou perturbés par des mouvements populaires.

Si chaque peuple a besoin d'un territoire, un couple, une famille avec ses enfants ont besoin d'un territoire. La taille importe peu, ce sont les limites qui ont besoin d'être claires et précises.

Mon territoire intime

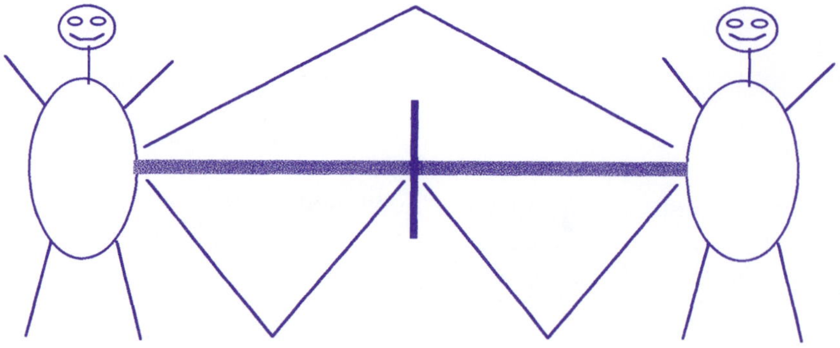

C'est avant tout mon territoire dans la relation avec l'autre. Je peux parler à l'autre de tout ce que je ressens, ce que je désire, ce que j'ai besoin, mais l'autre est seul responsable de ses limites, ses besoins et ses désirs. Si je donne un conseil, je suis dans le territoire de l'autre. Si je le laisse me juger ou me dominer, c'est que je le laisse rentrer dans mon territoire. Les phrases avec "je" sont dans mon territoire, les phrases avec "tu" sont dans son territoire. Si l'un ou l'autre franchit l'axe central, il y a malaise et difficulté dans la relation et en chacun de nous.

Dans mes relations intimes, sexuelles ou concernant la communication dans le couple, chacun a son territoire. Ce n'est pas à l'un ou à l'autre d'assumer le plaisir ou l'équilibre de l'autre. Chacun a sa responsabilité sur sa vie, sur son chemin. La tradition ou la culture qui voudrait que ce soit l'homme qui fasse les premiers pas ou la femme qui doit séduire, n'a pas de sens. L'équilibre est en tout, le féminin et le masculin sont ensemble dans chaque être humain sans que son sexe soit la justification d'un comportement. Il est bien sûr souvent plus aisé à l'homme de conquérir et à la femme de séduire, c'est une réalité culturelle de maintenant mais ce n'est pas la réalité profonde de l'âme humaine.

C'est à la mère d'expliquer à ses enfants, filles ou garçons, ce qu'est le territoire intime et la responsabilité de chacun dans l'harmonie du couple ou de la famille, sans conquête, sans prise de pouvoir. Et c'est au père d'expliquer à chacun de ses enfants, filles ou garçons, le besoin d'un territoire clair et personnel dans la vie matérielle de tous les jours. Le territoire partagé, lui, se fait dans des règles équitables et annoncées clairement à l'avance.

Il est juste que chaque membre d'une famille ait un endroit personnel, respecté par tous, où il pourra se retirer pour prendre de la distance et se retrouver dans son intimité la plus profonde, celle qui ne se partage pas. Cela peut être une chambre personnelle, y compris pour chaque conjoint, ou simplement un coin de pièce bien délimité où il pourra s'isoler dans le silence. Ce sont les parents qui aident l'enfant à protéger son territoire et celui des autres; c'est, d'ailleurs, surtout le rôle du père.

Mes besoins

Ils sont à différencier de mes désirs. Mes besoins sont nécessaires et vitaux pour mon équilibre, ma croissance d'être humain. Ils me sont indispensables pour jouer mon rôle dans cette vie que l'univers m'a donné à accomplir.

Dès l'enfance, mes besoins de nourriture, de tendresse, de place, de territoire, d'amour, de connaissance, d'épreuves pour grandir, me sont indispensables à mon équilibre physique, émotionnel, mental et spirituel. A chaque âge, chaque jour, chaque seconde, j'ai des besoins. Je peux parfois attendre pour les satisfaire, comme manger par exemple, mais je ne peux pas supprimer mes besoins.

Je peux me poser à chaque instant la question : "Quels sont mes besoins ?" ou "Est-ce que mon éducation ou mes souffrances ne me font pas oublier mes besoins vitaux, comme le silence, la tendresse, la communication, la reconnaissance, la réalisation de mon chemin de vie ?" Je ne refuse cependant pas la réalité. J'accepte que je ne peux pas tout faire, tout avoir, j'accepte la frustration, mais je mets en oeuvre des actions de changement dans ma vie pour que mes besoins puissent être respectés dans le futur.

Je ne rentre pas dans le processus de victime. C'est parfois un chemin très long, très difficile mais c'est notre chemin.

Nos besoins sont la demande de Dieu, de notre Dieu intérieur; à nous d'agir en conséquence, avec courage et détermination pour les combler, sans croire que cela peut nous tomber du ciel sans effort.

Avant de voir en moi une victime, je peux voir ma responsabilité dans ma dépendance, ou la non-affirmation de mes besoins. Personne ne peut deviner les besoins des autres.

Mes limites

J'ai toujours des limites, je ne peux pas me demander plus que ce que je peux faire à cet instant. Je peux agir, rentrer dans l'action mais je ne peux pas aller au-delà de mes limites du moment. C'est en connaissant et en respectant mes limites exactes à chaque instant que je peux dépasser, plus tard, ces limites, sans jugement, sans regret.

Dans nos pays occidentaux, si chacun respectait ses limites, nous n'aurions sûrement pas une si grande avancée technologique mais nous serions tous bien mieux dans notre peau et nous n'aurions pas besoin de tous ces artifices pour nous rassurer, nous étourdir, nous éviter de ressentir, nous obliger à ne pas vivre notre vie. L'agitation, le bruit, la médecine, les plaisirs éphémères, ne seraient plus nécessaires, du moins dans les formes convulsives de notre société.

Quand je fais un chemin psychologique et spirituel, je découvre avec tristesse mes limites, mais le but de mon chemin est de les accepter, de ne pas tricher avec. C'est dans ma vulnérabilité et mes faiblesses que je suis le plus fort.

Si j'accepte mes limites, j'accepte aussi les limites de l'autre. Personne ne fait jamais "exprès" de ne pas être à la hauteur d'une situation. Je ne suis souvent pas conscient de mes limites ou des limites de l'autre; et pourtant, c'est seulement la conscience et l'acceptation qui peuvent permettre à mon divin intérieur de les dépasser.

Accepter mes limites, c'est aussi refuser que quelqu'un me force à les dépasser en me manipulant ou en exigeant. Cela peut être en me comparant avec d'autres ou en m' imposant des règles collectives, comme celles de l'Éducation Nationale par exemple.

Chacun a ses limites et elles sont toujours différentes de celles des autres.

Les parents, les enfants, les conjoints, ont tous le droit d'avoir des limites, à condition de les reconnaître, les accepter et d'oser en parler, sans culpabilité, à leur entourage (y compris ses enfants) et surtout **à eux-mêmes**.

Les blessés d'avant l'âge de la parole (les personnes à structure psychotique) sont incapables de connaître et surtout d'affirmer leurs limites, ils attendent des autres que ceux-ci les devinent. Ce sont les limites de territoire ou les limites de la personne elle-même, ses capacités, sa force, sa résistance, sa connaissance. Ils ont beaucoup d'agressivité qui est, soit exprimée, soit refoulée; ce qui est très inconfortable pour l'entourage.

Leurs "oui" et leurs "non" ne sont pas sincères, ils sont forcés, en rapport avec leur environnement, avec les messages ou les énergies qu'ils reçoivent. Ces personnes ont besoin d'un entourage qui les aide à l'affirmation nette de leurs désirs et de leurs non-désirs, sans jugement, avec compassion et tendresse.

La peur

Tous nos problèmes psychologiques viennent de la peur qui est en nous. Il s'agit d'un seul phénomène, "la peur", mais elle se décline de différentes manières :

- la peur d'être seul

Nous sommes seuls, en tant qu'adultes, définitivement seuls, tout le reste est illusion. C'est la peur de l'enfant en nous qui a ressenti cette solitude trop tôt, ou qui a été mal préparé, et qui refuse d'être seul.

- la peur de vivre

La vie est un dû divin auquel nous avons tous naturellement droit, notre vie, pas celle d'un autre ; sans avoir besoin de la comparer, ni de la juger, ni de la regretter. Nous devons tout simplement la vivre à chaque instant.

- la peur de mourir

La mort de notre corps physique nous attend au bout du chemin - mais pas celle de notre âme, notre conscience qui, elle, est éternelle. Notre conscience aura simplement perdue sa solitude, son égocentricité, pour retourner dans l'âme universelle où chacun a sa place.

- la peur de l'autre

L'autre existe, il a sa place, il est là, sur notre chemin, pour nous faire grandir. Il n'est jamais là par hasard. Il n'est pas là non plus pour nous détruire, c'est nous qui acceptons d'être détruits au lieu de grandir et de prendre notre force face à l'autre.

- la peur de souffrir

La souffrance est le lot commun à tous les humains. Elle ne s'appelle souffrance que parce qu'elle n'est pas acceptée. Elle est uniquement là pour nous pousser à bouger, à nous transformer, à accepter et à progresser sur notre chemin.

- la peur d'être malade

La maladie est un message nous révélant un conflit intérieur, donc un refus d'accepter. C'est un message de notre divin pour comprendre, accepter et grandir.

- la peur de ne pas être compris

Personne au monde ne peut nous comprendre. Notre histoire est unique. Nous pouvons la dire, trouver un lieu de parole et d'écoute mais nous ne serons jamais compris. C'est impossible et absolument pas nécessaire.

- la peur de ne pas être aimé

Nous recherchons toujours l'amour d'autres humains, le privilège d'être aimé particulièrement par quelqu'un. C'est toujours une illusion. Les autres aiment uniquement ce qu'ils reçoivent de nous. En réalité, nous sommes aimés bien au-delà de nos espérances par l'univers entier. C'est notre divin, à l'intérieur de notre propre corps, qui est la source de cet amour immense, auquel nous avons tous droit.

- la peur de ne pas être accepté

Puisque nous sommes là, c'est que nous avons été acceptés. Non pas par une maman, un papa ou une famille mais par la vie, l'univers, Dieu ; puisque chacun de nous est une partie de Dieu.

- la peur d'être abandonné

La sensation d'abandon n'existe qu'au niveau humain. C'est l'enfant qui n'a pas accepté cette sensation dans son histoire. L'adulte est seul, donc il ne peut plus être abandonné par les humains.

- la peur d'être trahi

Si j'accepte d'avoir été trahi en comprenant les souffrances, les erreurs de celui ou de celle qui m'a trahi, je pardonne et je vis ma vie sans rancune, sinon cela me détruit de l'intérieur.

- la peur d'être humilié

L'humiliation ne me touche que parce que je n'ai pas confiance en moi. Je ne m'aime pas assez, alors j'attends le jugement des autres et, quand il est négatif, je souffre. Si je suis libre du jugement, je ne suis plus humilié.

- la peur de l'injustice

Le monde est injuste, pourquoi voulez-vous qu'il soit juste ? C'est une utopie de l'homme. La justice est impossible. J'accepte cela et je défends ma place et mon territoire du mieux que je peux sans souffrir de mes échecs et sans me réjouir de mes réussites. J'accepte dans la paix et c'est tout.

- la peur du manque

Due à un manque vécu par le nourrisson, que ce soit un manque au niveau de l'allaitement (donc de la nourriture), des contacts corporels et sensuels ou au niveau affectif. Nous croyons alors qu'il est nécessaire de faire des efforts considérables pour accumuler, pour garder, pour conserver. Cela peut être de l'argent, de la nourriture, des souvenirs, des antiquités, nos enfants, etc... La vie est un éternel changement, en nous accrochant à quelque chose ou à quelqu'un, nous bloquons le système et cela nous prive de recevoir en grande quantité tout ce dont nous avons besoin dans ce moment et, paradoxalement, nous ressentons toujours le manque. Rien ne peut le combler, sauf l'accepter et passer à autre chose.

- la peur de ne pas être parfait

C'est oublier notre condition d'être humain : limité, blessé, en transformation permanente, sur un chemin et non pas au bout du chemin. C'est l'enfant qui se culpabilise de n'avoir pas été assez "bien" pour mériter ce dont il avait besoin dans son enfance. "Je me pardonne, j'accepte mes limites et je pardonne à mes parents et à tout mon entourage en acceptant leurs propres limites".

- la peur d'être fou

Nous sommes tous fous. La folie est partout dans ce monde et tout autour de nous. Cette peur d'être fou est en réalité cette partie divine de nous, notre identité, qui veut s'exprimer, parfois de façon maladroite ou excessive ; mais c'est toujours par rapport à des normes humaines établies selon nos traditions ou notre famille. Si nous acceptons de montrer notre folie, nous évitons justement d'être fous, c'est à dire en dehors de nous, en dehors de notre chemin. Par contre, laisser s'exprimer notre folie n'empêche pas de respecter le territoire, les besoins, les limites et la place de l'autre.

- la peur d'avoir peur

C'est la panique d'être dans une situation où j'ai peur. Je m'arrange pour éviter ces situations en évitant à tout prix de me confronter. La peur est nécessaire sur notre chemin, elle nous aide à chercher en nous toute notre force pour les épreuves qui s'annoncent. La peur est la veillée d'armes avant l'épreuve. Avoir peur est nécessaire : à la condition de ne pas nous laisser emporter par cette peur, nous restons les maîtres du navire.

<u>Il y a deux autres formes de la peur :</u>

- le doute

Notre chemin est fait d'expériences, de réussites et d'échecs. Nous n'avons pas à douter ni à regretter. Nous agissons selon notre conviction du moment et nos expériences nous permettent de changer d'avis en acceptant de nous tromper. Nos erreurs sont la seule façon de retrouver notre chemin.

- **la culpabilité**

La racine de la peur, c'est la culpabilité. Nous n'avons pas à prendre en charge qui que ce soit. Nous pouvons proposer des solutions mais si la personne à qui nous nous adressons n'en veut pas, c'est son choix. Nous n'avons pas à nous laisser entraîner dans sa destruction; que ce soit notre enfant, notre conjoint, notre ami, notre mère ou notre père. Chacun est libre de positiver sa vie ou de se détruire. Seule notre conscience nous indique si notre choix est juste, à condition que nous oubliions toute la morale apprise dans notre famille, notre religion ou notre culture.

J'accepte ma peur, je dis "OUI" à ma peur,
c'est la seule façon de la dépasser

La peur est avant tout énergétique, physique et émotionnelle; elle est bien au-delà de toute volonté. Seuls la prière, la patience, l'acceptation et le travail énergétique ou émotionnel peuvent en venir à bout.

Derrière la peur de l'autre se cache la peur de moi, de mon comportement, de ma personnalité, la peur de décevoir, la culpabilité de vivre, d'exister, la honte de moi (je n'ai pas fait tout ce qu'il fallait pour satisfaire maman).

La plus part du temps, en tant qu'adulte, nous nous sommes coupés de notre ressenti corporel et émotionnel, ce qui nous protège de cette peur mais, un jour ou l'autre, elle remonte à la surface, suite à un changement dans notre vie.

La paranoïa ou la peur de l'autre

Je souhaite par ce document faire prendre conscience de cette structure psychologique qui représente, à mon sens, environ trente pour cent de la population dans un pays comme la France. Il ne s'agit pas de juger mais d'expliquer la souffrance et le manque, cachés derrière ce comportement. C'est une culpabilité profonde qui se cache derrière la peur de l'autre et ensuite, par projection, ces personnes culpabilisent les autres pour se soulager.

Je rappelle ici les différentes structures psychologiques paranoïaques ou psychotiques :

- **Évitant ou solitaire** : pouvant mener jusqu' à l'autisme
- **Excentrique et isolé** : jusqu'au délire d'emprunt de personnalités historiques ou imaginées
- **Vengeur, combattant** : se sent une âme de sauveur de l'humanité, par vengeance
- **Contrôlant, manipulateur** : noyé dans l'obsession d'être une victime des autres, d'être la cible à abattre
- **Justificateur** : noyé dans la parole justificatrice et explicative pour prendre sa place
- **Dépendant et rêveur** : il a un comportement angélique et il est attaché à un leader ou à un groupe
- **Dépendant et morose** : abandon de tout effort pour son corps ou pour la communication avec l'autre
- **Désirs refoulés, non exprimés** : dépense son énergie à souhaiter plutôt qu'à demander ou agir
- **Hyper sensible, écorché vif** : exprime ses souffrances dans l'art ou par l'auto-mutilation
- **Auto-destructeur ou border-line** : détruit tout ce qu'il arrive à construire : une relation ou un projet

Ces personnalités existent à tous les degrés : du simple comportement occasionnel au refus total de communication avec le monde extérieur. C'est souvent un manque d'amour, de tendresse, d'écoute, de reconnaissance et d'acceptation qui aggrave les symptômes. C'est aussi dans les conditions suivantes :

- Ne pas être libre ou ne pas se sentir libre

- Ne pas pouvoir vivre selon son instinct, son intuition; ce qui ne supprime pas la possibilité d'un cadre mais le plus souple possible et à condition qu'il soit justifié par les besoins des autres et non par une loi arbitraire, une morale ou une religion.

- Ne pas être reconnu dans ses besoins, même et surtout ceux qui ne sont pas exprimés.

Toutes ces personnes sont de grands blessés qui ont besoin de beaucoup de tendresse, d'écoute et de compassion dans leur entourage, et surtout pas de leçon de morale. Ce qui n'empêche pas l'entourage de se protéger de leur énergie ou de leur trop plein de désirs, en osant leur dire NON sans agressivité.

D'autre part, cela n'a aucun intérêt de les qualifier de paranoïaques, sauf quand ils le demandent eux-mêmes, lors d'une prise de conscience. Quand nous voulons qualifier quelqu'un de cette structure, c'est souvent une projection de notre propre paranoïa. Ce n'est jamais un hasard si on vit avec un paranoïaque. Le paranoïaque est celui qui projette le plus sur l'autre, il est donc inconscient de son propre comportement.

Se reconnaître soi-même comme paranoïaque est très difficile, mais c'est le début d'une libération, sans culpabilité, qui permet d'accepter enfin ses vrais besoins en toute humilité. C'est ma structure et je peux témoigner de la difficulté de mon chemin.

Le paranoïaque se remarque par une absence de personnalité propre. Le "je" ,même névrosé, n'existe pas. Il est très difficile de connaître son ressenti, ses émotions et ses vrais besoins. Il n'a pas de personnalité fixée. Cela peut être une chance pour retrouver son identité. Aussitôt qu'il reçoit de l'amour inconditionnel, son système de défense peut se dissiper mais il devient alors très vulnérable et une proie facile pour toutes les énergies négatives qu'il rencontre, cela est dû à sa grande sensibilité. Le développement de sa vigilance et de son ressenti devient sa seule protection.

Le paranoïaque ne demande pas, il exige, il vole, il prend. Ses techniques inconscientes sont très subtiles et piègeantes pour son entourage. Il est souvent un aspirateur énergétique.

L'évitement, la fusion, le repli sur soi, la vie solitaire, représentent l'autre face de la médaille du paranoïaque. Il évite ainsi d'alimenter sa peur de l'autre.

Que faire quand on est paranoïaque ?

Le voir, le reconnaître, l'accepter, laisser la liberté à l'autre, accepter la souffrance de ne pas obtenir ce que l'on veut, s'aimer comme on est et aimer l'autre comme il est; et non comme on voudrait qu'il soit.

Que faire quand on rencontre un paranoïaque ?

Le voir, le reconnaître, l'accepter sans le juger, accepter nos propres limites et l'insatisfaction de l'autre, reconnaître sa souffrance sans le prendre en charge, répondre à ses demandes sans dépasser nos propres limites, donner beaucoup d'amour, d'écoute, de tendresse, sans maternage, sans sacrifice, sans masochisme.

Toutefois, un peu de "paranoïa" est nécessaire pour nous protéger et protéger notre territoire, mais à condition qu'elle soit consciente et appropriée à la situation du moment.

Le désir

Après la peur vient le désir et après le désir vient l'extinction du désir.

Il y a d'abord le dépassement des peurs, ensuite le dépassement des désirs. Derrière tous mes désirs, je découvre les désirs de mon divin intérieur, ceux qui s'imposent à moi comme faisant partie de mon chemin , de ma mission de vie, sans satisfaction et sans regret.

La première étape est de prendre conscience que j'ai peur, puis je rentre dans chacune de mes peurs pour accepter la peur en moi et vivre avec, au lieu de tricher avec; soit en évitant de me confronter, soit en la défiant en permanence pour me prouver que je n'ai pas peur. Ensuite, je rentre dans mes vrais désirs, je les accepte et je fais des actions pour les satisfaire. Enfin, je passe au non-désir.

Il ne s'agit pas de passer tout de suite au non-désir, sinon toutes mes relations, tous mes actes, toutes mes pensées, toutes mes émotions resteront conditionnés par mon passé, par mes blessures inconscientes d'enfant, et aussi venant de ma famille et de mes origines. Et, un jour ou l'autre, ces blessures refoulées, ces tensions dans mon corps, se dresseront devant moi et en moi ; par conséquent, je ne serai jamais libre de mes souffrances, de mes peurs, de mes désirs.

<u>Les sept étapes de la peur au non-désir :</u>

1 - Je n'ai pas conscience d'être dirigé par mes peurs.

Mes pensées, mes jugements, mes choix de vie, sont conditionnés par mes peurs conscientes et inconscientes. C'est la fable de La Fontaine : "Le renard et les raisins", j'ai pris l'habitude de transformer mes pensées, en refoulant mes désirs et en les remplaçant par d'autres désirs symboliques ou de substitution.

Exemples : Je veux avoir un enfant, je veux être un chanteur célèbre, je veux parler en public, je veux créer mon entreprise, mais je m'arrange pour trouver des arguments et surtout des accusations envers les autres, la société, mon conjoint, ma famille pour ne pas voir ma peur ou pour la justifier.

2 - Je prends conscience de mes peurs.

Je prends conscience de mes peurs, une à une, en acceptant que mon bonheur ne dépend que de moi et de personne d'autre.

3 - Je rentre dans mes peurs et je les accepte.

Je chemine, avec mes limites, en respectant mes besoins et ceux des autres. Je vais de peur en peur en les acceptant et en les dépassant une à une. Je respecte celles qui me protègent des dangers réels et qui me préviennent de ce qui pourrait nuire à ma santé physique ou psychologique; et nuire à celle des autres également.

4 - Je prends conscience de mes vrais désirs.

Je découvre mes vrais désirs d'enfant auxquels je croyais ne pas avoir droit, j'y avais renoncé.

5 - Je rentre dans mes désirs et je les accepte.

Je les assume dans l'acceptation de mon chemin, et toujours selon mes limites du moment, en respectant mes besoins et ceux des autres.

6 - Je sors de mes désirs et de mes illusions.

Je découvre toutes mes illusions d'enfant. Je croyais qu'en réalisant mes désirs j'obtiendrais le bonheur, la paix. Chaque désir réalisé m'apporte la conscience de la réalité et je sors de mes fantasmes, je les accepte. Je perds mes illusions en me confrontant à la réalité.

7 - Je découvre le non-désir. Je suis LIBRE.

Je n'ai plus la tension du désir. J'accepte de vivre l'instant présent qui m'est donné et je découvre, qu'en obéissant simplement à mon guide intérieur, mon chemin est simple. Il est inscrit dans une continuité qui ne tient aucunement du hasard.

Le passage entre chaque étape est douloureux, il demande beaucoup de courage. C'est la puissance de mes désirs refoulés qui détermine la somme que je dois payer en renaissances.

Enfin, après tout cela, je découvre que le plus beau cadeau que je puisse faire aux autres, c'est de vivre mon bonheur en l'offrant aux autres ; c'est le principal devoir que Dieu me demande.

<u>Remarque sur l'excitation :</u>

Un des phénomènes de l'expression du désir est l'excitation. Cela n'a rien à voir avec la joie profonde de l'être qui, elle, n'a pas de signes extérieurs exubérants. Si je donne libre court à l'émotion correspondant à cet état, il y aura automatiquement un effet de pendule ; et un état dépressif de même puissance que l'excitation me submergera quelques temps après.

<u>En conclusion :</u>

illusion ⟶ **expérience** ⟶ **désillusion** ⟶ **réalité**

La réalité est un état neutre sans émotion, donc sans déception ni euphorie.

Couper le cordon

Tout est là ! C'est le message du début à la fin de ce livre. Tout notre chemin intérieur est de réparer ou de terminer le travail de séparation d'avec notre mère nourricière humaine pour nous amener à ressentir la solitude et le détachement de toute personne et de toute chose.

Contrairement aux apparences, l'éloignement physique ou la querelle avec sa famille ou avec sa mère est la preuve d'un cordon intacte et solide.

L'idolâtrie, l'admiration chargée d'affect émotionnel, la prise en charge de qui que ce soit ou de quoi que ce soit est aussi la preuve d'un cordon non coupé. Quelques exemples : avec sa mère, sa femme, sa fille, son fils, sa soeur, son père, son frère, une personne célèbre (homme ou femme), un gourou, une "école", une religion, un courant de pensée, son oeuvre, son entreprise, sa voiture, son équipe de foot, la nourriture, etc.... En fait, tout attachement humain ou matériel.

Nous découvrons que le seul attachement juste est celui que nous avons à l'univers, à la terre, à la matière qui nous a créés. Toutes nos pulsions issues des souffrances de notre enfance, des manques ou des trop pleins, nous dévient de notre liberté.

Nous recherchons une femme idéale ou nous la copions, nous recherchons un homme idéal ou nous le copions, au lieu d'être simplement nous-mêmes.

Toutes nos blessures nous empêchent de nous aimer tels que nous sommes. Le cordon coupé, c'est l'amour de soi, gigantesque, total. Pas l'amour de notre image, de ce que l'on fait ou de ce que l'on dit, mais l'amour infini de soi, comme représentant de Dieu, de l'univers.

Quand nous avons fait le deuil de toutes nos illusions qui voudraient nier nos blessures, nous nous acceptons seuls, uniques, imparfaits, humains mais remplis d'amour pour soi. Et cet amour déborde à l'infini vers les autres, sans aucune obligation, ni devoir, ni morale, ni obéissance ni quoi que ce soit ; simplement par débordement, parce que nous en avons trop pour nous-mêmes. Cet amour infini nous fait comprendre que tout être créé a le même potentiel et qu'il n'y a aucune nécessité de prendre en charge qui que ce soit, si ce n'est de l'aider à trouver cet amour en lui.

L'attachement n'a rien à voir avec l'engagement : L'attachement, c'est affectif ; l'engagement, c'est pratique.

L'instant présent
ou
la vérité de l'instant

La vérité de l'instant, c'est tout le sens de la méditation. Qu'est-ce que je ressens dans mon corps à chaque seconde de ma journée ? Cela peut être différent dans une minute, mais maintenant, qu'est-ce qui se passe dans mon corps ?

C'est une émotion, une tension, une douleur, une paix, une pensée ? Je dis OUI à ce qui vient là, maintenant, j'ose l'accepter même si cela est contraire à la morale, à mes principes, à ma personnalité. Je ne refuse rien. J'accepte ce qui est, dans ce moment présent. Je n'ai pas besoin de comprendre ce qui m'arrive mais simplement de l'observer en spectateur. Rien n'est gratuit, rien n'est inutile, tout ce qui se passe dans mon corps, à chaque instant de ma vie, a un sens afin de m'aider dans mon chemin.

L'important, ce n'est pas de l'analyser, de le juger ou de le comparer avec du déjà connu, NON, mais au contraire d'accepter le nouveau à chaque seconde. Je lâche le passé et je ne prévois pas l'avenir. Je suis dans ce présent qui m'amène toujours ce qui est nécessaire pour moi, ce que je dois entendre, ce que je dois vivre, ce que je dois ressentir pour que je puisse grandir, pour que je lâche prise sur ce passé qui m'emprisonne.

J'ose dire ce qui se passe en moi. J'ose me confronter avec <u>ma</u> réalité, même et surtout si elle est différente de celles des autres. Je ne renie rien en moi mais j'accepte d'entendre tout ce qui me vient en réponse, à l'instant suivant, venant des conséquences de mes actes, de mes paroles ou de mes pensées. J'accepte d'entendre, en réponse, la vérité de l'instant de ceux qui sont en face de moi. Je les entends et je laisse cette réponse pénétrer jusqu'au plus profond de mon corps, dans mon ventre, sans trier, sans analyser. Les réponses de mon âme sur la signification du message que je reçois m'arriveront quand cela sera nécessaire. Je n'ai pas de soucis à me faire, simplement à être présent à ce qui se passe réellement à cet instant.

J'ose dire ce qui se passe dans mon corps quand j'entends les vérités des autres. Je ne critique pas, je laisse mon corps donner ses réponses de l'instant. J'accepte que ces réponses soient différentes de celles d'hier et différentes de celles de demain. Je n'ai ni honte, ni culpabilité pour ma vérité de l'instant. J'accepte de dire et de <u>me dire</u> cette vérité. J'accepte ma limite, ma colère, mon besoin de ce moment et j'en accepte aussi les conséquences.

Je dis OUI en acceptant le changement chaque jour et à chaque minute de ma vie.

L'éveil

Avant l' éveil, vient le réveil. Beaucoup de chercheurs de vérité cherchent l'éveil avant même d'être réveillés. Ils se bercent d'illusions, se croient sur une voie spirituelle alors qu'ils sont bloqués dans l'émotionnel ou dans l'intellectuel. Un chercheur sait qu'il est réveillé quand il a au moins vécu un cataclysme intérieur qui a perturbé tous ses repères, au delà de toute volonté, de tout contrôle.

En tant qu'adulte, mon système de défenses c'est comme le capot d'une voiture, pour accéder au moteur il faut d'abord ouvrir le capot. Cela peut mettre dix ans ou plus. Tant que je n'ai pas ouvert le capot, je n'ai absolument rien réparé.

Tant que je n'ai pas ressenti que tout ce qui se passe en moi et autour de moi, du moins ma façon de le percevoir, n'est qu'illusions ; tant que je n'ai pas fait l'expérience que, ce que je croyais être la vérité absolue, devient son contraire une semaine plus tard ; tant que je n'ai pas, au moins une fois, fait ces expériences avec l'émotion de l'enfant émerveillé et apeuré, je ne suis même pas réveillé ; par conséquent, l'éveil n'est encore qu'un mot qui n'a aucun sens pour moi. C'est à dire que je ne suis pas encore en mouvement. Je n'ai pas mis mon inconscient en mouvement.

En dépassant mes désirs avec honnêteté, je découvre la réalité telle qu'elle est, sans filtre émotionnel. Je suis libre de mon passé, de mon histoire et de celle de tous les êtres humains qui m'ont précédé sur cette terre.

J'ai perdu mon égo. L'état sans égo correspond à l'état de disponibilité que j'ai dans mon sommeil. C'est ainsi que le rêve trouve sa place quand je n'y mets plus de barrages, de résistances. Mon divin intérieur, mon intuition, mon âme peuvent me parler directement, avec clarté, mon corps ne s'interpose plus devant le message divin. J'existe et cela suffit, je n'ai besoin de rien d'autre. Je n'ai rien à prouver à personne, ni à moi-même.

Je tiens à témoigner ici de mon expérience personnelle où au cours de mon chemin, j'ai eu ce que l'on appelle un éveil de conscience soudain. C'est une expérience beaucoup plus fréquente qu'on ne l'imagine et j'ai rencontré beaucoup de gens à qui cela était arrivé; entre autres ceux qui ont vécu une N.D.E. (expérience aux confins de la mort). Pour d'autres, c'est dans l'enfance. Cela peut arriver à tout moment. Le plus souvent, c'est pendant une recherche spirituelle.

Voici la mienne :

La plus belle image que je puisse trouver dans mon ouverture brutale de conscience, c'est celle de l'aveugle qui marche avec son bâton à tâtons, et puis il se rend compte qu'il voit et qu'il n'en a plus besoin, de ce bâton, et il se rend compte qu'il voit depuis ce fameux jour où il a senti en une seconde un basculement intérieur.

J'étais dans un état de souffrance, de colère et d'incompréhension jamais atteints, puis, en moins d'une seconde, je me suis senti bien, heureux car je venais de comprendre ou plutôt de ressentir que tout ce qui m'arrivait n'était qu'une épreuve, parmi la suite d'épreuves de ma vie, dictée par l'univers et que le jeu était simplement de l'accepter; et surtout les êtres autour de moi, que je croyais responsables de mes difficultés, n'étaient que des instruments (inconscients de leur rôle avec moi) du tout universel, des acteurs du grand opéra de l'univers, où chacun est dans un rôle pour nourrir l'action globale. C'était aussi une chaleur, le bonheur qui remplissaient d'un seul coup tout mon corps.

Mais par contre ma conscience n'empêchait pas mes transferts, ma fusion avec l'autre, mes projections, ma peur et les mensonges de mon inconscient. Et un long travail s'est engagé pour prendre conscience de plus en plus de moi, de mon ego, petit à petit j'ai nettoyé les couches que j'avais rajoutées sur mon être et je peux maintenant avoir avec l'autre des relations de plus en plus justes, en accord avec mon âme et en accord avec l'équilibre de l'univers autour de moi sans cesse remis en question.

J'avais trouvé la foi, pas une foi en des croyances, mais en une vérité absolue, dans le silence des mots, la foi qui m'habite intérieurement et définitivement. Seuls des moments de doute, de brève durée, subsistent pendant mes crises de croissance intérieure, de mort et de renaissance à une conscience supérieure.

Je n'acceptais pas la souffrance, mes souffrances, mais maintenant je les accepte, elles sont réelles dans le relatif ; elles sont des messages divins comme le reste, je les accepte dans la paix et le bonheur, même si je ne les comprends pas toutes.

Je voudrais également témoigner ici d'une autre prise de conscience importante pour moi que j'ai faite en Inde, faisant suite à la visite d'un ashram :

Je suis passé en un instant du "j'ai peur, j'aurai peur ou j'avais peur" au "je" vais bien et André a peur, André aura peur ou André a eu peur. "Je" est calme comme un lac de montagne, c'est André qui peut avoir des problèmes et "je" reste vigilant, compatissant et à l'écoute d'André.

"André a eu raison d'écrire ce livre, cela peut aider les autres" et non "cela va aider les autres" ; ça, André n'en sait rien. "Je" n'est plus responsable, seul André est responsable. Je suis libre d'André, je suis libre du corps d'André. Le "je" n'est plus affolé, n'est plus tourmenté, n'est plus touché, n'est plus blessé, ne souffre plus. Le "je" est complètement dissocié d'André, dissocié du corps d'André. André a des besoins, "je" n'a plus de besoins. C'est une dissociation consciente, je me dissocie volontairement et en pleine conscience de ce que je fais mais je reste ouvert, par l'intermédiaire d'André, au monde qui m'entoure, présent à ce qui se passe ici et maintenant. Cela n'a rien à voir avec les délires psychotiques qui, eux, ne sont pas conscients de la dissociation, parce que le "je" n'existe pas dans la relation avec les autres et avec soi-même.

A chaque seconde, "je" peut se demander : "Quels sont les besoins d'André ?", "Qu'est-ce qu'André peut donner à cet instant ?" ou "Quelles sont ses limites ?"

Quand je prie, c'est André qui prie, ce n'est pas "je". "Je" peux demander à André de prier quand il sent qu'André en a besoin. "Je", c'est la conscience d'André, c'est l'âme d'André (ce n'est pas la pensée d'André), c'est le coeur de la conscience d'André. Le "je" s'est déplacé, il est passé du coeur d'André au coeur de la conscience d'André. "Je" n'a plus de désirs, André a des désirs.

"Je" ne fusionne pas avec André. "Je" reste en compassion avec ce que vit André, mais ne s'identifie pas à André. "Je" est la maman d'André, le papa d'André, mais il n'est pas André qui souffre, qui est dans une impasse, qui se culpabilise, qui doute. "Je" accepte ce que vit André comme provisoire, comme une expérience parmi tant d'autres. "Je" est dans le présent, il ne s'occupe ni du passé, ni du futur.

Quand André est dans l'émotion, dans l'angoisse, "je" ne peut pas aider André, "je" peut seulement l'accueillir et servir à André de point de repère, comme un îlot de paradis, toujours accessible au milieu de la tempête. "Je" respire tranquillement, sereinement. "Je" sait qu'il n'y a rien d'autre à faire que d'accepter ce qui se passe dans le présent.

"Je" est responsable de son rôle d'accueil, de tendresse, de papa, de père, de maman, de mère mais "je" n'est pas responsable de mon destin, de mon chemin qui n'appartient ni à André, ni à "je". Il appartient au "je" supérieur, cette force que nous appelons Dieu ou la vie ou l'univers et qui, elle, reste toujours consciente de son rôle.

Ce "je" supérieur existe, c'est une certitude. C'est par lui que tout se crée, tout existe, sans hasard, sans malédiction ni fatalité.

Ce sont bien mes erreurs et les erreurs des autres qui me font grandir et qui font grandir l'humanité. Ces égarements sont nécessaires, aussi dramatiques soient-ils, pour que l'humanité, qui ne fait qu'un, puisse grandir au-delà de notre petit égo individuel.

"Je" accepte qu'André vive, qu'André meure, qu'André souffre,qu'André soit en paix. C'est la vie qui se déroule dans le corps d'André.

Le "je" correspond à mettre sa conscience dans le Hara (au milieu de son bassin). C'est mettre la paix dans son centre et observer tranquillement les perturbations de son corps, qu'elles soient physiques, émotionnelles, mentales ou énergétiques.

L'éveil total, c'est être libre de nos désirs et de nos pensées. C'est être libre de nos désirs d'enfants frustrés que nous avons gardés inconsciemment en mémoire. Personnellement, j'avance sur ce chemin mais je ne suis pas encore complètement libre de tous mes désirs anciens insatisfaits, j'ai encore des deuils à faire.

Les "voies sans issue" Les impasses

Au cours de notre chemin, nous rencontrons des impasses, nous tombons dans des pièges, ce qui est inévitable. L'important est de l'accepter, d'en prendre conscience et d'en sortir quand l'expérience de notre illusion est suffisante.

Le non-respect de mes besoins essentiels :

Croire que je peux me passer de ma place, mon territoire, mes besoins ; croire que je peux ne pas tenir compte de mes limites (voir document sur ce sujet).

L'amour, c'est avant tout se respecter soi-même, ce n'est pas se sacrifier aveuglément. Je peux renoncer à mes désirs, je ne peux pas renoncer à mes besoins.

S'égarer dans la culture des autres :

Vous pouvez chercher votre spiritualité dans l'hindouisme, le bouddhisme ou le chamanisme mais vous allez perdre beaucoup de temps et d'énergie afin d'extraire le vrai spirituel du culturel. Vous pouvez même tourner en rond quand l'exotisme vous évite d'aller voir dans vos problèmes psychologiques. Nos problèmes psychologiques d'occidentaux sont souvent absents de leur culture, il en ont d'autres !

Vous pouvez aller voir dans ces religions pour en entendre les messages qui sont d'extraordinaires accélérateurs pour notre chemin intérieur, "OUI", mais prendre leur culture et leurs rituels en totalité me parait un non-sens ; expérimenter, "OUI", mais pas se noyer dans la religion. Prendre le sens des rituels et les adapter à notre culture, "OUI". L'important est surtout de comprendre les erreurs de notre religion, les erreurs d'interprétation des prophètes. Cela nous aide à retourner à la source de notre religion, au sens. Plutôt que de devenir bouddhiste, hindouiste ou chamaniste, devenez vous-mêmes. Le Dalaï-Lama répète souvent : "Je vous convertirai à votre propre religion".

L'infantilisme :

Si mon chemin passe par une régression et que je retrouve mes comportements d'enfant, cela ne m'empêche pas de rester conscient et vigilant. Je ne me laisse pas emporter par mon infantilisme, je retrouve mon enfant intérieur avec ses souffrances, ses désirs, sa créativité mais je garde la vigilance, la responsabilité de l'adulte. Je respecte mes besoins, les besoins des autres et en particulier de ceux dont j'ai la charge, comme mes enfants par exemple.

L'idolâtrie :

Je peux rencontrer des êtres exceptionnels, des êtres de lumière mais je ne me laisse pas aveugler par ces personnages. Ils transmettent un message de vérité qu'ils ont eux-mêmes pratiqué mais ils restent de simples humains. Si je les idolâtre, c'est une façon pour moi de fuir ma responsabilité. Je crois qu'ils peuvent me donner leur sagesse sans que j'aie besoin de faire des efforts. S'ils me donnent beaucoup d'amour et de disponibilité, c'est uniquement pour me donner confiance en moi afin d'avancer dans mes épreuves, dans mes peurs pour me libérer de mon passé.

Le fanatisme :

Le chemin est avant tout la voie du milieu, de l'équilibre, du juste. Tout comportement excessif n'est pas juste. Le but est la paix de l'esprit. Le fanatisme, au contraire, remplit mon esprit, mes pensées afin de ne pas vivre ma solitude et ma tristesse refoulée.

L'aliénation (perte d'identité) :

Tout chemin amène au "je" de source divine. Il s'agit bien de perdre son égo, celui qui prend comme vérité tout ce qu'il pense. Mais à condition de découvrir, derrière, une force nouvelle, une identité qui vient du fond de notre âme et qui s'impose face à l'autre dans une fermeté remplie de tendresse et d'amour inconditionnel.

La dualité :

Tout est UN et pas DEUX. Si je crois que mon histoire est indépendante de celles des autres, je me trompe. Tout est relié dans ce monde, tout est interdépendant. Tous mes comportements conscients et inconscients ont tous un sens pour les personnes que je rencontre, rien n'est un hasard. Je suis responsable de la moitié seulement de la relation, l'autre, avec son histoire, est responsable de l'autre moitié dans un équilibre parfait. Accuser l'autre ou me culpabiliser dénote de cette dualité. Je reste responsable de la conséquence de mes actes et de mes pensées mais non coupable des actions dues à mon ignorance, à mon inconscience.

L'attente du miracle :

C'est un comportement infantile. Si je fais des efforts pour grandir en rentrant dans mes peurs, il est possible que j'observe des conséquences qui paraissent miraculeuses mais ce ne sont, en fait, que les effets correspondants à des causes que j'ai moi-même provoquées. Ce ne sont que des choses ordinaires et fréquentes dans un chemin spirituel engagé et sincère. Attendre le miracle comme un dû magique est une source de désillusion à plus ou moins long terme.

Le romantisme :

C'est l'illusion et la fuite de la réalité par tous les névrosés. Cela nous fait du bien, certes, mais c'est provisoire, comme un pansement sur une plaie. Le retour à la réalité sera encore plus douloureux. Ce n'est qu'un rêve éveillé et cela n'a rien à voir avec la réelle beauté de la nature, de l'univers et de tous les éléments qui le composent à condition d'accepter le monde tel qu'il est, et non pas à travers nos désirs d'enfants frustrés.

Le mysticisme :

Les merveilles de notre chemin spirituel peut nous faire prendre des vessies pour des lanternes. Nous découvrons un monde dans notre solitude intérieure qui nous emmène au-delà de toute existence terrestre. Mais vouloir rester dans cet isolement douillet et protecteur nous prive de vivre réellement notre vie, notre chemin, au contact des autres, en osant rentrer dans nos souffrances, nos peurs, nos désirs. Car c'est cela le vrai chemin spirituel.

Se tromper entre le spirituel et le psychologique :

Nous nous trompons souvent entre le travail spirituel et le travail psychologique. Nous recherchons la transcendance pour échapper à la souffrance de notre enfance au lieu d'oser regarder en face nos colères et nos désirs refoulés. Seul un travail psychologique peut les révéler.

Ou, au contraire, nous tournons en rond dans des stages psychologiques et maternants, en revivant sans cesse nos émotions, au lieu de chercher dans la verticalité, la transcendance, le divin en nous et le "tout autre" dont parlent toutes les spiritualités.

Rester au niveau mental :

Nous avons compris les messages que nous recevons mais nous ne les avons pas expérimentés au niveau émotionnel, énergétique ou corporel. Ce sont d'autres étapes à vivre, à ressentir. Il est important pour cela de ramener la conscience de sa respiration dans son ventre ou dans ses pieds et de ne pas oublier qu'un chemin a deux axes : le vertical dans la transcendance et l'horizontal dans la réalité quotidienne.

Rester au niveau émotionnel :

Que ce soit au début de notre chemin, ou après de longues années, suivant notre structure psychologique, nous sommes confrontés, et souvent noyés, dans nos émotions. C'est un passage obligé pour les accepter une à une ; ensuite, si l'acceptation est totale et sincère, elles disparaissent d'elles-mêmes, sans les refouler, sans les nier.

La pensée précède l'émotion, il y a toujours une croyance ou un refus caché derrière une émotion. La prise de conscience de l'origine des émotions nous aide à nous en libérer.

Rester dans les schémas de notre passé :

Un travail de psychothérapie en groupe ou individuel est bien souvent nécessaire pour débloquer des systèmes relationnels anciens qui se répètent et que l'on prend souvent pour une fatalité.

Tourner en rond dans les peurs ou dans les désirs :

Notre chemin spirituel et psychologique nous révèle nos désirs, cachés derrière nos peurs, que nous avons refoulés. Le but de notre travail intérieur est de les reconnaître en rentrant dans l'action et les expériences, mais pas de rester bloqué dans cette étape toute notre vie.

Ne pas passer à l'action :

L'action est seule libératrice, la prise de conscience ne suffit pas.

La dépendance, la fusion :

La dépendance par soumission ou par prise en charge de quelqu'un n'est que l'illusion de la liberté, par peur de la solitude qui, elle, est le bout du chemin. Si je fusionne avec mon conjoint, un de mes parents ou un maître, c'est que je refuse de me confronter à la peur de la solitude humaine et du vide intérieur.

Prendre en charge les autres :

C'est croire à ma toute puissance sur la vie des autres et à ma supériorité qui n'est, en fait, qu'une illusion, afin de me rassurer dans mes angoisses et mes doutes refoulés.

Vouloir sauver le monde :

Je découvre dans mon chemin spirituel le pouvoir immense que j'ai en moi, et je crois que ma seule volonté suffira à sauver, de leurs mensonges, tous les êtres humains que je rencontre. J'oublie que chacun de nous a le pouvoir de se détruire ou de se sauver. Je ne peux que montrer l'exemple, en étant juste avec moi-même, le reste ne m'appartient pas.

L'isolement :

En découvrant les choses merveilleuses que je ressens au début de mon chemin, je peux être tenté de rester isolé du monde des humains "ordinaires". Si cette étape est nécessaire pour approfondir ma conscience, y rester est une fuite qui cache ma peur des autres.

Le jugement, la culpabilité :

Si je me juge ou si je juge les autres, je vais prendre des comportements pour "paraître bien", mais cela n'a rien à voir avec l'acceptation de mon identité et la confiance en moi, qui sont très différents de l'égo de façade que je me suis fabriqué.

Attendre la solution d'une aide extérieure :

Croire à la solution miracle sans effort et chercher un être qui va nous guérir comme un médecin, ce ne serait que provisoire ! Trouver son équilibre avec un guide, entre soumission et liberté, nous amène à l'autonomie, seule garante de notre liberté.

Que faire avec une émotion ?

... un mal-être ou une douleur physique ?

1) Je respire profondément et tranquillement dans mon ventre.

2) J'accepte que j'ai une émotion, un mal-être ou une douleur physique.

3) Je fais la différence entre les émotions: colère - peur - joie - tristesse - dégoût - honte - culpabilité - attachement ...
Attention ! Une émotion peut en cacher une autre.

4) J'accepte l'impermanence de cette manifestation : elle n'existait pas avant et elle n'existera plus dans le futur.

5) Je regarde dans mon histoire les situations similaires qui ont produit le même symptôme.

6) J'accepte de ne pas comprendre si aucun message ne vient de mon inconscient.

7) J'accepte cette sensation comme faisant partie de moi provisoirement mais ce n'est pas moi.

8) J'accepte ma responsabilité dans ce qui m'arrive.

9) J'enlève toute culpabilité en moi et en l'autre, j'accepte mes limites du moment.

10) J'accepte de laisser s'éteindre cette manifestation, je ne m'y accroche pas, je ne lui donne pas de l'importance.

11) Je retrouve derrière l'émotion, le mal-être ou la douleur, la joie permanente de mon être.

12) Je change ce que je peux changer en moi et dans mon environnement.

13) Je dis merci à l'univers pour cette épreuve qui me fait grandir et je me pardonne de mes limites actuelles.

Questionnaire sur le sens et l'origine d'un malaise ou d'une maladie

Ce questionnaire nous amène par un cheminement intérieur à comprendre l'origine d'un blocage, d'un comportement, d'une peur, d'un tic physique, d'une maladie, d'un accident, d'une difficulté de fonctionnement de notre corps et de toute autre manifestation comportementale et corporelle.

Il nous aide à comprendre comment notre inconscient est arrivé, par différentes étapes, d'une souffrance intérieure à ce symptôme extérieur.

Ce questionnaire est à utiliser de préférence avec un ami de confiance, dans une simple écoute, qui pose les questions et attend les réponses.

Il me paraît important de se mettre, avant de répondre aux questions, en état de paix et d'écoute intérieure par un centrage, une relaxation, un silence, en ayant le dos droit, vertical, et un bon contact avec le sol.

1. Quels sont les qualificatifs qui peuvent le mieux décrire ce que je vis dans mon corps ?

La réponse représente ce que nous vivons face à la personne ou à la situation qui a déclenché le mal.

2. Ce symptôme (le nommer) m'empêche de faire quoi dans ma vie ?

Les réponses à cette question représentent un ou des désirs bloqués.

3. Ce symptôme (le répéter) m'oblige à quoi ?

Reprendre les réponses précédentes et ajouter les mots "ne pas" au début de chacune. Ces phrases représentent les désirs bloqués.

4. Si je me permettais ce ou ces désirs (les répéter), je serais quoi ? (utiliser les désirs trouvés dans l'étape précédente)

La réponse à cette question correspond à un besoin profond de mon être, bloqué par une croyance.

5. Si je me permettais d'être ... (répéter la réponse de la question précédente) en général dans ma vie, que pourrait-il m'arriver de désagréable ou de non acceptable ?

La réponse à cette question correspond à la croyance non bénéfique qui bloque mon ou mes désirs et empêche mon besoin de se réaliser, créant ainsi le problème physique.

Conclusion :

Lorsque je connais la croyance non bénéfique ou la façon de penser qui m'empêche d'être ce que je veux, pour la transformer, je dois tout d'abord me permettre d'avoir eu besoin d'y croire en prenant contact avec l'enfant en moi qui y a cru, suite à une souffrance vécue. Ensuite, je me demande si j'en ai encore vraiment besoin pour être heureux.

Si oui, c'est signe qu'elle est encore utile pour moi. Comme je suis le maître de ma vie, je peux continuer à y croire; mais en agissant ainsi, je dois escompter les mêmes résultats dans ma vie future.

Lorsque je sais au plus profond de moi que je ne veux plus continuer à croire à la même chose, il ne me reste qu'à faire les actions nécessaires pour manifester mes désirs afin de me permettre d'être CE QUE JE VEUX.

Ce questionnaire est adapté du livre de Lise Bourbeau : "Ton corps dit : Aime-toi". Ce livre, ainsi que le livre de Jacques Martel, cités dans la bibliographie à la fin de cet ouvrage, sont, à mon sens, des outils complémentaires à ce questionnaire, très utiles pour nous aider à trouver le sens et l'origine de tous nos malaises et maladies.

Méditation

Objectif: Enlever toute tension dans le corps; la pensée est une tension. Méditer nous permet de rentrer en contact avec notre être intérieur, la partie sereine, paisible, parfaite de nous-mêmes. Nous sommes à l'écoute de notre ressenti et des sensations de notre corps, véritables messages de l'inconscient. Nous entrons dans la joie. Le Yoga dit: "se mettre dans la joie et utiliser le moins d'énergie possible".

Nos bla-bla extérieurs pour discuter, convaincre ou questionner ne sont que la partie visible de l'iceberg qui comprend également tout le bouillonnement permanent de nos neurones. Toute méditation a pour but de calmer cette agitation identique à une cour de récréation de jeunes enfants agités.

La méditation, c'est un moment de silence afin de ramener le mental à la tranquillité d'un lac de montagne pour pouvoir entendre simplement, sans analyser, sans comparer, sans juger de nouveaux messages. Ils peuvent descendre ainsi jusqu'à la partie la plus profonde de notre être, venir au contact de notre intelligence supérieure, de notre conscience divine qui, elle, sait discerner, recevoir et trier ce qui est juste de ce qui est non-juste.

La méditation est essentielle et souvent nous méditons sans le savoir. Quelqu'un qui ne médite pas ne peut pas être réellement en recherche spirituelle, en recherche de son SOI. Et ce n'est sûrement pas en lisant des livres ésotériques que l'on avance à l'intérieur de soi. Dans les livres, nous cherchons seulement des idées pour notre propre chemin.

Idées de méditation:

- promenades dans la nature
- nous asseoir dans la nature et entendre vivre cette nature
- marcher pieds nus en sentant le contact du sol à chacun de nos pas
- sous la douche en sentant chaque goutte sur notre corps
- assis le dos droit dans notre lit au moment où notre corps se réveille, même au milieu de la nuit et surtout tôt le matin
- sur un banc de méditation ou assis en lotus dans une pièce silencieuse et agréable
- en groupe de méditation entre amis ou en couple (mais dans ce cas en oubliant l'autre, en sentant seulement sa présence à côté)
- assis à table une minute avant de manger seul ou en famille
- à la tombée de la nuit dans un endroit calme et silencieux
- dans notre baignoire

- dans un Dojô en Zazen
- au bord d'un lac, d'une rivière calme, dans un bateau silencieux
- allongé par terre
- en épluchant des légumes
- en observant (sans forcer l'attention) une icône, une bougie, un enfant, notre femme, notre mari, une partie de notre corps ou de celui de l'autre, un arbre, une fleur, un animal, une feuille d'arbre, le ciel, le coucher du soleil, une montagne, un nuage, etc... mais toujours en revenant aux principes essentiels de la méditation; en particulier en évitant toute pensée, toute tension physique, en observant sans forcer l'attention, en respirant profondément et calmement, le dos droit, etc...

Et bien d'autres solutions en laissant aller notre imagination tout en vérifiant que notre pensée est complètement relâchée, en essayant de changer de technique pour ne pas nous "accrocher" à l'une ou à l'autre.
Et en restant vigilant car nous oublions facilement un ou plusieurs principes essentiels de la méditation, comme la respiration par exemple.

L' objectif est de faire le silence en nous et autour de nous afin d'agrandir notre conscience à nous-même et au monde qui nous entoure.

CHEMIN PSYCHOLOGIQUE

BUT :

- Découvrir qui j'ai été, qui je suis, qui je ne serai pas.
- Découvrir ce que les autres m'ont fait subir et ce que j'ai accepté de subir.
- Prendre conscience de mon corps, de mon souffle.
- Recontacter l'animal en moi (le juste et le blessé) pour l'amener vers le spirituel.
- L'écoute de mon émotionnel pour comprendre mes blessures.
- Grandir en moi et avec l'autre.
- Me mettre face à moi.
- Retrouver l'essentiel, l'essence de moi-même, ce qui est naturel, spontané en moi.
- Me libérer de l'empreinte familiale et culturelle.

Étapes à franchir :

- Prendre conscience de mon corps, de ma respiration.
- Prendre conscience de mon ressenti, de mes émotions.
- Revivre mes blessures passées avec ce qui se passe "ici et maintenant".
- Oser rentrer dans mon ressenti, ma peur, ma colère, ma tristesse, ma joie, respirer avec, être avec.
- Ressentir tout ce que j'ai désensibilisé en moi dans mon enfance, en pratiquant un travail sur mes émotions.
- Crier tout ce que je n'ai pas crié.
- Rire tout ce que je n'ai pas ri.
- Oser vivre la révolte de ce qui m'énerve en moi.
- Oser vivre ce que j'aime en moi.
- Découvrir les étapes du pardon sans aller trop vite, revivre d'abord la charge affective.
- Après le pardon, découvrir le vrai amour, l'ouverture du coeur.

Quelques actions de mon chemin

Par ce document, je veux montrer et nous aider à comprendre combien les actes symboliques ou réels sont indispensables pour grandir et nous laver de notre passé. Nous avons besoin souvent de courage et de force pour oser les faire, tout en respectant notre limite et en acceptant notre maladresse d'enfant blessé.

Quelques éléments de ma vie : Je suis né en Octobre 1948 dans les Ardennes, ma mère est morte brutalement de maladie en Janvier 1962, mon frère Jean est mort foudroyé à 18 ans en 1960, ma soeur Claude s'est suicidée en 1993 et mon père est mort en 1990. J'étais le sixième enfant et le dernier de la famille, ayant eu un petit frère mort-né ensuite. J'ai eu une enfance solitaire, replié dans mon monde intérieur, plutôt décalé par rapport aux autres et dans l'incompréhension du monde qui m'entourait.

En arrivant à l'âge adulte, je me suis adapté à ce monde pour vivre une vie "correcte" pendant 25 ans mais ma prison intérieure a craqué et j'ai voulu vivre ma vraie vie sans me nier, avec mes besoins et mes désirs. C'est là que ma grande aventure a commencé.

Voici quelques témoignages de mon chemin :

Lettres à maman et à papa à titre posthume :

André Lemoine
La Calade
30260 St CLÉMENT

St Clément, le 11 Décembre 2000

Bonjour Maman,

Je t'écris aujourd'hui car, hier, j'ai vraiment ressenti à quel point , pour moi, tu avais manqué à ton devoir de maman; surtout lorsque cette histoire de petit vélo rouge est revenu à ma mémoire, au cours d'une séance de théâtre à "La Grange".

J'ai revécu cet épisode douloureux en ressentant tout mon désespoir d'enfant qui ne pouvait pas compter sur ses parents.

J'avais un petit vélo rouge **sans freins**, ce qui est déjà assez extraordinaire : laisser un enfant de huit ans jouer avec un vélo sans frein. Donc je jouais avec mon petit vélo en descendant des rues en pente ou des talus à toute vitesse et, ce jour-là, tout en bas de la côte, en pleine vitesse, j'ai buté sur un caillou, je suis passé par dessus et je suis tombé sur la tête. Je suis resté au sol, il me semble, inanimé, en tous cas incapable de me relever. Quelqu'un est allé te chercher, toi maman, de l'autre côté du pont. Je me rappelle que tu es venue avec Mme Wross, notre femme de ménage. Tu étais complètement affolée et c'est elle qui est venue à mon secours. Je ne crois pas que tu m'aies aidé même une seconde, tu te contentais de vociférer en levant les bras au ciel alors que je n'attendais que ton réconfort, comme tout enfant de cet âge attend de sa maman.

Je trouve cela scandaleux que toi, une infirmière, tu étais incapable de t'occuper de ton propre fils ! Il a fallu que Mme Wross sorte une pièce de cinq francs de sa poche et l'appuie fortement sur mon énorme bosse que j'avais sur le front. Et nous avons traversée la rivière sur le pont sans que tu fasses un geste pour me consoler. Tu étais dans ta révolte intérieure mais aucunement à mon écoute.

Toute ma vie, depuis ce jour là, je n'ai plus jamais lâché prise complètement car j'avais été trahi par ma propre mère qui n'avait pas joué son rôle de maman que l'univers lui demandait de remplir. Comment avoir confiance en Dieu, en la vie, à l'univers puisque ma propre Maman, qui représentait pour moi l'univers tout entier, n'était pas responsable, n'était pas dans son rôle protecteur et de tendresse.

Voilà toute ma colère enfouie, inconsciente, que je sors aujourd'hui pour m'en libérer. Et c'est un beau cadeau que tu me fais en recevant aujourd'hui cette lettre et que l'univers me fait en osant te l'écrire, en me montrant le chemin à suivre pour m'en libérer.

Un grand Merci à la vie, à toi Maman qui avant tout m'a fait le plus beau cadeau au monde, celui de me donner la vie, de m'aider à amener mon âme sur cette terre.

Je termine cette lettre par un grand PARDON. Pardon à toi Maman pour cette colère, toi qui m'a donné la vie, pardon à moi, André, de n'avoir pas su exprimer cette colère plus tôt et de n'avoir pas su réclamer et exiger mes besoins vitaux pour vivre ma vie, la vie que l'univers me demande de vivre pour continuer son oeuvre. Pardon à Dieu, à l'univers, de n'avoir pas su comprendre plus tôt ses messages.

Pour conclure, je dis OUI à mes souffrances, je dis OUI à mes colères, je dis OUI à la vie, à ma vie, à mon chemin si merveilleux quand j'ose le suivre et le comprendre.

PARDON, OUI et MERCI.

Je t'aime Maman, j'aime la vie.

André

André Lemoine
La Calade
30260 St CLÉMENT

St Clément, le 11 Décembre 2000

Bonjour Papa,

Je commence une lettre avec toi aujourd'hui pour t'exprimer une colère que j'ai enfouie au fond de moi pendant plus de 40 ans. Une colère pour te dire combien tu m'as manqué dans ton rôle de papa, un papa protecteur, un papa de tendresse, de présence, un papa sur lequel je pouvais compter.

C'est hier lors d'un spectacle à "La Grange" que j'ai compris combien tu avais manqué à ton rôle de papa à mon égard, un papa qui écoute mes besoins, qui entend mes souffrances. La troupe de théâtre rejouait, en improvisation, la scène de mon enfance lorsque je suis tombé violemment en passant par dessus mon vélo après avoir descendu à toute vitesse la rue des escaliers à Vouziers. Je racontais que mon vélo n'avait pas de freins et l'animatrice m'a demandé comment cela se faisait que mon père me laissait aller sur un vélo sans freins à huit ans et j'ai compris à ce moment combien tu avais failli à ta tâche de père, à la tâche que la vie, l'univers, t'avaient confiée quand je suis né dans cette famille.

OUI, non seulement tu n'étais pas là au moment de l'accident, de toute façon tu n'étais jamais là, tu préférais le bateau et l'avion pour t'évader de ta responsabilité et épater tes copains comme un petit garçon que tu étais encore. Donc, dis-je, non seulement tu n'étais pas là mais en plus tu t'en foutais que mon vélo n'ait pas de freins et en plus tu m'engueulais pour ce fait , complètement dégagé de ta responsabilité ! C'est une honte d'avoir un père comme cela et qui profitait des repas familiaux pour faire pleurer maman en nous accusant d'être la cause de ses malaises, c'est un comble !

OUI, je suis en colère contre toi et je te le dis ! Depuis ce jour je n'ai plus confiance en la vie, en l'univers. Je n'ai plus jamais complètement lâché prise dans mes relations, dans mes relations sexuelles, dans mon travail, dans mes échanges intimes, je me contrôlais toujours un peu. C'est dramatique le poids de ton absence ! Je tenais absolument à te dire toute ma colère aujourd'hui pour m'en libérer.

Maintenant je peux passer au pardon. PARDON à toi papa de m'avoir négligé, de m'avoir oublié, pardon à moi André de ne t'avoir jamais exprimé cette colère, de n'avoir jamais osé exprimer mes besoins, pardon à moi André pour ma peur de toi, de ta violence que tu exprimais surtout avec Colette, tu étais un vrai petit gamin hargneux !

Dire qu'il m'en reste encore de la colère ! Je recommence le pardon. Je te pardonne à toi papa pour ta violence, ton absence et ton insouciance ainsi que ton immaturité, ce qui me permet de me pardonner, à moi André, mon immaturité.

Je demande pardon à Dieu, à l'univers de n'avoir pas compris le mode d'emploi de la vie et de n'avoir pas exprimé mes besoins vitaux afin d'assurer la tâche que l'univers me demande de remplir pour que l'oeuvre de la création depuis le Bing Bang et avant puisse continuer.

PARDON à toi papa, PARDON à moi André, PARDON à la vie !

André

Lettre à une collègue de ma formation de thérapeute (extraits):
(les prénoms ont été changés par souci de confidentialité)

André Lemoine
La Calade
30260 St Clément

St Clément, le 21 Novembre 2000

Bonjour Elisabeth,

... j'ai besoin de m' exprimer sur ce que je ressens et surtout ce que je vis à l'intérieur de moi ... Ce que je n'arrive pas à dire oralement, face à toi, je vais essayer de le dire dans cette lettre.

Je dois dire que j'ai toujours cette sensation, cette force en moi qui me pousse à devenir ta carpette, c'est à dire que je me sens basculer vers le dominé dans une relation dominant / dominé. Et quand j'écris cette lettre, je dépense beaucoup d'énergie à être vigilant pour ne pas rentrer dans ce côté petit garçon avec sa grande soeur. C'est, de mon côté, le transfert avec ma soeur Claude, l'aînée de mes 4 soeurs, qui a pris le relais de ma mère après sa mort et qui m'a apporté beaucoup de protection, de chaleur, de féminité, de joie de vivre et d'éducation. Mais, en même temps, elle m'a apporté des certitudes appuyées par son histoire et surtout son rapport avec papa, ce qui n'avait rien à voir avec des paroles de sagesse. De ton côté, je ne sais pas le sens que cela a, mais en tous cas ton énergie me ramène à ce schéma d'enfance.

...

C'est en acceptant par avance de pouvoir me tromper en toute humilité que j'ose suivre mon intuition et mon ressenti à chaque seconde même si la logique ne m'apparaît que bien après ...

... Il est six heures du matin, je suis dans mon lit et cela fait deux jours que cette lettre tourne en moi et s'écrit sur le papier. Je me rends compte que, comme pour ma soeur Claude, j'évite à tout prix d'exprimer ma colère contre toi. Cette colère elle provient d'un manque de tendresse simple et cette incapacité à voir l'autre là où il en est, de ne pas sentir son besoin du moment, sa blessure profonde, ce que je ressens de ta part. La seule façon de réparer ma blessure est à mon sens de me donner ce qui m'a manqué et cela ne s'apprend pas dans les livres ou dans les cours. Oui, mon besoin à moi, c'est de la chaleur simple, sans technique. La confrontation est possible bien-sûr mais dans un climat de tendresse, pas de maternage, mais de tendresse ! Et ce n'est pas parce que j'aurai fait vingt ans de thérapie que je n'en aurai plus besoin. La tendresse n'est pas pour les malades, elle est nécessaire à tous les humains.

Et il est fort possible que ma peur envers toi m'empêche d'avoir toute tendresse avec toi et pourtant mon coeur en est rempli, une quantité immense et quand je revois le massage que je t'avais fait au Hameau de l'Étoile pendant le dernier stage de la formation, je comprends maintenant que la peur panique de laisser monter en moi le moindre désir sur toi m'empêchait de te donner cette tendresse. C'est bien triste, comme avec ma soeur Claude, je n'ai pas su donner ce qu'elle n'avait pas su me donner.

Cela me fait du bien de parler de cela, beaucoup de bien. Redevenir humain dans toutes mes relations, quel pied !

Pour finir et pour me libérer, je te pardonne de ne pas m' avoir donné la tendresse, la disponibilité, l'écoute dont j'avais besoin, je pardonne à Claude, ma soeur, la même chose et surtout, je me pardonne de n'avoir pas su le demander, de n'avoir pas su te montrer ma souffrance, ma fragilité et je demande pardon à Dieu, à l'univers de n'avoir pas su voir le message et l'épreuve réparatrice qu'il m'envoyait par notre rencontre. Je te demande pardon d'avoir mis ce poids sur tes épaules, pardon de mon exigence envers toi. Que mon corps se remplisse de pardon pour que la tendresse et l'amour que j'emprisonne encore en moi puisse s'échapper de mon corps et se répandre tout autour de moi et vers l'univers entier! Que cela soit ainsi ! C'est ma prière de ce jour.

Le pardon est la plus douce des caresses.

Je pleure et je t'embrasse tendrement.

Avec amour,

André

Pour terminer une lettre qui m'a été adressée par une jeune femme que j'aide et ensuite la réponse que je lui ai faite :
(les prénoms ont été changés par souci de confidentialité)

André,

Je ne t'écris pas souvent, mais lorsque je le fais, c'est que le besoin est présent. Je devrais peut-être le faire plus souvent pour éviter de m'exprimer dans un état d'urgence psychologique.

Tu dois savoir par ma mère que j'ai fait le pas avec Robin. Un soir où l'envie de le dire se faisait trop pressante, j'ai pris mon courage à deux mains et je suis allée, tard dans la soirée, dévoiler mon amour à l'homme que je convoitais depuis si longtemps.

Après une journée d'incertitude sur la qualité raisonnable de ma proposition, nous nous sommes embrassés et cela fait bientôt deux mois que le début a commencé. Cette nouvelle forme d'amour, qui est peut-être pour l'instant la plus belle que j'ai connu, a bouleversé en moi beaucoup d'a priori et ne cesse de le faire. Par contre mon histoire se déroule pratiquement comme je l'avais imaginé. Elle est surtout basée sur un grand respect initial réciproque et sur le fait qu'il n'y a pas de tabous (comme il l'a désigné) entre nous. Dans l'ensemble tout se passe comme ça. Mais on s'est déjà engueulé trois fois depuis le début. Lui accusant mon état dépressif sans le dire vraiment, en accusant plutôt les conséquences (flemme, fatigue, insomnie, ...) car je ne pense pas qu'il a conscience de ma tristesse intérieure.

Et moi l'accusant de me reprocher trop de choses et n'être pas assez indulgent (mais je ne lui ai pas dit, je me suis tue).

Comme je l'ai dit à ma mère, j'ai tendance à être "plutôt" dominatrice avec les gens qui ne m'impressionnent pas et soumise avec les personnes que j'admire, et c'est le cas avec Robin. Alors j'essaye petit à petit de trouver un équilibre entre les deux avec Robin.

J'ai aussi un drôle de truc qui m'arrive et qu'il m'est impossible de réellement accepter et surtout ressentir. Étant donné que c'est moi qui ai fait ma demande, c'est lui qui a bien voulu sortir avec moi et j'ai du mal à croire qu'il puisse réellement m'aimer. Des fois, pendant quelques secondes, je le ressens et j'ai vraiment l'impression que je vais avoir un malaise, c'est étourdissant.

Les fois où l'on s'est disputés, j'avais le sentiment de ne plus l'aimer et je me suis rendu compte, lorsque l'on était chacun de son côté à bouder, que, si je le perdais, ce serait affreux, je pense que je n'arriverais pas à surmonter le fait qu'il me quitte. Je lui ai dit cela et il m'a dit qu'il lui avait fallu plusieurs expériences pour comprendre ce que je venais de lui dire. Ca m'a réconfortée car il croyait que je ne m'interressais pas vraiment à lui mais plutôt à son amour, à l'amour qu'il pouvait me donner. Le soir de la grande dispute, on a beaucoup parlé et il m'a dit ce qui le chagrinait et je lui ai dit que pour moi c'était ma première histoire, et qu'il n'était pas forcément évident que je possède instinctivement tout ce qu'il a appris avec ses anciennes histoires. On s'est donc réconcilié.

Je lui ai dit que parfois j'avais des coups de cafard, mais c'est tout, je ne lui ai pas du tout parlé de ma boulimie. Il n'est pas au courant et je pense que je n'aurai jamais la force de le lui dire. J'en ai trop honte.

En parlant de cela, je n'avais pas vu ma mère depuis quatre ou cinq mois et on s'est revues une fois la semaine dernière à Bordeaux, elle m'a invitée au restaurant, je venais de me disputer avec Robin quand je me suis rendue au rendez-vous et maman m'a consolée et rassurée, après cela Robin m'a appelé pour se faire, en quelques sortes, pardonner. Puis j'ai mangé avec maman, je l'ai fait dormir chez moi et elle est repartie tôt le lendemain matin. Tout s'est bien passé, aucune haine, ni rancoeur, ni rien, que de l'apaisement.

Par contre, je suis allée chez elle ce week-end et tout s'est très mal passé, je n'ai fait que manger et que pleurer. On a beaucoup parlé, on s'est même confrontées (verbalement). J'ai réussi à la faire pleurer, tandis que moi les sanglots sortaient de mes yeux sans effort et sans retenue.

Je voudrais essayer, à partir d'aujourd'hui, de faire une sorte de régime anti-boulimie. je vais donc avoir besoin d'aide. Demain je vais aller à la médecine universitaire pour consulter un médecin et lui demander s'il est possible de consulter un psy et un nutritionniste pour m'aider dans ma démarche. Je pense avoir de la volonté mais elle ne sera pas suffisante, il me faut absolument une aide, une épaule, quelqu'un qui m'encourage et me soutienne. Je pensais aussi en parler à Robin, mais sous une autre forme, pour avoir quand même un soutien. Je pensais lui dire que je débute un vrai régime (amaigrissant, car j'ai tout de même pas mal grossi) et que pour cela il me serait utile moralement. Qu'en penses-tu ?

Ce week-end, au lieu d'aller chez ma mère, je devais aller rejoindre une amie pour fêter son anniversaire mais je n'ai pas pu, à cause du temps pas assez clément, car je devais faire la route de chez ma mère à chez cette amie en vélo.

Il y a deux semaines, Robin m'a proposé de l'accompagner à un mariage ce week-end là, j'ai refusé en lui disant que j'avais cet anniversaire. Et hier, je lui ai annoncé que finalement je n'y étais pas allée, il était très déçu.

Voilà en gros l'histoire que je suis en train de vivre. Ca me chamboule beaucoup de choses et je traverse beaucoup de moments d'angoisse. J'espère, qu'après la tempête, ça ira mieux car c'est horrible de ressentir la souffrance.

Il rentre ce soir de son périple et je ne sais pas ce qui m'attend, j'appréhende nos retrouvailles car on ne s'était jamais séparé plus d'un jour. Même avant qu'il parte, l'idée de se séparer un bref instant m'a rendue triste.

Je suis vraiment trop malade, j'espère guérir un jour et si possible le plus vite possible.

Merci de m'écouter,

Emmanuelle

qui pense à toi beaucoup plus qu'elle ne t'écrit

Ma réponse à sa lettre :

André Lemoine
La Calade
30260 St Clément

St Clément, le 17 Juillet 2001

Bonjour Emmanuelle,

C'est avec beaucoup de bonheur que j'ai lu ta dernière lettre, j'ai eu des larmes de joie. C'est en effet une grande joie, en tant que thérapeute, d'observer quelqu'un qui grandit. C'est le principal message que je perçois dans ta lettre. Je vais donc surtout te conforter dans ton chemin pour t'encourager à continuer sur cette voie. Ce n'est pas facile, c'est très douloureux mais c'est le seul chemin vers le bonheur véritable, celui qui est de source divine.

Tes expériences relationnelles avec Robin et ta mère sont justes, là où tu en es dans ton évolution intérieure. Tu fais tes expériences, elles sont indispensables dans notre chemin pour perdre nos croyances, nos “a priori”. C'est cela le vrai bonheur : vivre en expérimentant selon nos intuitions. Ce n'est pas confortable mais personne n'a jamais dit que la vie devait être confortable, c'est une croyance d'enfant blessé et frustré. La vraie vie est une suite incessante de moments agréables, de moments désagréables et de moments neutres. Les moments désagréables sont toujours provisoires et ils nous apportent à chaque fois une prise de conscience nouvelle. Ils nous aident à construire l'adulte créateur qui est en nous. C'est à travers cet adulte que l'énergie divine peut passer et apporter au monde ce pour quoi nous sommes sur cette terre.

Tu me dis que ta relation avec Robin est “surtout basée sur un grand respect initial réciproque et sur le fait qu'il n'y ai pas de tabous entre nous”. C'est exactement la définition du vrai couple, le reste n'est qu'enfantillage et illusion. Cela ne vous empêche pas d'expérimenter toutes les illusions pour en faire le deuil au plus profond de votre être. Vous êtes guidés l'un et l'autre par votre divin intérieur, alors, confiance !

Devant des épreuves très difficiles vous pourrez être tenté de rompre votre relation de couple, acceptez vos limites du moment mais essayez de ne pas rompre le dialogue et la communication, en laissant toujours une porte ouverte à toute éventualité.

Je remarque que tu n'oses pas dire tout ce que tu ressens à Robin, c'est pourtant le plus beau cadeau que tu puisses lui faire à condition de ne pas le charger de trouver une solution à tes souffrances. Tu lui parles de tes souffrances parce que tu as confiance en lui, mais il n'en est pas responsable. C'est à toi de te positionner, mais en acceptant tes limites, c'est la seule façon qu'elles puissent évoluer un jour, sans que ta volonté intervienne.

Je crois que tu dois le plus possible lui dire tout ce que tu penses même si cela est négatif, sinon tu le refoules et cela détruira la profondeur de votre relation à plus ou moins long terme. C'est sûrement vrai qu'il n'est pas assez indulgent. J'ai remarqué que tous ceux qui sont blessés avant l'âge de la parole sont remplis de culpabilité et, comme ils sont saturés de cette culpabilité, ils ont besoin d'en projeter sur les autres par débordement, ils accusent afin d'éviter de voir à quel point ils s'accusent à l'intérieur, au niveau de leur âme. Parlez, communiquez, et tout ce qui est refoulé remontera à la surface de votre conscience à chacun, sans oublier que personne ne peut deviner les souffrances de l'autre, ni les prendre en charge, mais seulement les accueillir, les entendre, les accepter.

J'entends bien ton désir de trouver petit à petit le point d'équilibre entre domination et soumission, c'est le chemin de tous ceux qui font une recherche sincère, psychologique et spirituelle.

Je voudrais te parler de ton malaise concernant ta peur que Robin ne t'aime pas vraiment puisque c'est toi qui a été le chercher. Première erreur : Aucune rencontre n'arrive par hasard et l'énergie de Robin te cherchait quelque part, même s'il te dit le contraire, ce n'est pas la volonté de l'un ou de l'autre, cela se passe au niveau subtil, au niveau divin.
Deuxième erreur : Ce que tu appelles aimer de la part de Robin est une utopie, autant te le dire tout de suite, cette sorte d'amour n'existe pas, ce n'est qu'un amour d'esclavage. Le vrai amour est bien plus beau, bien plus libre, bien plus enrichissant. Qu'il te dises : "je t'aime" ou "je ne t'aime pas" ne veut rien dire, le but du chemin est de s'aimer soi-même. La vie de couple, c'est le chemin, pas le but. Rentre dans ton malaise, laisse toi étourdir, tu découvriras ta souffrance de bébé qui n'a pas été accueilli par ton père, c'est une chance pour toi de revivre cette souffrance pour t'en libérer. Petit à petit, de crise en crise, tu feras le deuil de ce père que tu aurais voulu avoir, ce père idéal que tu as projeté sur Robin, ce père qui n'existe pas, cette utopie qui t'empêche d'être heureuse pleinement et de vivre ta vie d'adulte solitaire, avec la compagnie de Robin, certes, mais Robin avec ses limites, ses souffrances, ses illusions ... un simple être humain !

Un jour tu oseras parler de ta boulimie à Robin, ce sera d'ailleurs une façon de le tester car lui aussi il recherche sûrement inconsciemment la femme idéale, la mère idéale.

En parlant de ta boulimie, je pense qu'aucun traitement ne t'en guérira mais plutôt de continuer à communiquer avec ta maman, à pleurer toutes les larmes de ton corps en osant t'avouer toute ta souffrance du manque de ce sein maternel tendre et nourricier que tu avais besoin dans ton enfance. C'est un deuil à faire, après la colère vient l'acceptation et le pardon. Ta boulimie disparaîtra d'elle-même sans aucun effort. Tes efforts sont en toi-même et dans les actes que tu oses faire pour rentrer dans ta souffrance sans fuir la relation, avec ta maman ou avec Robin.

Je trouve très juste que tu aies pu communiquer avec ta mère au restaurant et que tu n'aies pas pu le faire chez elle. Je découvre à quel point on peut se noyer dans l'énergie-mère, surtout dans son lieu d'habitation. Il s'agit du niveau énergétique, ton aura est envahie par l'énergie présente dans le lieu et seul un éloignement peut te redonner ta lucidité tant que tu n'as pas les forces suffisantes pour y faire face, il suffit de l'accepter. Mais cette expérience chez ta mère où tu n'as fait que pleurer et manger est une magnifique façon de retrouver ta souffrance d'enfant, de l'accepter et, grâce à la prière, la faire sortir de ton corps.

Au niveau subtil, je remarque que tu as préféré la rencontre avec ta mère plutôt que le "mariage" avec Robin. Tout cela me parait bien symbolique. En ce moment, tu es encore reliée à l'énergie-mère plus qu'à l'énergie-père. Il n'y a pas de jugement de ma part, seulement une constatation.

Tu me parles d'angoisses, le chemin est d'oser rentrer dedans, complètement, de mourir dans cette angoisse et à ce moment elle disparaît.

Pour conclure tu me dis : "J'espère guérir un jour" mais tu es déjà guérie puisque tu oses avancer sur ton chemin. Tu oses rentrer dans tes souffrances, c'est la seule façon de s'en libérer. Quelle chance pour Robin que tu sois sur son chemin et quelle chance pour toi que Robin soit sur ton chemin.

Voilà, c'est tout pour aujourd'hui, n'hésite pas à me téléphoner si je n'ai pas répondu à toutes tes interrogations et je joins à cette lettre mes derniers documents qui pourront peut-être t'aider à trouver la force nécessaire qui est en toi.

Avec toute ma tendresse,

André

Chapitre 4

Spiritualité - notre chemin intérieur.

Je commence cette introduction sur une histoire de Mme Odette Malicot, pensionnaire de la maison de retraite du Vidourle, à Sauve (Gard), car elle résume, à mon sens, toute la sagesse du monde et nous montre à quel point nous vivons d'attachements, que c'est bien en vivant notre solitude réellement que nous sentirons tout au fond de nous que nous ne sommes jamais seuls et que la puissance divine qui loge au milieu de notre corps et nous guide est le compagnon idéal que nous avons toujours cherché.

La solitude

"On naît seul, on vit seul, on meurt seul" me dit un jour un vieux prêtre âgé de plus de 80 ans.

A ces mots j'écarquillais les yeux comme lorsqu'un simple passant vous demande l'heure dans une langue inconnue. Ce si aisé pour lui est si vacillant pour moi, en constatant par quelques mots la mesure du temps à parcourir. Un grand point d'interrogation s'est ouvert dans mon esprit, un mystère, une page blanche aussi. Bien sûr je n'ai rien compris et supposé que l'âge... ou la prêtrise ... dans la solitude...

Mon profond respect pour lui et la pertinence habituelle de ses propos n'ont pas permis à mon esprit de balayer d'un simple geste sa phrase.

Vous avez dû remarquer comme certaines paroles sonnent parfois en nous, comme si elles venaient d'ailleurs en même temps que d'un profond de soi. Elles s'immiscent doucement, sans faire de bruit, grandissent, grossissent et finissent par s'imposer comme un chemin de Vie.

Ainsi en est-il de cette phrase, elle avance avec moi au fil des années. "Seul, seule; solitude et solitaire" résonnent quotidiennement dans ma vie. Il ne se passe pas un jour sans que je lise cette empreinte sur des visages, ni un jour sans que mon visage n'en dévoile le sceau.

Car seul qui ne l'est pas ? La solitude n'a pas d'âge. Elle habite la personne âgée comme l'enfant, l'adulte en pleine force de l'âge comme le nourrisson. En vieillissant, nous voyons partir nos amis, nos frères et soeurs. Nous voyons partir nos voisins, ceux qui même sans trop nous parler, habitent notre vie en la croisant quotidiennement. C'est un décor de vie qui se démonte petit à petit. Voir son monde, son âge et son époque s'amenuiser au fil des décès, des départs, des petits, connus enfants et que nous ne reconnaissons plus ; les rires et partages de notre temps que nous ne pouvons plus partager car les jeunes sont d'une autre époque, d'un autre partage qui n'est pas le nôtre...

Seul aussi, l'enfant non compris, l'enfant face aux adultes, qui, devant son chagrin ou ses questions, lui répondent que ce ne sont pas là des tracas bien importants, que ça passera ou qu'il a bien le temps de se faire du souci quand il sera plus grand... Seul face à sa solitude dont il voit vite les paradoxes, voire les mensonges. Alors, il reste avec son chagrin, ses questions et ses doutes, et qui oserait dire qu'à ce moment-là il n'est pas seul ?

Interrogeons chacun de nous, enfant, pour savoir combien cela nous est arrivé et combien la solitude fut alors sévèrement ressentie !

Seul aussi l'adulte et ses tourments, ses souffrances et ses questions ; les décisions à prendre, les peurs de faire mauvaise route, ces non-retours imaginés où il se perdrait douloureusement. Car, il aimerait tant trouver celui qui le comprendrait et l'aimerait en tout et totalement, celui qui l'encouragerait sans cesse et lui pardonnerait toutes ses faiblesses et ses manques, lorsque lui-même justement ne sait plus aimer, ne sait plus comprendre et ne sait plus avancer.

Il cherche, cherche encore, encore, parfois sa vie durant, cette suppléance d'un autre à ce qu'il aimerait être. Mais cette quête va de pair avec la croissance de sa solitude, car force est de constater que nul ne peut lui offrir ce complément de lui.

Seul encore le bébé dont les larmes et les cris ne sont pas compris ("je ne sais pas ce qu'il a") et que l'on n'arrive pas à calmer malgré les efforts de l'entourage. Quelle détresse vit-il ?

La solitude n'est pas non plus le lot de certaines classes sociales, bien que notre société veuille nous faire croire le contraire. Le riche et le pauvre se rejoignent dans ce désarroi, le célèbre comme l'inconnu, le mendiant comme l'homme politique. Ne nous prenons pas au piège des illusions vendues à la télé comme dans les magazines, où la richesse et la célébrité se posent en remèdes contre la solitude et culpabilisent de mépris arrogant ceux qui "n'en sont pas". Depuis que le monde est monde, nous avons assez d'exemples pour savoir que les grands de ce monde n'ont pas d'amis.

La solitude fait donc partie intégrante de notre condition humaine, de la naissance à la mort.

"On naît seul, on vit seul, on meurt seul...".

Alors ?

Alors à bien regarder nos vies de plus près, il me semble que toutes nos quêtes humaines ne tournent qu'autour de cette solitude et du remède que nous pourrons trouver. Chacun cherche une solution, le plus viable possible, rendant l'existence la moins difficile possible.

Le bébé suce son pouce pour se calmer ou se blottit dans les bras de sa mère. La maman lui dit "je suis là mon bébé", essayant de minimiser ce gouffre qui les sépare. Mais bien vite, dès l'enfance, l'on pressent que ce n'est pas un autre qui peut répondre à cette angoisse. Alors, nous cherchons ailleurs.

Le jeu offre une accalmie, car, en jouant, nous oublions notre condition humaine. L'enfant joue, l'adulte joue (au foot, au loto, au volant de sa voiture), la personne âgée joue (aux mots croisés, aux dominos, aux cartes...). D'autres préfèrent l'alcool, le tabac et la drogue pour oublier la solitude, d'autres mangent, d'autres lisent ou écoutent sans cesse de la musique, d'autres allument la télé toute la journée même s'ils ne la regardent pas ("ça fait une compagnie"). D'autres deviennent hyper actifs, dans leur métier ou leurs loisirs, d'autres se marient et ont des enfants, et recherchent sans cesse dans leur conjoint, dans les enfants, qu'ils répondent à leurs manques, quitte parfois à les réduire à l'esclavage pour leurs petits besoins ou plaisirs... D'autres, d'autres... Et nous avons mis là des critères moraux, pour justifier notre propre dérive et qu'elle soit toujours plus acceptable que celle du voisin.

Mais ne s'agit-il pas de la même boulimie qui cherche à combler, à masquer ce grand vide, ce manque "incomblable" ? N'avons-nous pas là une attitude "d'idolâtrie" au sens biblique du terme, en ce sens qu'une personne ou une chose devrait compléter notre insuffisance ? Ces petits passe temps pour oublier ne deviennent-ils pas, au fil des jours, des incontournables de nos vies, dont nous ne pouvons plus nous passer, sous peine d'être en "état de manque" ?

Mais au fait, il s'agit d'oublier quoi ?

Peut-être en venons-nous au coeur de la solitude ou devrions-nous plutôt dire se sentir seul. Car la solitude et se sentir seul ne sont pas forcément une même chose.

"Se sentir seul" : le terme "se" implique déjà qu'il s'agit d'un regard sur soi-même, subjectif. Et rien n'est plus désagréable que de s'entendre répondre lorsque nous disons à quelqu'un que nous nous sentons seuls : "mais non, ce n'est qu'une impression". Oui, c'est une impression, subjective, mais l'objectivité n'existe pas dans le domaine de l'humain.

"Sentir" : domaine des sens, domaine périphérique de l'homme, qui nous entraîne si souvent sur des fausses routes, des impressions, dans nos sentiments et notre psychologie mais aussi domaine qui ouvre à une autre perception du monde, intuitive, non rationnelle, où le monde, la logique ne sont plus seuls à bord.

"Seul" : solus en latin, sans compagnie nous dit le dictionnaire. Voici bien le coeur de l'angoisse : "sans compagnie". Car nous avons beau trouver que les autres nous agacent, nous vouloir supérieurs et dominateurs, et même rêver d'une île déserte où plus personne ne viendrait plus nous importuner, ce "solus" est, avouons-le, impossible à assumer. Voilà bien une de nos ambiguïtés : les autres nous gênent mais nous ne pouvons pas nous passer d'eux.

Oublier quoi, sans compagnie ?

Peut-être commençons-nous à toucher la vertu de la solitude. Sans plus personne autour de nous bien des masques tombent, bien de nos références habituelles deviennent poussière. Et si nous nous étions trompés ? Non plus tromper l'autre et les autres ; mais pis encore, tromper avec soi-même, se tromper avec soi, adultère que nous nous faisons, sans plus personne à accuser, de nos erreurs, de nos mensonges et nos tromperies.

Car être seul ne nous permet plus nos artifices habituels. Que vaut l'orgueil sans spectateur ? Que valent nos désirs de satiété lorsque la solitude nous fait comprendre que rien ni personne ne comblera cette angoisse de faim, faim de choses, de gens, d'amour ? Que valent même nos tristesses et notre désespérance si nous n'avons aucune épaule sur laquelle pleurer, et savons que personne ne viendra nous écouter, nous consoler, nous rassurer ?

Alors, que vaut ma vie, si je l'ai construite ainsi, vécue ainsi, mise en prison dans mes propres stratagèmes, dans ces universels enfers qui me coupent de moi bien autant que des autres ? Peut-être est-ce la question que nous pose tout au long de notre vie ce "sentir seul", non pas pour nous condamner, mais justement pour nous sauver du pire ?

Mais peut-être y-a-t-il autre chose ? Se sentir seul et la solitude, est-ce vraiment la même chose, avons-nous émis comme hypothèse ? Et si j'allais voir exprès, ce qui se cache avec ce "être seul" qui me fait tant souffrir ? Car c'est bien connu, à fuir quelque chose, il vous court après et vous retrouve encore plus vite et plus fort qu'avant. Exprès je supprime (avec parcimonie au début !) des appendices à ma solitùde, des calfeutrages qui n'en finissent jamais. Je recherche cette solitude que j'ai tant fuie.

Les premiers pas sont-ils plus difficiles que ceux d'après ? Je ne sais pas... Mais je crois que, dans ce chemin qui ne finit pas, la difficulté est proportionnelle à la légèreté rencontrée. Les souffrances endurées et dépassées, de plus en plus intimes, subtiles et difficiles pour ôter de soi toutes ces scories, ces masques qui me coupent de mon essence, laissent placent à l'allégresse d'autant plus grande, plus pleine, plus totale.

Et avec l'étonnement de l'enfant, avec un étonnement virginal, je m'aperçois que cette solitude est habitée, qu'elle est la seule réponse à mon angoisse, qu'elle est le seul espace en moi où je ne me sente plus seule. Elle devient au fil des jours et du temps une nécessité, le lieu de ma vraie respiration, mon lieu de Vie.

je peux alors me tourner vers les autres, non plus pour qu'ils viennent panser mes souffrances au prix d'autres souffrances que je leur surajoute, non plus comme des ennemis, dont j'ai peur, mais en les rejoignant, en les rencontrant, frères de partage de la vie, frères de liberté où l'amour peut s'exprimer.

"On naît seul, on vit seul, on meurt seul"... Oui bien sûr... il ne peut en être autrement... Heureusement !

(Fin du texte Mme Odette Malicot)

Pour comprendre la spiritualité, imaginez un clochard, sa vie est pénible, pleine de souffrance, mais imaginez ce même clochard envoyé par le gouvernement en mission spéciale pour étudier la vie et les problèmes des clochards. Tout son ressenti change, il est dans la joie et fier de sa mission ! Et si ce clochard, c'était chacun de nous avec nos difficultés et nos souffrances et que le gouvernement ce soit l'univers, on peut également l'appeler la vie ou Dieu, c'est pareil.

Nous pouvons également penser aux planètes du Petit Prince: le Petit Prince représentant l'éveil de la conscience par rapport à chaque occupant des différentes planètes visitées qui reste aveugle.

La valeur de chaque être humain sans aucune exception est la même mais le niveau d'ouverture à la profondeur de son être intérieur (le vrai) est très différent.

Notre objectif est d'agrandir l'ouverture de notre vision à nous-mêmes.

Les obstacles à ce chemin sont bien connus, ils s'appellent : souffrance - désir - orgueil - peur - possession - attachement - culpabilité.

La grande aide que nous pouvons trouver , nous adultes , c'est cette part de divin présente en nous et dans tous les êtres humains sans exception, qui a conscience du lien immuable entre nous et le monde divin, le cosmos, l'univers.

Le premier grand chemin à suivre me parait de devenir l'ami de soi-même, en commençant par la part divine en soi (ce que Jung appelle le SOI).

Remarque : quand nous allons nous isoler dans un désert (réel ou symbolique, par exemple un monastère), nous supprimons tous les liens avec les autres afin de ressentir celui avec le divin.

Notre plus grande découverte, c'est de sentir que nous ne faisons qu'un avec l'univers entier, que chaque chose, chaque être est à sa place et le tout est parfaitement orchestré. Notre seul but est la continuité et l'évolution de l'univers depuis le Big Bang. Notre rôle à chacun est infime mais primordial dans l'équilibre de cette évolution.

Notre chemin spirituel est de faire le silence dans notre pensée pour pouvoir ressentir notre reliance à l'univers et retrouver notre chemin de vie parfaitement programmé dès notre naissance en harmonie avec tout ce qui nous entoure. Ce chemin est très différent pour chacun de nous.

Le lien qui nous relie, entre tous les éléments, c'est l'énergie d'Amour universel à ne pas confondre avec l'amour pulsionnel.

La spiritualité est l'art d'être en permanence soi-même dans l'ici et maintenant ouvert et conscient de tous les messages que nous délivre l'univers à chaque instant de notre existence, tout en restant dans la plus grande humilité.

Si nous cherchons à pousser les gens autour de nous à évoluer, nous gaspillons inutilement notre énergie, nous devons simplement montrer le chemin en continuant nous-mêmes à évoluer. Le reste, c'est-à-dire l'évolution des autres, ne nous appartient pas mais elle devient automatique, c'est contagieux.

Toutes nos découvertes ne se font qu'à l'intérieur de nous-mêmes, ce sont des ressentis. Nous comprenons souvent intellectuellement nos étapes et nous les acceptons, mais notre corps et notre inconscient ont besoin de les ressentir, puis, plus tard, de les intégrer et pouvoir passer à l'étape suivante, il est impossible de faire autrement.

Une fleur, quand elle pousse, essaie de se frayer un chemin vers la lumière pour se permettre d'être elle-même, la plus belle possible avec l'espace, l'eau et le soleil qui lui sont donnés; mais si elle manque d'eau, d'espace ou qu'elle est étouffée par la végétation autour, elle meurt. Eh bien nous, les humains, nous avons la chance immense de modifier notre environnement, de nous déplacer vers la lumière, vers des terres fertiles pour ne pas mourir à nous-mêmes, profitons-en ! Quand nous sommes dans une phase de survie, simplement préoccupés de ne pas mourir, de ne pas souffrir ou de ne pas manquer, nous ne pouvons pas être beaux, en paix et heureux.

Le chemin spirituel, c'est le nettoyage cellulaire de tout ce qui ne nous appartient pas, dont une grande partie est transmise par le cordon nous reliant à notre mère et qui devient ensuite symbolique. Le but est que nous puissions dire un jour comme Arnaud Desjardins quand on lui demande ce qu'il a en plus des autres: “Moi, je n'ai absolument rien de plus que les autres, mais qu'est-ce que j'en ai en moins !”

2 petites histoires soufis pour terminer cette introduction :

• 2 personnes veulent descendre une rivière rapide en canoë : la 1ère s'accroche aux rives parce qu'elle a peur, saisit les branches qui pendent, ne veut pas les lâcher ; résultat : elle chavire, se noie presque, n'avance pas. La seconde se cale bien au milieu du canoë et avec les mouvements de son corps épouse parfaitement le trajet de la rivière sans résistance ; résultat : elle arrive au but rapidement, tranquillement et dans la joie.

• 2 sages soufis (frères), l'un est marchand de chaussures en ville et l'autre est isolé dans la montagne. Celui qui est isolé arrive à faire des choses miraculeuses comme sortir de son corps ou l'élever dans le ciel. Mais un jour en remplaçant son frère dans le magasin, il s'aperçoit qu'il perd tous ses moyens miraculeux : c'est dans le contact avec les gens et avec la réalité que se développe la vraie sagesse.

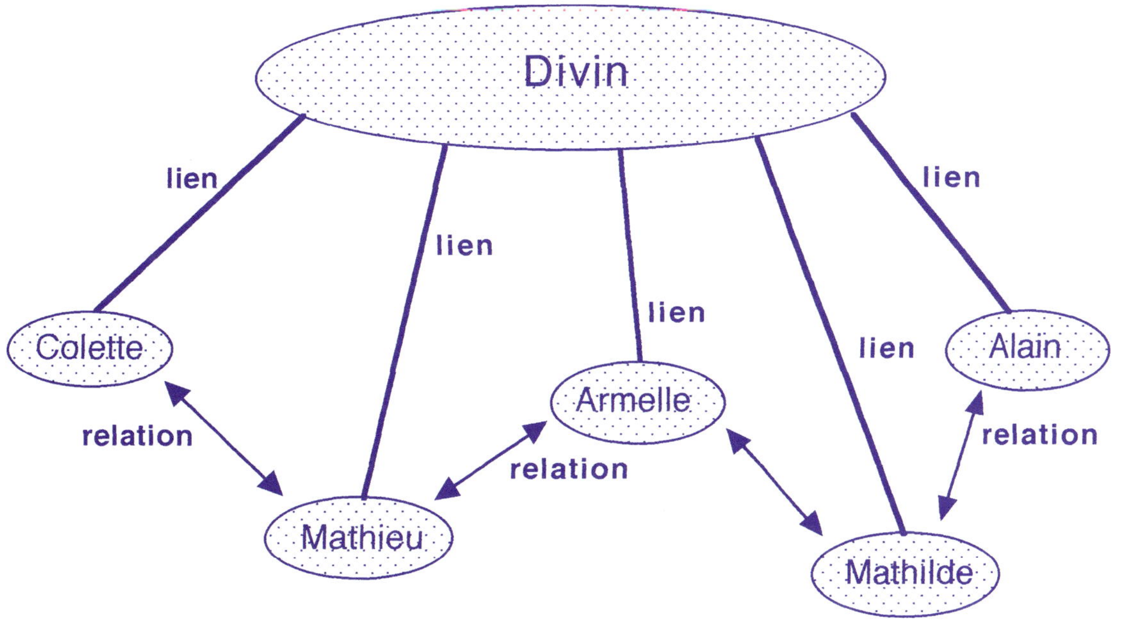

Monde réel

Nous sommes un poste de télévision et Dieu est le studio qui fait l'émission.

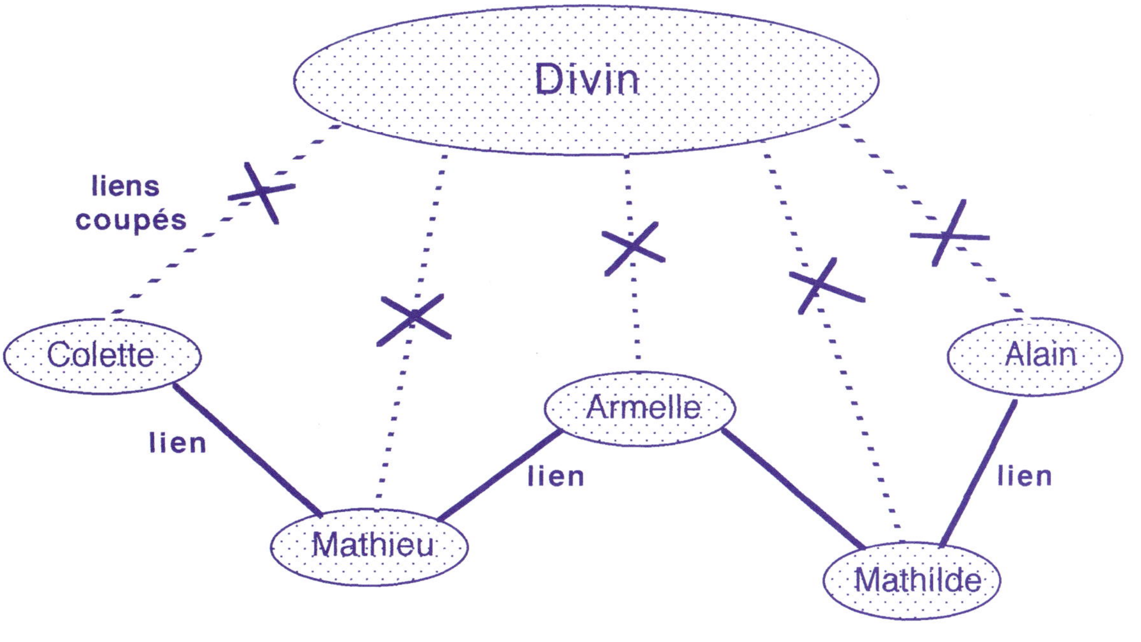

Monde irréel

La montagne du Soi

LES LOIS NATURELLES

Par ce document je cherche à communiquer les "lois naturelles" que j'ai découvertes, expérimentées et ressenties comme justes auprès des différents enseignements que j'ai rencontrés tout au long de mon chemin.

J'ai essayé d'être le plus complet possible avec mes propres limites.

Ce document me paraît utile pour éveiller notre conscience personnelle et nous permettre de ressentir ce qui nous paraît juste, ce que nous avons envie d'expérimenter ainsi que ce qui nous touche particulièrement et que nous avons peut-être envie de partager avec un thérapeute ou un maître spirituel.

L'appartenance à un tout , à l'univers :

Il existe un lien subtil entre toutes les composantes de l'univers. Il n'y a pas de hasard. Toutes les "coïncidences" sont significatives, sont à prendre au sérieux et nos différentes rencontres sont là uniquement pour nous aider à grandir dans notre chemin intérieur.

Tout ce qui se passe autour de moi et en moi, mes relations, mes actes, mes conflits intérieurs et extérieurs, mes maladies, mes accidents, mes échecs, ma famille, sont tous des messages du Tout (dont nous sommes un maillon indispensable) afin de me faire avancer dans la compréhension de ma vie et m'apporter une lumière nécessaire pour mes choix de vie présents et futurs.

L'énergie :

L'énergie est une substance invisible comme l'oxygène de l'air. Elle est indispensable à tout l'univers. Elle circule librement dans tout notre corps et entre tous les éléments de la création. Elle est mal connue des occidentaux mais nous en entendons parler par l'acupuncture, les méridiens, les chakras, le yoga et toutes les sciences orientales; elle s'appelle aussi le Ki ou le Chi.

L'énergie circule librement en moi et autour de moi mais j'ai (à cause de souffrances de mon enfance, d'émotions, de messages inconscients héréditaires non acceptés) provoqué en moi et autour de moi des blocages, des difficultés de circulation, des tensions.

Ces blocages amènent maladies, accidents, conflits intérieurs et extérieurs.

Le besoin de sens à notre vie :

Au delà de notre désir de survie matérielle et de sécurité, il y a au fond de notre être notre besoin d'éveil de conscience à la réalité qui nous permet de ressentir le lien de notre âme avec chaque élément de l'univers et notre utilité dans ce tout.

Mon pouvoir créateur :

J'ai en moi un pouvoir immense, créateur de ma vie et je ne peux le découvrir que si je défusionne de l'autre, c'est dans ma solitude, relié à l'univers que j'existe réellement et que je crée.

Les émotions :

Mes émotions positives ou négatives sont les messages de mon ressenti dont le but est de me révéler mes conflits intérieurs.

Mon chemin de vie :

Dès ma naissance, j'ai une possibilité de chemin de vie qui est inscrit en moi. Je suis équilibre et beauté si je le suis au plus près. La recherche de mon thème natal astrologique peut m'éclairer sur mon programme de vie.

L'amour de l'autre passe par l'amour de soi, et l'amour de soi existe si je suis en accord avec mon chemin de vie qui se confirme par mes réactions dans mon enfance. C'est la seule façon de me mettre en paix avec moi-même, de m'aimer, d'aimer l'autre et d'aimer la vie. Il suffit d'observer les opportunités qui se présentent à moi sans laisser le mental inventer des raisons qui me dévient de mon chemin.

Mon besoin de donner :

Derrière mon besoin de créer, d'agir en toute liberté, je découvre ensuite mon besoin de servir sans me sacrifier et sans m'écarter de mon chemin de vie.

L'action :

Mon présent est complètement conditionné par mon passé et mon futur ressemblera à un passé qui se répète. Seule une action de changement dans le présent ici et maintenant peut changer mon futur, même et surtout si mon action est symbolique.

Le symbole :

Les messages venant de mon inconscient s'écrivent sous forme de représentations symboliques comme les rêves, les observations surprenantes de la nature qui m'environnent, les événements qui se déroulent devant mes yeux, mes actes, mes oublis et mes lapsus.

Et c'est par le symbole que je peux parler à mon inconscient pour lui envoyer des messages de changement (comme la prière, l'objet symbolique, un écrit, un poème, une chanson, un acte, etc.).

Le symbole est à l'origine de tous les actes religieux.

L'illusion :

Le monde que j'observe est un monde d'illusions et tout jugement ou critique n'est qu'une projection de mon inconscient.

L'intelligence du coeur :

La vraie intelligence, celle du coeur, du ressenti - qui n'a rien à voir avec l'intellect - est absolument égale en tout être humain.

L'amour et la beauté :

L'amour et la beauté en moi et autour de moi sont les deux moteurs de ma vie.

Les messages du corps :

Mon corps avec mon ressenti, mes émotions, mes maladies, est le traducteur des messages de mon inconscient et ce qu'il dit est toujours juste pour moi à ce moment et en ce lieu.

La responsabilité :

Je suis responsable de ma vie, de tous mes actes, de toutes mes paroles mais jamais coupable si au moment précis où je les fais ou les dis, je n'ai pas conscience du mal que je fais.

J'accepte les conséquences de tous mes actes.

La loi de cause et effet :

Tous mes actes produisent des conséquences en retour, et je suis responsable des conséquences de mes actes; bonnes ou mauvaises, je les accepte.

C'est en envoyant de l'amour, de la tendresse, de la tolérance, de la compassion aux autres que j'en reçois, mais jamais selon mes attentes égocentriques. L'univers a le don de me surprendre pour me retourner au centuple l'amour que je donne, à condition que je mette tous mes sens en éveil pour le recevoir.

Si je fais du mal, je le reçois au centuple par la suite, si je fais du bien, je le reçois au centuple ; alors soyons égoïstes, faisons du bien !...

La morale :

Le bien et le mal sont des jugements fabriqués par les morales religieuses; seul mon ressenti et les conséquences de mes actes m'informent si j'agis en accord et pour le bien de l'univers; aucun autre être humain ne peut m'apporter de réponses toutes faites.

Mes besoins :

Je prends soin de mes besoins - à différencier de mes désirs - et je n'accepte pas qu'ils soient remis en cause par qui que ce soit.

Par exemple, j'ai besoin de liberté, de tendresse, d'être entendu, etc...

Les attentes :

Je ne peux décevoir qui que ce soit, et les autres ne peuvent me décevoir; seules les attentes fabriquées par l'égo peuvent être déçues.

L'autonomie :

La dépendance à un autre, à une habitude, à un groupe, n'est que la représentation symbolique d'un "cordon mal coupé" avec ma mère, et c'est la preuve que l'amour, la tendresse et la connaissance venant de mes deux parents m'ont manqué et m'ont fait oublier que j'ai en moi tout, dans ma solitude, pour créer ma vie dans une relation harmonieuse avec les autres et la nature.

J'ai besoin d'une autonomie matérielle et financière.

Accepter, ce n'est pas subir.

Je suis accompli quand tous mes attachements et dépendances sont coupés, dont principalement celui avec ma mère; ce qui n'a rien à voir avec l'amour.

Toutefois une filiation consciente et choisie peut m'être utile à un moment donné de ma vie pour m'aider à retrouver mon chemin, avec un maître spirituel en évitant soigneusement les pièges des sectes et le mysticisme.

Le miroir :

Quand je critique quelqu'un ou que je l'idéalise, il s'agit d'une partie de moi que je ne veux pas voir ou que je n'accepte pas.

La fusion - défusion :

La fusion dans un couple est une expérience divine inoubliable à condition d'en sortir et d'alterner avec sa solitude, sa propre création, sa liberté, forcément différente de celle de l'autre.

Les anges et les démons :

J'accepte d'être en même temps un être profond, rempli de beauté et de bonté (mon âme), et en même temps une autre partie, dirigée par mes différents inconscients, que l'on appelle l'ombre ou les démons. Si je reconnais et si j'accepte cette partie en moi, je peux la positiver et m'en servir dans mon chemin pour créer ma vie en harmonie avec les autres et la nature.

Dans chaque être, il y a un voleur d'énergie; et je dois accueillir l'autre sans me laisser dévorer par lui.

Mon territoire :

J'ai besoin d'un territoire personnel et intime dès ma plus tendre enfance. Je n'ai pas à tout partager y compris et surtout avec mes parents, mes enfants, mon conjoint.

Ma place :

Je dois trouver ma place avec les autres, à tout âge. J'ai besoin d'avoir des repères clairs afin de me sentir libre dans mon territoire.

L'inconscient :

J'ai emmagasiné en moi des croyances, des certitudes, des comportements qui me sont imposés par les souffrances de mon enfance, mon éducation et tout ce que mes parents m'ont transmis génétiquement de toute l'expérience humaine de mes ancêtres. C'est par ma vigilance et l'ouverture de ma conscience que je peux me désolidariser de mon passé qui m'emprisonne.

La perfection :

Il existe au fond de chacun de nous un être bon et parfait (personnel, différent de celui des autres), c'est notre âme.

L'unité :

Il existe un lien total entre notre corps, notre âme et notre esprit (qui nous relie au tout). Je suis également relié avec l'ensemble de l'univers végétal, animal, humain et minéral.

La voie du milieu :

C'est le message principal du bouddhisme. Il existe l'acte juste, la voie juste, le choix juste (personnel à chacun) qui est toujours un équilibre entre les extrêmes. Tout ce qui est excessif n'est pas juste.

Le mental :

La pensée (le mental) est une fabrication du corps physique. Notre pensée est créatrice, en bien ou en mal, notre pensée suffit à provoquer des conséquences.

La gravitation :

Comme le soleil attire les planètes ; un groupe, une famille, une passion, un idéal, un leader nous amènent à adopter des croyances communes et à nous déconnecter de notre propre ressenti : c'est l'esprit grégaire, et c'est petit à petit que les divergences existantes sont source de conflits. D'où l'intérêt de la méditation afin de se retrouver soi-même.

Le retour à l'équilibre :

Tout l'univers est équilibre.

Tout ce qui se passe sur terre revient toujours à un équilibre. La nature en mouvement s'adapte toujours pour un retour à l'équilibre. Non pour la satisfaction de nos désirs humains, mais pour que la terre continue d'exister.

Ma névrose, dans le couple ou dans un groupe, n'existe qu'à condition que je trouve une ou des névroses complémentaires de force absolument égale en face de moi et inversement.

Chaque fois que nous envoyons un sentiment de haine ou d'amour, il nous revient un jour au l'autre.

Si je fais une action, par exemple emprunter de l'argent et que je ne rends pas cet argent (le retour à l'équilibre) j'en paie le prix d'une autre façon : rejet et haine du prêteur et mon malaise intérieur.
Si j'ai une colère injustifiée avec mon enfant, mon conjoint et si je ne demande pas pardon, je le paierai en retour pour revenir à l'équilibre.
Si une race d'individus, un groupe fanatique propage de la haine, de la violence autour d'eux, tôt ou tard ils le paieront en retour, cela peut être sous forme de cataclysme naturel.
Pour ma paix intérieure je dois faire des actions ou avoir des pensées réparatrices.

Notre divin est au milieu, au centre de la connaissance, de la conscience :

- de notre coeur (émotionnel),
- de notre corps (sensations - mouvement - souplesse),
- de notre intellect (la pensée, la connaissance).

Pour le découvrir, en commençant parmi ces trois voies, par celle qui nous convient le mieux, nous devons chercher à développer les deux autres pour atteindre une recherche <u>équilibrée</u> des trois.

Tout est physique

Dieu, nos pensées, nos émotions, nos désirs, nos peurs, tout est physique.

Un bébé reçoit au cours de sa conception beaucoup d'informations génétiques venant des chromosomes de son père et de sa mère, mais il reçoit aussi, en plus, toutes les pensées, les peurs, les désirs de sa maman, dans son ventre - et pendant les premières années de sa croissance - qu'il prend comme des messages aussi importants, aussi essentiels que ses gènes.

Il corrige ainsi son chemin de vie inscrit dans chacune de ses cellules et donc il se produit un décalage entre son programme et ce qu'il décide. C'est ce décalage qui provoque tous nos malaises et nos maladies.

Nous couper de Dieu, de notre divin, c'est nous séparer de ce programme initial.

Dans notre enfance, nous recevons en plus les pensées, les désirs, les peurs de notre entourage, en particulier de notre papa, qui s'ajoutent aux messages erronés déjà reçus. Et, par la suite, nous captons, nous admettons comme vérité universelle tout ce qui ressemble à du déjà vécu au début de notre croissance d'être humain.

Nous enregistrons également toutes les difficultés physiques, comme les substances toxiques reçues, les souffrances de notre corps à l'accouchement ou les contraintes dans le ventre de notre maman. Ces blessures ont un effet primordial sur nos comportements futurs. Et, comme rien n'est un hasard, ces épreuves physiques vont de pair avec les souffrances psychologiques que nous recevons pendant toute notre vie. Nous n'avons, par conséquent, aucune raison de lutter contre. Nous admettons ces souffrances et les photocopies de ces souffrances comme normales.

Tout chemin spirituel et psychologique nous amène, ou devrait nous amener, à la prise de conscience de toutes ces erreurs de programmation afin de nous aider à retrouver notre programme original qui est très, très éloigné des messages qui nous sont proposés dans notre société, notre religion, notre famille. Ceux-ci sont seulement la synthèse entre toutes les erreurs d'aiguillage de tous les êtres humains depuis des milliers d'années.

"Dieu" est une loi physique comme la loi quantique (la loi qui régit les mouvements de la matière et de l'énergie), rien de plus que cela. Mais c'est une loi tellement subtile, inscrite au plus profond de notre conscience, qu'elle est très difficile à comprendre par notre intelligence.

Celle-ci est très limitée par rapport à l'intelligence pure qui se situe au centre de notre corps et dans tout notre corps. Nous ne pouvons pas comprendre Dieu avec un raisonnement, nous pouvons simplement l'entendre, année après année, en lâchant nos croyances passées venues des enseignements religieux qui sont plus souvent nourris par l'infantilisme, la politique et la prise de pouvoir que par le vrai sens de Dieu.

De grands chercheurs ont réussi ce que j'appelle la jonction entre le spirituel et la matière, l'énergie. C'est le cas, par exemple, du professeur Régis Deltheil (de la fondation Louis de Broglie) où il enseigne la bio-physique. Toutes ses découvertes viennent compléter les travaux d'Einstein.

Ils ont découvert et observé des particules aux vitesses infinies que l'on pourrait observer avant leurs créations, ce qui permet de relier le futur avec le présent et le passé. Le temps n'existe pas pour ces éléments qui composent la base de l'énergie qui sous-tend l'univers. Ces particules s'appellent les tachions. Grâce à elles, je suis relié en permanence à toute la création, donc à l'univers tout entier. Je ne fais qu'un avec l'univers passé, présent et futur. Les tachions, ce sont les particules de l'amour.

C'est cette sensation que découvrent tous ceux qui vivent une N.D.E. (expérience au seuil de la mort, comme un coma profond). C'est aussi, tout simplement, cette paix intérieure, juste avant la mort, qu'observent ceux qui accompagnent les mourants dans les centres de soins palliatifs.

Nous sommes composés d'atomes, c'est à dire que notre corps, tel que nous le voyons, n'existe pas. Il est une illusion d'optique. Et, en plus, nos atomes, dans tout notre corps, sont traversés en permanence par des masses immenses de tachions qui voyagent à des vitesses infiniment plus grandes que celles de la lumière et, ainsi, le temps n'existe plus. Ces "champs d'énergie" se baladent entre tous les humains que nous sommes et entre tous les éléments de la création, ce qui montre bien que toute séparation entre les humains est illusion. Nous n'existons que par rapport aux autres, chacun ayant un sens très subtil dans la vie de l'autre.

Nous ne faisons qu'un seul et même corps qui possède de multiples facettes, qui est donc unique, cohérent, composé de toutes les nécessités existantes utiles à sa croissance. Les noirs d'Afrique, les Indiens d'Inde, les asiatiques, les Inuits, les Amérindiens et les occidentaux ne sont que les éléments complémentaires et indispensables de l'élément "Humanité". Aucune culture, aucune religion ne peut être séparée, écartée ou portée au pinacle ; sinon l'humanité est un être malade, handicapé, coupé en tranches, non conforme à la volonté divine qui le fait être - chaque culture étant excessive dans un domaine et faible dans un autre -.

Le vrai être humain est la synthèse, l'équilibre entre tous ces champs énergétiques qui circulent dans le monde, depuis des milliers d'années, et qui sont reliés entre eux à chaque instant par ces tachions qui suppriment le temps entre l'homme de Cro-Magnon, Jésus, Bouddha, Mahomet, Socrate et chacun d'entre nous.

C'est ainsi que, par la méditation, notre conscience peut se relier à la conscience de chaque être humain passé, présent et futur et également à la conscience centrale de l'univers entier.

L'énergie-mère et l'énergie-père

Tout est physique et tout est énergie. Deux énergies principales gouvernent le monde : l'énergie-mère et l'énergie-père. Ces deux énergies me sont données par mon père et ma mère à condition qu'ils soient des êtres adultes, libres et autonomes, ce qui est très rarement le cas. Ces deux énergies ne peuvent être reçues que dans un climat de tendresse, l'expression de l'amour.

L'énergie-mère

- La tradition :
la religion, la culture, la morale, l'éducation.
- La spiritualité :
le lien avec la terre et entre tous les éléments de la création.
- Le transmis :
génétiquement, énergétiquement;
- L'inné :
ce qui est inébranlable comme les lois physiques, les lois de l'univers.
- L'acceptation :
le "oui" à ce qui est.
- L'accueil :
accepter l'autre tel qu'il est et m'accepter tel que je suis.
- Le lâcher-prise :
le relâchement total de mes tensions.
Je ne lutte plus contre la réalité de la vie. J'accepte tout ce que je ressens dans mon corps pour me préparer à l'action juste.
- Le non-désir :
l'abandon de mes désirs personnels et égoïstes d'enfant frustré.
- Le respect de l'autre et de moi :
mes besoins, mon territoire, ma place, mes limites et ceux des autres.
- L'écoute, la présence :
mon attention à ce qui se passe ici et maintenant, sans jugement et sans comparaison.
- L'art :
toute ma sensibilité artistique qui passe à travers mon corps.
- L'harmonie :
la recherche d'un équilibre harmonieux en moi et autour de moi pour la satisfaction maximum de tous mes sens.

L'énergie-père

- L'aventure, l'action :
l'expérience, le risque, l'acceptation de l'échec.
- La création :
l'expression extérieure de mon divin intérieur conforme à mon chemin de vie.
- Le changement :
la déstabilisation des acquis, de l'installé.
- La découverte :
le but de l'expérience propre à chacun et à chacune.
- Le détachement :
la distance avec le passé, avec ce qui est proche. La séparation d'avec ma mère, ma famille, ma culture.
- La liberté :
le monde m'appartient, je n'ai de compte à rendre à personne, si ce n'est à moi-même et à l'énergie qui me fait être.
- L'autonomie et la confiance en moi :
la condition essentielle de ma liberté.
- La connaissance :
les lois de l'univers intérieur et extérieur.
- La conscience, le sens :
le message juste qui me vient dans mon silence intérieur.
- La solitude :
l'acceptation de mon chemin unique et solitaire, tout le reste étant illusion.
- La sagesse :
le but de mon chemin pour la transmettre à mon tour grâce à mon "énergie-père"
- L'exigence :
mon effort individuel, indispensable pour grandir, pour évoluer ; c'est la seule possibilité pour aider le monde à changer.
- La transformation :
le chemin intérieur qui me fait grandir.

Les déviations, les excès, les déséquilibres de:

l'énergie-mère

- Ce qui est installé :
ce que je crois immuable, l'énergie qui s'oppose au changement.
- Les "blouses blanches" :
les hommes et les femmes qui se cachent derrière leur fonction, leurs diplômes et tous ceux qui utilisent leur pouvoir pour m'imposer leur vérité.
- L'autoritarisme, le pouvoir :
le contrôle des autres pour les amener de force dans mon monde.
- Le lien, l'attachement :
l'opposé de la séparation (qui elle, amène la liberté). C'est le refus de "couper le cordon".
- L'exigence sur les autres de mes propres désirs :
c'est oublier que nous avons tous les pouvoirs, en chacun et chacune de nous, pour réaliser nos désirs.
- La névrose :
je m'adapte aux désirs de l'autre.
- La fusion :
je m'efface au profit de celui ou de celle que j'idéalise.
- L'abandon :
tu m'appartiens, je fais de toi ce que je veux, je te prends, je te laisse suivant mon désir.
- La séduction :
je te manipule pour obtenir de toi ce que je veux.
- Le repli en soi :
la non-expression de mes émotions, de mes ressentis, de mes souffrances.
- La volonté de mon égo :
j'impose mes besoins sans écouter ceux des autres.

l'énergie-père

- La paranoïa :
l'agressivité due à ma peur de l'autre et du monde extérieur.
- L'auto-destruction :
la paranoïa retournée contre moi.
- La fuite, l'isolement :
le refus de l'épreuve et de l'expérience, dû à ma peur.
- L'orgueil :
l'autre facette du doute, de la culpabilité que je vis à l'intérieur de moi.
- L'action de façon boulimique :
une façon de fuir ma solitude.
- Les sports à risques :
c'est une méthode obsessionnelle de me prouver que la peur n'existe pas.
- Le non-engagement :
c'est l'enfant en moi qui n'a pas grandi.
- La non-intimité :
c'est la fuite d'une intimité trop douloureuse ressentie dans mon enfance.
- Le mysticisme :
c'est une fuite comme une autre.
- Le dépassement de mes limites :
c'est obéir à des injonctions que j'ai reçues dans mon enfance.
- La psychose :
je me coupe de l'autre, de mon être essentiel et de mon corps.
- Le rejet :
je suis seul à décider, tu n'existes pas.
- La domination :
je t'écrase pour t'asservir.
- La colère :
j'exprime et j'impose mes désirs à l'extérieur.
- Ma souffrance à l'extérieur :
je culpabilise les autres, j'accuse.
- La volonté de mon égo :
j'impose mes désirs à mon corps et à mon être, coûte que coûte, sans respecter mes besoins vitaux.

C'est une femme qui transmet l'énergie-mère.
C'est un homme qui transmet l'énergie-père.

En résumé :

- **L'énergie-maman** accueille dans l'intimité du foyer. Elle passe par le toucher, la douceur, la fragilité, l'humilité, l'écoute et l'indulgence.

- **L'énergie-papa** accueille à l'extérieur de la relation intime avec maman. Elle passe par le toucher, la tendresse, l'écoute, l'intimité et la reconnaissance.

- **L'énergie-mère** passe par la parole. La mère parle du corps, du ressenti, des émotions, elle enseigne, elle initie, elle éduque, elle réconforte et elle **relie**.

- **L'énergie-père** passe aussi par la parole. Le père enseigne, il initie, il éduque, il encourage, il exige et il **sépare**.

Ce sont bien des énergies et je peux mettre des années à les ressentir, à les accepter, à les intégrer dans mon corps ; la prise de conscience de mon mental ne suffit pas. L'équilibre entre ces deux énergies, père et mère, est une nécessité pour que l'énergie divine et l'énergie vitale puissent passer à travers moi.

Le fait de ressentir cette énergie féminine et cette énergie masculine en moi m'évite d'avoir besoin d'une personne du sexe opposé pour exister. La réunion de ces deux énergies dans mon corps me permet d'atteindre, au delà du désir, l'unité de l'être, la non-séparation, la non-dualité.

A cause de la peur de l'homme, la femme fonctionne le plus souvent avec le message intérieur suivant : "Je ne partage pas ma féminité avec un homme, je la garde pour moi." Et, à cause de la peur de la femme, l'homme fonctionne le plus souvent avec le message intérieur suivant : "Je ne partage pas mon masculin avec une femme, je le garde pour moi." L'échange entre les deux énergies masculine et féminine ne se fait pas et chacun reste incomplet.

C'est une très grande souffrance refoulée dans chacun des sexes.

Une mère échange parfois son énergie féminine avec son fils quand il est petit, mais elle garde souvent le pouvoir sur lui, quand il grandit, de peur qu'il se serve de la puissance de cette énergie contre elle. Dans ce cas, c'est la colère contre son père à elle qui n'a pas été acceptée. Son père, c'est le premier homme qui, par peur de la femme, ne lui a pas donné son énergie masculine. Ce qu'il aurait fait en l'encourageant dans sa créativité et sa liberté, en lui montrant sa force en elle et en lui apportant des valeurs comme l'exigence et l'effort.

Pour l'homme, c'est la colère contre sa mère qui n'a pas été acceptée. La mère, c'est la première femme qui, par peur de l'homme, ne lui a pas donné son énergie féminine afin de mettre en valeur sa sensibilité, sa conscience, son droit à l'existence, sa vulnérabilité, sa tendresse, son besoin de s'appuyer sur une énergie féminine extérieure. Sa mère est indispensable pour permettre à sa féminité en lui de prendre toute sa place. La féminité de sa mère est là aussi pour lui apprendre l'acceptation, le processus du deuil et la faculté d'accepter une frustration.

L'homme ne cherche, dans ses conquêtes féminines, qu'à retrouver la symbiose énergétique qu'il a connue avec une femme, sa mère, dans son ventre. Il cherche à retrouver la force qui l'a créé, la force de Dieu, pour l'avoir en lui, parce qu'on ne lui a pas fait ressentir qu'il l'avait déjà dans chacune de ses cellules depuis sa création.

La femme ne cherche qu'à retrouver la symbiose physique et énergétique formée par son père et sa mère le jour où leur corps entremêlés l'ont créée. Elle recherche un homme pour recréer ce couple dont elle imagine qu'il est le seul capable de créer, d'agir avec la force de Dieu. C'est oublier, elle aussi, qu'elle l'a déjà à l'intérieur de toutes ses cellules depuis l'acte d'amour qui l'a créée, et tout cela parce que son père ne le lui a pas dit ! (Parce que sa mère à lui ... , etc..., etc...)

L'homme et la femme ont oublié qu'ils ont, chacun, les deux forces, masculine et féminine qui, associées, nous permettent de vivre une vie harmonieuse, créative et heureuse.

L'énergie ce sont aussi des énergies refoulées comme des désirs, des peurs, des colères ou même des joies que je n'ai pas pu exprimer ou partager en temps voulu.

Ces énergies sont comprimées et enkystées à l'intérieur de mon corps et un travail de conscience sur mes émotions d'aujourd'hui peut m'amener à libérer ces abcès qui abîment mon corps et le détruisent au fur et à mesure que j'avance en âge.

Si j'accepte de laisser revenir à ma conscience ces blessures, l'énergie qui y est emprisonnée va d'abord prendre de l'importance et me faire souffrir à nouveau de façon très violente mais, ensuite, cette énergie prendra tellement d'expansion qu'elle se dissoudra et disparaîtra de mon corps.

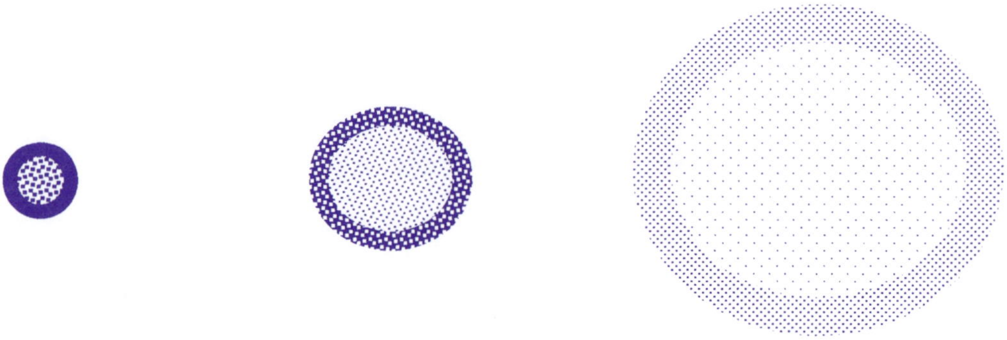

énergie de peur, de colère, de désir refoulée — acceptation : l'énergie prend toute son importance — dissolution par expansion à l'infini

----

Et, pour terminer, voici ce théorème dont j'ai maintes fois expérimenté l'exactitude :

"Toute névrose ne peut exister qu'avec une autre névrose en face de force absolument égale."

Si je modifie l'énergie en plus ou en moins de ma névrose, je déstabilise l'équilibre ; ce qui provoque une remise en cause toujours bénéfique -mais pas forcément confortable- de chacune des parties de la relation.

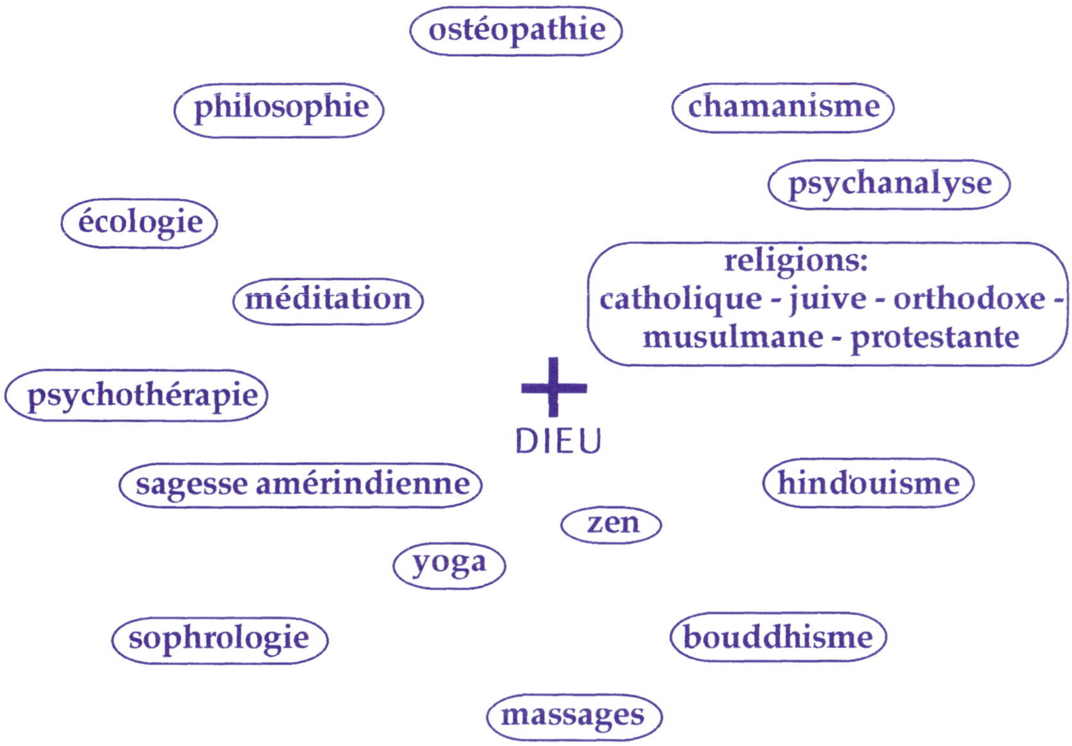

Je pense que Dieu (notre sensation intérieure d'être relié et guidé par l'univers) est exactement au point parfait d'équilibre situé au centre de l'ensemble des religions et spiritualités et il est bien sûr présent dans chacune d'elles à condition d'en comprendre le sens.

La pratique régulière des rites nous permet de découvrir ce Dieu au centre de nous-mêmes à condition de s'ouvrir aux autres spiritualités afin de découvrir dans la nôtre la partie d'inconscient collectif (culturel, archaïque, névrotique, psychotique) qui y est insérée. Cet inconscient est amené par les hommes, blessés dans leur âme, qui ont établi et transmis cette spiritualité.

Exemples d'inconscients collectifs :

- la pitié, le martyr, le sacrifice, la culpabilité, le mystère, l'attachement, le repentir, le Dieu personnifié et extérieur, la souffrance comme punition des catholiques.
- le clan, le secret, la culture de la famille, l'élitisme des juifs.
- la difficulté d'individuation des musulmans,
- la culpabilité de la faute d'Abraham, des juifs et des musulmans.
- le peu d'importance des sentiments et des émotions dans les spiritualités asiatiques.
- la négligence des symptômes et du travail du corps dans beaucoup de religions.
- le peu de tolérance dans toutes les religions.

Pour moi, tout est équilibre : la sagesse est donc un point de synthèse, d'équilibre entre toutes les sagesses, religions, cultures, psychologies et expressions corporelles.

Tout ce qui est créé sur terre a son utilité. Si je m'isole en rejetant d'autres spiritualités ou d'autres cultures, je ne suis pas dans la réalité. Mon chemin personnel n'est pas l'univers entier.

Tous ces chemins sont des outils vers notre Dieu, intérieur et extérieur, mais aucun d'entre eux n'est la représentation exacte de ce que nous appelons Dieu. Ils existent pour nous aider au début de notre recherche intérieure, éventuellement avec l'aide d'un maître éveillé; mais le bout du chemin se trouve dans la solitude la plus totale.

J'ai observé que les mystiques et beaucoup de psychotiques ont le sens de Dieu, plutôt la saveur de Dieu, c'est-à-dire Dieu étant l'image symbolique de cette reliance au tout, à la réalité simple de l'instant ; le beau n'étant que la sensation intérieure de la vérité, du réel, de ce qui est, harmonisée avec notre ressenti, et rien de plus; et l'amour n'étant que l'appartenance à ce réel, à cette vérité, et rien de plus.

Les névrosés ont besoin de passer par le romantisme, l'imagination, le phantasme, car ils n'ont plus cette sensation physique de la vérité et du réel, ils ont besoin de passer par des images. Est-ce qu'un gâteau sur une table ou dans notre bouche ne nous procure pas plus de plaisir que s'il se trouve sur un écran de cinéma ?

Le névrosé se nourrit par l'extérieur. Le psychotique ou le mystique se nourrit par l'intérieur.

Tout est à l'intérieur de nous. Tout ce qui se passe à l'extérieur est là pour nous aider à cheminer à l'intérieur de nous.

Je ne suis pas plus ni moins que ce magnifique brin d'herbe au milieu du jardin, mais quelle beauté d'être, là, dans ce tapis de verdure où je joue mon rôle, indispensable dans la composition de la nature, du réel, de la vérité.

Ma vision de l'inconscient collectif catholique :

- **La pitié** (y compris sur nous-mêmes “pauvres pêcheurs”) à différencier de la compassion : Dans la compassion nous accompagnons et nous aidons en donnant de l'amour mais chacun est libre de faire ou de ne pas faire son chemin intérieur vers sa paix, sa joie, sa sérénité et avec ses propres handicaps (quand ils sont acceptés).

- **La culpabilité**: nous avons tous nos propres limites; et notre ignorance nous amène à accomplir des actes irresponsables. Nous ne sommes pas coupables mais responsables, c'est à dire nous devons assumer sans regrets et sans culpabilité les conséquences de nos actes.

- **La peur**: la crainte dans le sacré au lieu du respect de l'image ou de l'objet symbolique; ce respect, cette attention qui peuvent nous aider à trouver notre divin au fond de notre être, par un cheminement inconscient.

- **Le martyr, le sacrifice**: si je donne ma vie pour les autres, c'est dans l'acceptation afin de rétablir ma propre paix intérieure; il n'y a donc pas de sacrifice, c'est inscrit dans mon chemin personnel.

- **Le mystère**: il n'y a pas de mystères incompréhensibles car tous les grands sages présents et passés les ont compris dans leur ressenti intérieur. Derrière le mystère se cache le symbole. Le culte du mystère crée la dépendance et le pouvoir.

- **L'attachement** : le devoir d'attachement inconditionnel à ses parents ou à sa famille est une erreur de traduction de l'hébreu. Le respect et le remerciement ne sont pas des attachements.

- **Le repentir**: c'est la culpabilité du passé alors que la spiritualité se vit dans le changement et l'action ici et maintenant, jamais dans le passé ou l'avenir.

- **Le Dieu personnifié et extérieur**: Dieu est un ressenti profond à l'intérieur de notre conscience où nous découvrons qu'une énergie d'amour nous relie à tous les êtres humains, aux animaux et à toute la création. Il ne peut donc être représenté que symboliquement.
Dieu n'est pas un être qui a des pouvoirs miraculeux que nous n'aurions pas puisque nous sommes tous un élément de Dieu.

- **La souffrance comme une punition** : la douleur et l'épreuve ne sont que des passages demandés par l'univers à tous les éléments de la création pour grandir et évoluer. La souffrance est une illusion rajoutée par l'ego qui refuse le changement et qui refuse de grandir à une conscience supérieure.

- Le corps: L'oubli du travail sur le corps, de la conscience de son corps, son ressenti, ses émotions, ses tensions; chemin indispensable pour une vraie démarche spirituelle. Seul, le prêtre, dans son sacerdoce avec les rituels, utilise son corps, sa voix mais il ne le préconise pas à ses fidèles comme un maillon indispensable de la voie religieuse. Nous avons beaucoup à apprendre des orientaux et des africains à ce sujet. La raison n'est-elle pas la honte du corps dont l'origine inconsciente me semble remonter à la "faute" d'Abraham (son infidélité et un enfant avec une servante).

La beauté de la religion catholique :

- **La messe**: Un moment privilégié dans un lieu privilégié où toutes les semaines se réunissent des gens qui ne se connaissent pas et qui chantent ensemble,c'est à dire qui vibrent ensemble à l'intérieur et en une vibration collective qui provoque, qu'on le veuille ou non, un changement intérieur, une disponibilité à l'autre, un sens à ce que l'on fait.

- **La communion:** Où tous ces gens partagent du pain et dont le rituel lui confère un sens hautement symbolique de partage et d'éveil à une autre conscience.

- **La prière**: Celle dictée par la religion mais surtout la prière personnelle où chaque mot est chargé de sens afin de parler à notre inconscient , à la mémoire de chaque cellule de notre corps. Le but étant de nous transformer, nous éveiller intérieurement sans attendre quoi que ce soit (ni cadeau, ni punition) venant de l'extérieur de nous-mêmes.

- **Les rituels initiatiques**: Le baptême, la communion, le mariage, s'ils n'étaient pas chargés de culpabilité, de mystère, de soumission à un autre nous donneraient ce magnifique message pour lequel ils ont été instaurés, une mort et une renaissance à une dimension nouvelle, en un mot : grandir intérieurement.

- **la parole du Christ** par l'Évangile: C'est un magnifique message initiatique, non pas à appliquer comme des commandements, mais qui sert à redécouvrir ce que nous sommes vraiment, le but de notre vie; pour nous apporter intérieurement la paix, la joie, la sérénité et sortir la souffrance de notre vie.

Quelques remarques personnelles concernant les autres religions:

- **La religion musulmane:** La rigidité, l'obligation à tout prix d'appliquer toutes les règles de vie du Coran, alors qu'il s'agit en fait de conseils pour être bien avec soi-même sans oublier que ces règles correspondent à l'époque de Mahomet et ont nécessairement besoin d'adaptation au monde d' aujourd'hui dans un changement continuel.
La mort promise, si nous n'appliquons pas ces règles, est uniquement la mort de l'être intérieur, l'âme reliée à l'univers.

La beauté de la religion coranique qui a compris que le corps est inclus dans la pratique religieuse. Les cinq prières par jour, les ablutions, le Ramadan sont de magnifiques outils à condition qu'ils soient habités de sens, en les adaptant aux besoins de chacun, dans le pays où il vit et à l'époque où il vit.

- **La religion orthodoxe:** La beauté des icônes, à condition d'en comprendre le sens. La vierge étant cet univers protecteur et maternel que nous avons tous à notre disposition et que nous n'avons donc pas besoin de rechercher de façon symbolique dans un humain ou dans une idole (religieuse ou pas).
Jésus est toujours représenté à douze ans dans les bras de Marie (observez les traits de son visage) quand il parlait au temple. Il représente le Verbe, c'est à dire la parole juste, lavée de nos inconscients et de nos attachements, qui est en nous: la conscience.

- **La religion protestante:** Les protestants ont compris que la hiérarchie et le célibat tuent le contact avec la réalité de tous les jours. La vie de couple, à condition d'enlever toute rigidité, tout dogme, est un espace formidable de développement spirituel dans la complicité, la joie, la tolérance, le jeu et l'abandon de l'égo (en respectant chacun ses propres besoins).

- **Le Zen:** Ils ont compris que notre conscience ne peut se développer qu'avec une circulation d'énergie libre, nettoyée des blocages de notre passé. Qu'une colonne vertébrale jusqu'au sommet de la tête, solide, bien soutenue, droite et la nuque dans le prolongement (non "cassée"); le tout, en souplesse, sans rigidité peut permettre (avec la méditation, le silence et la solitude) à notre conscience, d'éclore à une autre dimension.

Dans toute religion il y a la loi, l'enseignement et la pratique.
A mon sens, l'enseignement (ce qui donne à réfléchir sur nous-mêmes et sur la vie) et la pratique (de tous les jours, avec notre corps et avec notre pensée) sont toujours actuels. Seule la loi est à remettre en permanence en question pour évoluer avec le monde.

Pour les chrétiens, Marie représente la mère idéale, celle qui m'aurait permis d'être moi-même si je l'avais eue comme maman. C'est le rôle de Marie dans l'Église : retrouver une mère idéale pour me retrouver moi-même. Elle symbolise aussi l'univers, la force d'Amour qui nous protège.

Jésus représente l'exemple à suivre, à imiter.

Le Saint-Esprit qui nous relie à Dieu, c'est le symbole du lien avec la force de l'univers et avec toute la création.

Le Christ a dit : "Le sabbat a été fait pour l'homme et non l'homme pour le sabbat de sorte que le fils de l'homme est maître même du sabbat."
Ce qui signifie à mon sens : la religion a été faite pour l'homme et non pas l'homme pour la religion de sorte que le fils de l'homme est maître même de sa religion.

Quand des gens ont dit à Jésus : "Ta mère et tes frères sont dehors et te demandent", Jésus répondit : "Qui est ma mère et qui sont mes frères ?" Puis, jetant son regard sur ceux qui étaient assis tout autour de lui, il dit : "Voici ma mère et mes frères, car quiconque suit la volonté de Dieu, celui-là est mon frère, ma soeur et ma mère".

Jésus a dit aussi : "Ce n'est pas la paix que j'apporte sur la terre mais le glaive, et je suis venu mettre en lutte le fils et le père, la fille et la mère, la belle-fille et la belle-mère. Chacun aura pour ennemis ceux de sa propre maison. Celui qui aime ses parents plus que moi, n'est pas digne de moi".

Je pense que ces paroles résument tout mon livre comme le premier dessin du début. Pour ressentir notre lien à l'univers et Dieu en nous, nous devons d'abord couper tous les liens, les attachements, même à notre religion, mais pas l'amour, la compassion, la fraternité, l'entraide (quand elle est juste, sans soumission ni domination).

Jésus a dit : "Tu honoreras ton père et ta mère" mais je ne peux les honorer, les remercier que si les liens sont coupés et si je suis effectivement indépendant, donc un individu adulte.

Quand Jésus dit :"Laissez les enfants venir à moi, le royaume des cieux est pour ceux qui leur ressemblent". Le sens de cette phrase est pour moi : quand nous aurons coupé tous les liens, tous les attachements avec les humains, nous trouverons notre individualité, notre chemin de vie, la mission que Dieu, l'univers, nous a confiée (au singulier car ils ne font qu'un). Et alors nous retrouverons notre âme d'enfant joueur, heureux, joyeux, dans notre chemin, et nous n'aurons plus besoin de croyances de l'extérieur puisque, comme les enfants, nous connaissons notre vérité inscrite dans la vérité du monde qui nous entoure. Nous retrouvons notre âme d'enfant avec la conscience, la connaissance et la responsabilité de l'adulte.

Dans la religion musulmane, toutes les prières, les incantations quotidiennes me paraissent n'être qu'une méthode comme une autre, pour couper les liens, les attachements avec les hommes ou avec le matériel et ressentir ainsi le lien divin (d'appartenance à l'univers).

En conclusion de ce paragraphe j'ose dire que toutes les religions sont (à l'origine) une synthèse entre une psychothérapie et une méthode de recherche spirituelle correspondant à l'époque où elles ont été créées et pour les ethnies dans lesquelles elles sont nées.

Pourquoi la religion ne fonctionne pas chez la plupart d'entre nous, c'est-à-dire n'arrive pas à nous ramener vers notre Dieu intérieur en contact avec l'univers (le Saint-Esprit pour les catholiques) ? Tout simplement parce que nous avons encore besoin d'attachements, et nous vivons attachés, dépendants de la religion. Et encore une fois parce que nous ne sommes pas des êtres accomplis, terminés; ayant accepté la défusion, l'ambivalence, la frustration et ayant acquis la notion d'unicité, d'être un simple mais merveilleux rouage du Tout.

Quand je suis conscient de n'être pas plus qu'une simple marguerite dont le seul but est de suivre sa mission de vie, d'être belle, en pleine forme, et d'être une touche de beauté au milieu du champ, je suis dans une joie intérieure qui me remplit, me comble, bien plus agréable que tous les plaisirs provisoires; là, je sens mon attachement à l'univers, le seul qui me rassure définitivement. Le monde, l'univers sont ma famille.

Pourquoi la matière, les molécules, les cellules forment-elles un jour une fleur, une nouvelle sorte de fleur ? La réponse pourrait être: il y avait comme un vide, un manque, qui demandait à être rempli pour compléter l'univers. Je crois que là on se rapproche le plus de la compréhension de Dieu.

Finalement ce sont peut-être les athées qui croient le mieux en Dieu puisqu'ils sentent beaucoup mieux le sens même de Dieu et refusent ainsi toute image dogmatique que l'on voudrait leur imposer et qui sonne faux, à leurs yeux, parce qu'ils n'ont pas compris le sens de cette image.

Tant que je suis dans la tradition, même religieuse, je suis dans l'apprentissage de la spiritualité. C'est seulement après avoir rejeté la tradition, tout en la respectant, que je suis spirituel ; après, bien sûr, en avoir compris et intégré chaque mot, chaque message, chaque pratique, chaque symbole; après avoir ressenti la religion en moi et rejeté l'écorce, la peau, les pépins (ce qui n'empêche pas de continuer à pratiquer avec ferveur). C'est comme avec ma maman : après être terminé, accompli, je coupe le cordon avec un grand MERCI.

Même l'ego, c'est Dieu qui l'a créé, pour permettre à l'homme d'aller plus loin dans son évolution. C'est l'absence d'un ego fort qui a limité l'évolution technique et scientifique en Inde ou dans certains pays asiatiques, africains, sud-américains ou autres.

Notre époque, l'ère du Verseau, c'est la volonté de Dieu que l'homme grandisse à nouveau et qu'il soit capable d'intégrer toutes les parties de lui-même. L'humanité, l'univers n'ont plus besoin que certains éléments de l'homme soient séparés et présents seulement dans certains de nous (ou dans certains peuples, certaines religions). Ces composants de l'humain sont : le féminin, le masculin, l'ego, la force physique, la créativité, la sensualité, la sensibilité, l'amour universel, la spiritualité, le pouvoir, la synthèse, la tendresse, la sagesse, l'humilité, la connaissance, l'énergie. Le tout est à découvrir en chacun d'entre nous.

Dieu veut que l'homme d'aujourd'hui soit complet et c'est possible puisque Dieu le veut. Dieu étant cette force énergétique qui façonne l'univers depuis le Big Bang et bien avant. Ne l'imaginons surtout pas comme un homme de pouvoir, c'est à dire un ego personnifié. Dieu est tout en même temps et ne peut pas être délimité dans une image ou une imagination de l'homme, encore moins dans un homme qui le représenterait, aussi saint ou aussi complet soit-il. Nous ne devons pas confondre un modèle à suivre et la représentation de Dieu sur Terre puisque chacun de nous le représente.

Nous ne pouvons pas le comprendre, mais nous pouvons l'entendre et suivre simplement le chemin qu'il nous donne, pendant notre incarnation temporaire sur cette Terre, afin d'être en paix, dans le bonheur, la joie et la simplicité.

Dieu est énergie pure. Si j'arrive à laisser dissoudre la peur qui retient l'énergie dans certaines parties de mon corps, alors Dieu peut passer librement à travers moi.

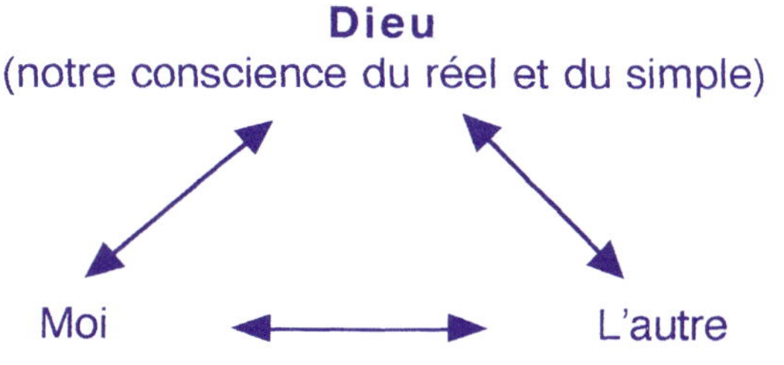

Dieu est toujours au milieu de toute relation
y compris avec moi-même

Nous ne sommes qu'une seule âme comprenant toute la création et je suis un petit bout de cette âme, jamais une âme indépendante.

Si je vois Dieu dans chaque Être humain que je rencontre, à chaque seconde de ma vie, cela m'empêche de projeter sur lui mon histoire, de faire un transfert d'une autre personne, à cause des difficultés de mon enfance. Je suis en relation avec Dieu dans ma relation avec chaque Être humain. C'est Dieu que j'ai en face de moi. Si je quitte cette vérité quand je suis en relation avec l'autre, c'est que je retourne dans ma névrose ou ma psychose.

Comme nous ne sommes qu'un morceau de cette âme, chaque fois que nous faisons une action ou que nous avons une pensée qui nous rend fiers de nous-mêmes ou coupables, nous sommes dans notre égo. Il y a la joie d'être justes, en paix avec ce que nous faisons, ça c'est l'Être. La fierté, la peur, le doute, la culpabilité, la tristesse, le jugement, c'est l'égo.

C'est en acceptant **TOUT** ce qui se passe en moi, en ne refusant, en ne critiquant et en n'écartant rien de ma conscience "ici et maintenant" que j'éteins petit à petit mon égo et que mes actions, mes pensées et mes émotions sont de plus en plus justes.

Mon sens de la prière catholique

"Je te salue Marie, pleine de grâce, le Seigneur est avec toi, tu es bénie entre toutes les femmes et Jésus, le fruit de tes entrailles est béni,

Sainte Marie Mère de Dieu, prie pour nous, pauvres pêcheurs,

maintenant et à l'heure de notre mort. Amen."

Je te salue Marie, tu es remplie d'amour. Dieu et l'univers sont en toi. Tu es le bien, le beau et le bon personnifiés au milieu de toutes les femmes et de tous les hommes. Et Jésus, le fils issu de ton corps est un homme de justesse et de bonté.

Marie, pure et juste, qui a su laisser éclore le divin dans ton fils, aide-nous par ton image, par ton modèle de vie, par ton énergie venant jusqu'à nous, nous qui nous trompons souvent sur le sens de notre vie.

Aide-nous ici et maintenant, et dans chaque instant de notre chemin pour nous permettre de grandir jusqu'à notre mort intérieure et notre renaissance à nous-mêmes, lavés du poids de notre inconscient et de notre passé. Amen (que cela soit, merci).

"Notre Père qui es aux cieux, que ton nom soit sanctifié, que ton règne vienne, que ta volonté soit faite sur la terre comme au ciel,

donne-nous aujourd'hui notre pain de ce jour,

pardonne-nous nos offenses comme nous pardonnons aussi à ceux qui nous ont offensés. Et ne nous soumets pas à la tentation, mais délivre-nous du mal. Car c'est à toi qu'appartiennent le règne, la puissance et la gloire pour les siècles et les siècles Amen."

Notre père, notre guide intérieur qui est dans l'énergie subtile de notre corps, fais que nous reconnaissions ton message, que nous le respections comme message divin. Qu'il devienne notre seul guide, que ta volonté nous guide dans tous nos actes quotidiens, notre relation aux autres et dans toutes nos pensées.

Aide-nous, guide-nous en ce jour pour les épreuves que nous sommes prêts à assumer.

Nous demandons pardon à tous ceux que nous avons blessés par notre inconscience et notre maladresse et nous pardonnons à tous ceux qui par leur inconscience nous ont blessés. Aide-nous à ne pas obéir à nos instincts dictés par nos blessures anciennes et celles de tous les êtres qui nous ont précédés dans ce monde. Délivre-nous de l'erreur, du poids de notre passé et de nos attachements car c'est à toi, Dieu, qu'appartiennent le sens de notre vie et de toutes nos actions, ainsi que notre force et la réussite de notre vie vers le bonheur, la paix intérieure et l'harmonie en nous et autour de nous. Que cela soit ainsi.

Mes Prières :

Elles se sont créées spontanément dans mon esprit au cours de mon chemin chaque fois que je me trouvais devant un obstacle intérieur impossible à franchir.

La conscience :

Mon Dieu *, aide-moi à être clair, à me libérer de toute cette agitation intérieure.

* *Quand je dis "Mon Dieu", je me parle à moi-même, je parle à la partie divine qui est en moi et en chacun de nous.*

Mon Dieu, aide-moi à voir clair en moi.

J'existe :

Mon Dieu, aide-moi à ne plus me nier.

Mon Dieu, aide-moi à quitter l' **Avoir** et le **Faire** pour être dans l'**Être** (répondre à mes besoins du moment, accepter mes émotions, ne pas nier mes désirs ni mes peurs).

Mon Dieu, aide-moi à accepter mon ressenti ici et maintenant, à me faire confiance.

Mon Dieu, aide-moi à trouver la force d'affirmer mon identité, mes spécificités sans doute et sans culpabilité.

Mon Dieu, aide-moi à accepter sans peur et sans culpabilité mes besoins du moment.

Mon Dieu, aide-moi à respecter et à faire respecter mes besoins et mes désirs.

Mon corps :

Mon Dieu, aide-moi à écouter mon corps et à accepter ses messages.

Mon Dieu, aide-moi à être et à rester dans le Hara, dans mon ventre, tout en acceptant en même temps simplement et tranquillement ce qui se passe dans le reste de mon corps.

Mon Dieu, aide-moi à ne plus contrôler inconsciemment ma respiration.

Mon Dieu, aide-moi à régler mon problème d'énergie, que mon énergie soit en harmonie en moi et en relation avec l'autre.

Mon Dieu, aide-moi afin que mon énergie circule bien partout en moi, dans ma relation avec l'autre et en groupe, que l'Amour sorte de mon corps et caresse tous les êtres autour de moi.

Mon Dieu, aide-moi à comprendre le sens de mes ressentis quand je suis seul et quand je suis en relation avec l'autre.

Mon Dieu, aide-moi à abandonner l'idée que je dois me couper de mon ressenti et de mes sensations physiques pour m'exprimer librement.

Mon Dieu, aide-moi à sentir ma tête petite comme celle d'un oiseau.

Mon Dieu, aide-moi à supprimer mes pensées inutiles, la nuit et le jour.

Mon Dieu, aide-moi à faire taire mon mental.

Le présent, le passé, le futur :

Mon Dieu, aide-moi afin que mon passé ne dirige plus ma vie.

Mon Dieu, aide-moi à être dans l'instant présent sans oublier le passé et le futur.

Mon Dieu, aide-moi dans mon chemin actuel.

Mon Dieu, aide-moi à retrouver, à accepter et à développer ma mémoire; et à lâcher ce qui devient inutile en moi.

Mon Dieu, aide-moi à me séparer de mes inconscients familial, archaïque et génétique.

Mon Dieu, aide-moi à décoller de mon histoire.

Mon Dieu, aide-moi à être en même temps le présent, le passé et l'avenir.

Mon unité :

Mon Dieu, aide-moi à réunir en moi l'homme qui croit tout savoir et l'homme qui doute en un point central d'équilibre permanent.

Mon Dieu, aide-moi à ne plus me morceler dans mon corps, donc à rester entier.

Mon Dieu, aide-moi à réunir toutes les parties de mon corps et à respirer dedans.

Mon Dieu, aide-moi à être en même temps mon corps, mon coeur, mon esprit et mon intuition.

Mon Dieu, aide-moi à supprimer toute division en moi, à être **1** en moi et à être **1** avec les autres, le monde et l'univers.

La vigilance :

Mon Dieu, aide-moi à me protéger, à me faire une peau solide contre les agressions extérieures, afin de ne plus avoir besoin de mon système de défenses inconscient.

Mon Dieu, aide-moi à lâcher, à déchirer mon système de défenses.

Mon Dieu, aide-moi à reconnaître, à accepter et à me protéger de l'agressivité et de la méchanceté qui sont en moi et en l'autre.

Mon Dieu, aide-moi à aboyer et à mordre spontanément quand c'est nécessaire.

Mon Dieu, aide-moi à renforcer mes frontières et mes protections en conscience de ce que je fais.

Mon Dieu, aide-moi à garder mon identité et à me protéger.

Mon Dieu, aide-moi à bien sentir mon besoin de distance énergétique avec l'autre.

Mon Dieu, aide-moi à me détacher sans forcément prendre de la distance.

Mon Dieu, aide-moi à accepter mes limites.

Ma peur et mes émotions :

Mon Dieu, aide-moi à voir, reconnaître, accepter et lâcher mes émotions.

Mon Dieu, aide-moi à voir, à accepter et à lâcher mes peurs pour que je puisse retrouver mon amour, ma joie et ma liberté.

Mon Dieu, aide-moi à accepter mon angoisse et qu'elle se dissolve dans mon corps.

Mon Dieu, aide-moi à quitter ma peur d'être, ma peur de naître, ma peur de n'être que...

Mon Dieu, aide-moi à dépasser ma peur de la mort afin de découvrir ma joie de vivre.

Merci mon Dieu de m'avoir permis de dépasser ma peur de la mort et ainsi de m'avoir permis de découvrir ma joie de vivre mais aide-moi à conserver cet état en permanence.

Mon Dieu, aide-moi à quitter toutes les conséquences de ma peur du rejet et donc à accepter mes besoins.

La relation :

Mon Dieu, aide-moi à être Moi avec les autres.

Mon Dieu, aide-moi à ne pas détruire mon couple pour me prouver que je suis libre et à accepter que je suis libre en vivant en couple avec Claude.

Mon Dieu, aide-moi à supprimer mon côté provoquant, je n'ai pas besoin de provoquer pour me faire entendre.

Mon Dieu aide-moi à rester affectivement détaché dans toute relation.

Mon Dieu aide-moi à ressentir le sentiment exact du moment quand je suis en relation et à l'accepter pleinement.

Mon Dieu, aide-moi à accepter et à ressentir ma tristesse quand je suis en relation à deux ou en groupe.

Mon Dieu, aide-moi à être dans mon rôle du moment, rien que dans mon rôle, à l'accepter en respectant le cadre où je suis.

Mon Dieu, aide-moi à être à ma place, à prendre ma place, à faire respecter mon territoire et à respecter celui de l'autre.

La confrontation :

Mon Dieu, aide-moi à me confronter dans la paix, l'Amour, la douceur, le respect de l'autre et de moi.

Mon Dieu, aide-moi à avoir le courage et la sérénité pour me confronter au monde en restant juste avec moi-même.

Mon Dieu, aide-moi à trouver la joie dans la confrontation.

Mon Dieu, aide-moi à me confronter justement et facilement avec Claude et de ne pas en souffrir.

Mon Dieu, aide-moi à ne plus jouer l'enfant, le naïf ou le sage pour éviter de me confronter.

Mon Dieu, aide-moi à accepter le conflit quand mon territoire se confond avec celui de l'autre.

Le lien maternel :

Mon Dieu, aide-moi à quitter Maman, à quitter son ventre, à accepter de vivre dans le froid et avec les autres, en aimant la vie, les autres, ma vie à l'extérieur et en acceptant le processus de deuil ainsi que mes limites.

Mon Dieu, aide-moi à accepter la perte du sein de Maman et la perte des bras de Papa.

Mon Dieu, aide-moi à lâcher et à ne plus être dépendant de mon besoin d'un sein maternel nourrissant, de bras paternels protecteurs, reconnaissants et sécurisants et de présences fraternelles réconfortantes.

Mon Dieu, aide-moi à renoncer à la maman parfaite, à la femme parfaite, au père parfait et à Moi parfait.

Mon Dieu, aide-moi à me libérer de toute demande de sécurité affective.

Mon Dieu, aide-moi à lâcher toute attente affective de qui que ce soit.

Mon Dieu, aide-moi à abandonner l'enfant insatisfait qui est en moi.

Mon Dieu, aide-moi à me détacher.

L'acceptation :

Mon Dieu, aide-moi à accepter la mort, la trahison, le rejet, l'abandon, l'humiliation et l'injustice.

Mon Dieu, aide-moi à intégrer que je suis, par ma naissance, accepté dans l'humanité toute entière, complètement et définitivement, que j'y ai ma place, donc que je m'accepte moi-même tel que je suis.

Mon Dieu, aide-moi à accepter que je suis comblé à l'intérieur et à cesser de me remplir par l'extérieur.

Mon Dieu, aide-moi à accepter que je suis comblé et complet.

Mon Dieu, aide-moi à accepter que j'ai Dieu en moi, que tu es en moi même quand je suis au milieu des hommes.

Mon Dieu, aide-moi afin que j'accepte mon vide intérieur et le provisoire de ma vie.

Mon Dieu, aide-moi à accepter la réalité, toute la réalité sans la déformer.

Mon Dieu, aide-moi à accepter le monde tel qu'il est et non tel que je voudrais qu'il soit.

Mon Dieu, aide-moi à accepter que je ne suis pas rejeté par Claude, je suis accepté par Claude.

Mon Dieu, aide-moi à accepter que je suis définitivement un guerrier triste et seul pour retrouver ma joie de vivre.

Mon Dieu, aide-moi à accepter mes limites et mes faiblesses.

Mon Dieu, aide-moi à m'aimer imparfait.

Mon Dieu, aide-moi à accepter ma solitude, mon vide intérieur, que je ne suis qu'un rouage de l'horloge de l'univers, mais quel rouage !

Mon Dieu, aide-moi à accepter le bonheur.

Le lâcher-prise :

Mon Dieu, aide-moi à être simple et naturel, courageux, à détendre mon corps, ma respiration, mes émotions et mes pensées, à être spontané dans l'ici et maintenant.

Mon Dieu, aide-moi à détendre toutes les parties de mon corps, je ne risque plus rien.

Mon Dieu, aide-moi à lâcher mon système de désirs, aides-moi à enlever la tension du désir.

Mon Dieu, aide-moi à lâcher mes résistances afin d'entendre mes prières.

Mon Dieu, aide-moi à m'abandonner quand je suis en sécurité.

Mon Dieu, aide-moi à abandonner le contrôle, à quitter ma paranoïa pour laisser agir mon ressenti.

Mon Dieu, aide-moi à abandonner la volonté et le devoir qui sont en moi.

Mon Dieu, aide-moi à me libérer de mon orgueil ainsi que du regard des autres.

Mon Dieu, aide-moi à lâcher mon côté fuyant, dépendant, masochiste, contrôlant et rigide.

Mon Dieu, aide-moi à aimer sans attente, sans condition, sans exigence, simplement pour le plaisir d'aimer, y compris moi-même.

La culpabilité et le pardon :

Mon Dieu, aide-moi à enlever toute culpabilité en moi, donc à être doux.

Mon Dieu, aide-moi à enlever toute forme de culpabilité et de honte en moi pour retrouver ma joie.

Mon Dieu, aide-moi à supprimer le regret en moi.

Mon Dieu, aide-moi à arriver au pardon, pardon à tous ceux dont je crois être la victime et pardon à moi, pour toutes les culpabilités qui sont encore présentes dans mon corps.

Mon Dieu, aide-moi à me pardonner et à pardonner à ma famille, à ma culture, à ma religion.

Mon Dieu, aide-moi à me pardonner dans mon corps, dans mon coeur et dans mes pensées.

Mon Dieu, aide-moi à te pardonner et à me pardonner pour les épreuves que tu m'as donné et que je n'ai pas accepté.

Mon Dieu, aide-moi afin que le pardon remplisse tout mon corps comme un liquide dans une bouteille.

Mon Dieu, aide-moi à enlever mon désir de perfection.

Mon Dieu, aide-moi à abandonner l'homme idéal, le thérapeute idéal, le mari idéal, le maître idéal, le père idéal ou le sage idéal que je crois devoir être.

Mon Dieu, aide-moi afin que la culpabilité sorte de mon corps avec toutes ses racines.

Dieu :

Mon Dieu, aide-moi à ne pas confondre la religion et l'église.

Je suis rempli de tristesse, d'angoisse et de peur. Mon Dieu, fais que je retrouve mon Amour et ma paix, et qu'ils remplissent mon corps, mon coeur et mes pensées.

Mon Dieu, aide-moi à accepter le contact avec Dieu et mon besoin de communiquer ma spiritualité autour de moi.

Mon Dieu, aide-moi à laisser le Verbe sortir de ma bouche.

Mon Dieu, notre Dieu, présent en chacun de nous, aide-nous afin que s'agrandisse la présence divine dans le coeur des femmes, des hommes et des enfants.

Mon Dieu, aide-moi.

Merci, Amen.

Mon Dieu aide-moi à être **libre**,

Libre du jugement - De l'autre sur moi , de moi sur l'autre et de moi sur moi,
Libre du contrôle,
Libre de la fusion, de l'attachement,
Libre de l'attente,
Libre de la comparaison (avec jugement de valeur),
Libre de mes désirs,
Libre du désir de l'autre,
Libre du besoin,
Libre de la reconnaissance,
Libre de l'émotion,
Libre du manque,
Libre de la violence,
Libre de la peur,
Libre de la culpabilité,
Libre de l'orgueil,
Libre de mes projections,
Libre de mes pensées,
Libre de la douleur physique,
Libre du rejet,
Libre, tout simplement **libre**

Merci, Amen.

Mes prières journalières:

Je te salue, Monde de Dieu, créateur de l'univers et de l'énergie. Je te salue Marie et ton fils Jésus, messager de l'amour, de la joie et de la compassion.
Je salue tous ceux dont l'éveil nous montre le chemin.
Je partage avec tous les êtres de la terre la beauté de ce monde qui nous est prêtée.
Je promets de donner dans ce jour le meilleur de mon âme, d'ouvrir ma conscience et d'offrir en cadeau, mon amour à tous ceux que je rencontre.
Je promets de laisser parler mon coeur et d'entendre celui des autres dans la paix et dans l'égalité.
Et je prie afin que ma recherche de vérité m'apporte l'humilité, la spontanéité, l'intuition et la présence. Merci, Amen.

Prière à Jésus:

Maître Jésus, toi qui as su voir l'univers en toi et qui m'a tout donné pour voir l'univers en moi, aide-moi encore aujourd'hui à entendre ton message, à suivre ton sillage.

Que ton chemin me montre mon chemin pour que la paix soit avec moi et que l'intuition m'habite et me guide jusqu'au dernier jour de ma vie afin de donner dans ce monde ce que l'univers me demande pour que son oeuvre s'accomplisse.

Prière à la Terre :

Je te salue Terre, pleine de grâce, l'univers est avec toi.
Tu es bénie entre tous les astres
et André (dire son propre prénom), le fruit de ton corps est béni.
Sainte Terre, mère de Dieu, prie pour moi, homme de liberté,
et jusqu'à ma libération totale. Amen.

Voici maintenant les deux prières qui sont, à mon sens, les plus puissantes, les plus efficaces et les plus complètes, à condition d'être présent à chaque parole, de la ressentir et de la laisser lentement pénétrer notre conscience. Je les répète personnellement plusieurs fois par jour. Elles m'aident à ouvrir ma conscience de façon de plus en plus subtile. Elles sont parfois, pour moi, tellement efficaces que je suis à la limite d'en assumer les effets.

Prière à notre guide intérieur

Mon père spirituel, mon guide qui es en moi,
que ton nom soit rempli de lumière,
que j'entende tes demandes, que je me soumette à ces demandes,
dans ma vie de tous les jours, comme dans mes intuitions.
Donne-moi aujourd'hui mes épreuves de ce jour.
Donne-moi le courage de m'engager et de vivre des relations vraies.
Pardonne-moi mes erreurs
comme je pardonne à ceux qui se trompent avec moi.
Aide-moi à prendre ma place, défendre mon territoire,
affirmer mes besoins et accepter mes limites.
Libère-moi de mon passé familial, avec le sexe opposé, religieux et culturel.
Aide-moi à quitter mon besoin de prendre en charge ou de protéger.
Aide-moi à quitter mon besoin d'être pris en charge ou d'être protégé.
Aide-moi à accepter ce qui est, dans la vérité de l'instant.
Et protège-moi de la tension du désir et de l'égarement.
Car c'est de toi seul que je tiens mes pouvoirs,
mes réussites, mes échecs et ma conscience;
avant, maintenant et toujours.
Que cela soit ainsi, merci .

Prière à la Terre-mère :

Ma mère, ma terre nourricière où plongent mes racines,
apporte-moi mon énergie, ma force et ma confiance.
Libère-moi de mes colères, mes souffrances et mes désirs refoulées.
Libère-moi de toutes mes tensions intérieures en acceptant mes émotions.
Libère-moi de la peur, du doute, de la culpabilité et du jugement.
Apporte-moi le pardon en moi et tout autour de moi.
Libère-moi du désir et de la pensée autres que de l'instant présent.
Libère-moi de toutes mes frustrations et de toutes mes illusions.
Libère-moi de tous mes attachements, dont celui avec maman.
Aide-moi à accepter le vide en moi et la mort de mon ego.
Aide-moi à accepter ma solitude, maintenant et toujours.
Permets-moi d'accepter que tu es ma seule sécurité,
la source de ma joie de vivre,
Et que mon passage dans cette vie est un épisode,
inscrit dans le chemin spirituel de l'humanité.
Que cela soit ainsi, merci.

Quand vous récitez régulièrement les deux prières ci-dessus, petit à petit, les messages contenus dedans rentrent en conflit, à l'intérieur de vous, avec vos croyances, vos pensées, vos émotions, vos tensions, dûs à vos blessures. Des malaises s'installent qui vous permettent de mettre à jour ce qui n'est pas juste en vous.

Des actions ou des pensées différentes vous deviennent indispensables pour vous mettre en paix. Ce n'est pas confortable mais c'est très efficace. Le bout du chemin étant la paix et le bonheur intérieurs.

Notre prière est toujours dirigée vers nous-mêmes, vers notre centre profond, au centre de notre corps. Même quand elle s'adresse à la force qui guide l'univers entier, elle passe par notre âme.

La prière s'adresse à notre âme et court-circuite ainsi notre système de défense et nos croyances, donc notre inconscient négatif qui détruit notre identité, qui bloque notre circulation d'énergie dans notre corps et qui perturbe nos relations.

Une prière ne doit pas devenir répétitive, automatique. Nous devons en ressentir chaque mot, en approfondissant le sens chaque jour un peu plus, tout en acceptant de ne pas y arriver, en acceptant que notre esprit vagabonde, c'est notre limite. Tendre vers le but, sans nous accrocher au but.

La prière apporte ce qu'il est nécessaire que nous expérimentions pour nous aider à voir et à ressentir ce que nous ne voulons pas accepter. La prière s'adresse à notre divin intérieur qui nous répond selon notre nécessité du moment et non pas selon le désir de notre égo.

Le rituel physique

Dans toutes les religions, un rituel physique accompagne la prière, la ponctue, l'inscrit dans le corps. Celui que je vous propose ci-après me semble complet, à condition de le sentir juste pour vous, quitte à lui apporter des modifications suivant votre histoire personnelle et vos blocages énergétiques. Je le pratique personnellement après chaque prière importante, et aussi pour conclure mon temps de prière, ce moment privilégié dans la relation avec mon divin, mon corps et l'univers. C'est un rituel qui m'aide à l'équilibre énergétique à l'intérieur et à l'extérieur de mon corps.

- - Au nom du père - - de la mère - du fils (de la fille) - du saint-

①	②	③	④	⑤
la présence	le toit protecteur	la terre-mère	le soi, le fils, la fille	l'intuition

- - esprit, - - - - - - - que cela soit ainsi - - - - - merci

⑥	⑦	⑧	⑨
l'ouverture, l'acceptation	l'union	la soumission, l'humilité	l'appartenance

Ma respiration est tranquille et je vérifie, surtout à la position ⑧, que tout mon corps est relâché : mes pieds, mes genoux, mes sphincters, mon dos, mes épaules, mon cou, ma mâchoire, mes yeux, mon front, etc...

① Je suis enraciné dans le sol, dans ma grandeur d'être humain.

Je me rends disponible à l'instant présent, à mon environnement extérieur et à mes sensations intérieures.

② Mes avant-bras forment un triangle au-dessus de ma tête.

Je ressens une énergie protectrice provenant de l'univers tout entier et je me sens être le lien entre le ciel et la terre.

③ Je prends mes pieds dans mes mains, mes coudes vont vers l'avant pour ma stabilité.

Je prends contact avec la terre, dont je suis issu, et qui me donne toute ma solidité et ma puissance d'être humain.

④ Ma main gauche se pose sur le chakra du coeur et ma main droite se pose sur mon centre, mon identité.

Je ressens mon identité et ma mission de vie en tant qu'homme ou en tant que femme à mi-chemin entre les deux énergies "père" et "mère".

⑤ Mes mains se joignent devant ma poitrine et remontent jusqu'au front (le "troisième oeil") et se séparent pour redescendre de chaque côté, comme pour suivre les contours d'ailes de papillon.

Je suis un canal qui reçoit des messages nécessaires à mon chemin de vie, pour mon propre bonheur, ma liberté et celle des personnes que je côtoie.

⑥ Mes bras sont ouverts, comme un oiseau ouvrant ses ailes pour recevoir les rayons du soleil.

J'ouvre mon coeur et tout mon corps afin de donner et de recevoir l'énergie et les messages du monde qui m'entoure. J'accepte ce qui est, je m'ouvre à la vérité de l'instant, en acceptant que rien n'est un hasard et je ne laisse plus la place à la peur ni au refus de la réalité.

⑦ La main droite et la main gauche s'unissent devant mon coeur.

J'unis mon masculin avec mon féminin pour former l'unité dans mon corps.

⑧ Mon dos s'arrondit et fléchit en se relâchant. Les mains prennent naturellement la position qu'elles demandent, coudes fléchis.

Je me soumets à mon chemin de vie dans ma liberté intérieure qui me permet de grandir à mon rythme et qui accompagne la croissance de l'humanité selon le dessein de l'univers.

⑨ Le corps se redresse, vertèbre par vertèbre, en commençant par le sacrum ; puis, les avant-bras sont pointés vers le sol légèrement devant mon corps. Les mains sont ouvertes, doigts tendus.

Je ressens mon appartenance à ce monde, ce qui me donne toute ma sécurité affective, matérielle, énergétique et spirituelle.

La relation à DIEU

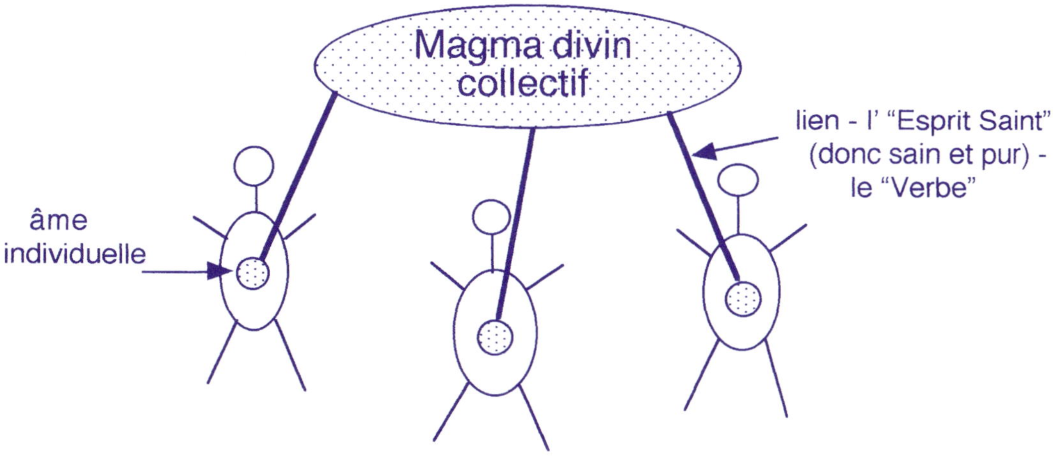

L'ensemble divin relié à l'âme de chaque être, chaque animal, chaque végétal, chaque minéral est DIEU, rien de plus, rien de moins.

Se croire une âme indépendante, supérieure ou inférieure est la folie des hommes.

Oublier que nous avons DIEU en chacun de nous est une autre folie.

Quand je fais une prière et que je dis: "**Mon** Dieu", je parle à celui qui est en moi; c'est le seul qui peut m'entendre et qui peut m'aider à transformer mes pensées, mes comportements, mes désirs, mes peurs et, par voie de conséquence, l'univers entier.

L'univers est en moi, c'est en me transformant intérieurement que je contribue à son évolution positive, et c'est le seul chemin !

Voici une prière de Claude, ma compagne; nos prières personnelles me semblent le moyen le plus efficace pour communiquer avec Dieu afin de pouvoir le ressentir et l'entendre nous guider grâce à nos intuitions:

"Gloire à toi
Dieu de l'univers,
Tu es tout
Et tout est toi
Tu es en moi
Et je suis en toi.
Je prie pour avoir la Foi
La Foi de croire en toi
La Foi de croire en ma route
Celle que je dois suivre pour toi.
Je prie pour que tu me guides, Seigneur,
Pour que ma vie soit faite de ta volonté.
Je veux te suivre, je veux t'entendre.

Je prie pour André,
Que son chemin soit celui de ta volonté,
Qu'il marche vers toi, sans peur
Que la paix soit sur lui, et en lui.

Fais que nos deux vies s'accomplissent
Dans l'Amour, la Compassion, la Joie
Et que chacun de nous réalise
Ce pour quoi il est venu sur Terre: te suivre!"

Mon âme, c'est qui je suis, ce que je fais sur terre, ma mission divine, mon utilité au milieu des hommes et de toute la création. Elle se situe au centre de mon corps et également au centre de chacune de mes cellules. Comme il y a une âme au centre de l'univers ou au centre de la Terre. Une âme se trouve au centre de chaque chose et toutes les âmes sont reliées entre elles. Quand une cellule embryonnaire devient un bébé, c'est l'âme qui est dans la première cellule qui supervise tout, à mon sens ce n'est pas mystérieux.

Mon coeur, c'est la force d'Amour qui me relie au monde et aux autres et qui m'aide à effectuer ma mission de vie. Ce n'est pas lui qui dirige ma vie, il est au service de mon âme.

Ma tête (mon mental) c'est la société d'ingénieurs au service de mon âme et de mon coeur mais elle ne doit jamais avoir le pouvoir, la direction de ma vie.

Pour moi, il n'y a qu'une seule religion. Il n'y a pas de différence entre les religions. Les croyances ne sont pas la religion. Les pratiques, les rituels, les dogmes ne sont pas la religion, seulement des outils pour ressentir la religion et le sens de Dieu. Le mot religion vient du verbe latin religare qui veut dire relier.

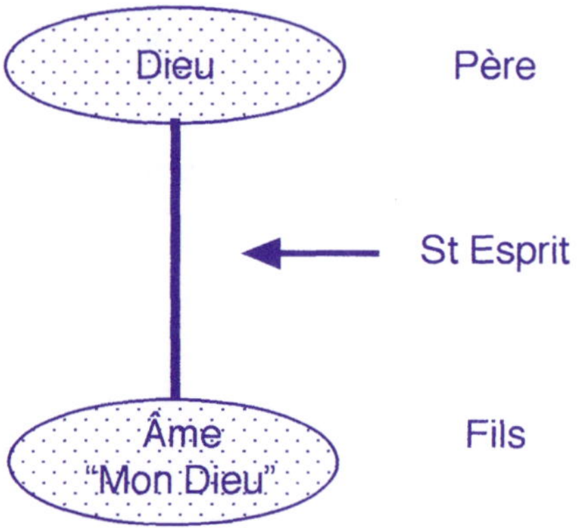

C'est quand je suis le plus coupé du monde, de ma réalité, de la réalité quotidienne, que je peux rencontrer le Dieu de l'univers entier, exemples : la psychose, le couvent, le désert, l'approche de la mort, la maladie grave mais aussi la méditation, la prière.

Et si la matière, l'énergie étaient notre mère comme Marie est mère de Jésus qui s'est fait Dieu. Nous sommes tous des Jésus en devenir et Marie représente la matière, l'énergie qui nous a enfantés.

L'apprentissage spirituel

Il y a selon moi deux grandes approches différentes dans l'apprentissage spirituel qui divisent beaucoup d'entres nous quand nous restons bloqués dans les croyances d'une seule des approches: la spiritualité "d'en haut" et la spiritualité "d'en bas".

Le lien entre les deux me semble être l'amour inconditionnel et universel.

La spiritualité est avant tout la recherche du sens de nos actions, nos pensées, nos émotions, nos désirs, nos besoins, de ceux des autres et sur l'utilité de notre passage sur cette terre.

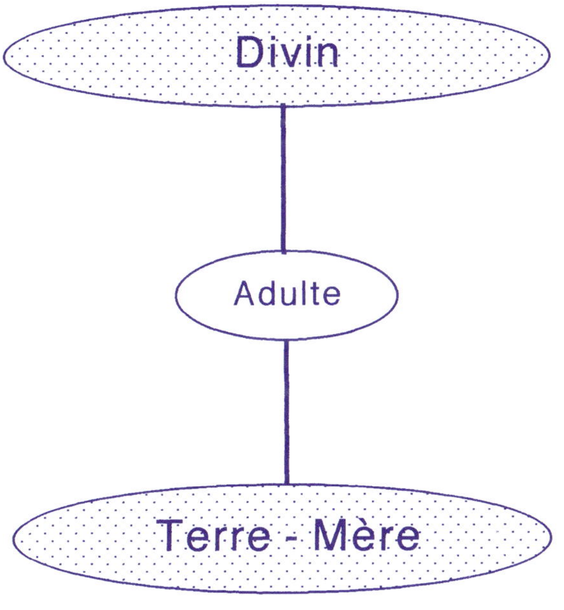

Ce dessin symbolise nos deux attachements essentiels qui nous guident dans notre chemin.

La spiritualité d'en haut - l'esprit:

- La pratique religieuse, habitée de sens, en dépassant l'image, le symbole.

- La méditation, en faisant le vide le plus possible dans notre mental (les pensées), sous toutes ses formes; également dans la nature, à l'écoute de l'univers.

- La contemplation sur une icône, une bougie, un enfant, la nature et tout ce qui est beau.

- Pratiques complémentaires: un séjour dans un (beau) couvent ou dans le désert - chanter ou écouter, dans le silence, des chants religieux - la prière, seul ou en groupe - toutes expériences de solitude et de silence - etc...

La spiritualité d'en bas - le corps - le concret:

- Le Yoga, le Gikong, le Taï Chi Chuan et tous les arts martiaux.

- La danse, le chant, et tous les arts.

- L'Ostéopathie, les massages, l'Acupuncture, la relaxation, la Sophrologie.

- La psychothérapie, la psychanalyse.

- La relation aux autres, à soi-même, dans le couple.

- La sexualité dans le couple quand elle est nettoyée de toutes nos pulsions névrotiques et de nos désirs refoulés de l'enfance.

La vraie spiritualité étant bien-sûr d'allier les deux et de pratiquer dans notre vie de tous les jours afin que la spiritualité d'en bas puisse rejoindre la spiritualité d'en haut, le concret avec le sublime, le corps avec l'esprit.

Quand je parle de la spiritualité vers le bas, vers la Terre-Mère, je parle de notre lien avec chaque molécule qui nous compose et qui compose chaque élément de notre Terre, vers l'infiniment petit. Ce qui nous amène à la plus grande humilité.

Quand je parle de la spiritualité vers le haut, le père qui est aux cieux, le ciel, les anges, etc... ; je parle de notre lien avec l'univers entier dans sa globalité, vers l'infiniment grand et vers notre pouvoir intérieur, notre puissance infinie.

C'est l'équilibre entre les deux qui fait un être vraiment spirituel. Marie est le symbole du bas et Jésus est le symbole du haut.

D'autre part, pour trouver ma spiritualité, je ne dirige plus mon énergie vers la mère ou le maternage, ni vers le père ou la confrontation, mais verticalement en acceptant d'être unique et seul.

Le Symbole

Nous vivons dans le symbole, tous nos actes, nos paroles, nos attachements sont symboliques. Nos maladies ont une signification symbolique, elles sont là pour nous dire quelque chose, nous dire que nous ne sommes pas justes avec nous-mêmes. Elles sont aussi des messages adressés à l'autre ou aux autres.

Nous sommes en permanence en langage symbolique. Quand nous critiquons, nous jugeons, nous mangeons, nous parlons, nous exprimons des messages pour nous et nos proches très différents de ce qu'ils paraissent. Ne restons pas "au niveau des nouilles", au niveau des apparences. Quand nous aimons quelque chose ou quelqu'un, nous ne sommes en réalité qu'en train de combler symboliquement un manque ancien.

Exemple: nous mangeons en France beaucoup trop de laitages, de fromages et de desserts lactés en tous genres que notre corps digère mal. C'est bien sûr culturel mais, pour moi, l'origine est bien souvent une souffrance mal vécue au moment de l'allaitement ou du sevrage. Rappelons qu'après guerre le corps médical laissait croire que l'allaitement maternel était dépassé et que le lait de vache le remplacerait très bien. C'est encore répandu de nos jours. Même si le lait est maternisé, rien ne remplacera jamais l'allaitement maternel et avec lui, **le symbole** de ne pas être "abandonné" trop tôt par notre mère et de façon progressive.

Le plus important étant le contact charnel peau à peau tous les jours pendant de longs moments entre le bébé et sa maman. Le traumatisme de ce manque est à l'origine de bien des névroses et des psychoses.

L'alcool, le tabac, la drogue, la boulimie, l'anorexie, la sexualité compulsive, etc... sont des compensations symboliques.

Nous sommes tellement immergés dans le symbole que nous en avons perdu le sens, la compréhension. Nous avons perdu par conséquent le sens de nos religions dont les événements racontés et les paroles des prophètes sont symboliques. Les rites de nos religions sont évidemment symboliques. Faire un acte religieux ou recevoir un sacrement par tradition, par culture sans en connaître et en comprendre le sens au plus profond de notre âme est un non-sens. C'est même dangereux pour nous et pour l'évolution de l'humanité.

Comprendre au fond de notre âme n'a rien à voir avec une explication d'un prêtre ou d'un livre. C'est du vécu sacré, c'est à dire faire un acte, recevoir un sacrement ou ressentir une force qui nous dépasse, qui nous relie les uns aux autres et à l'univers en acceptant une transformation de notre être tout entier. Notre conscience, notre vérité intérieure change.

Si en quittant un rite religieux, notre comportement et nos pensées n'ont pas changé, c'est que nous n'avons pas compris le symbole. Il ne s'agit en aucun cas d'appliquer une morale dictée par des êtres humains.

Ils sont les outils de notre transformation, indispensables à notre évolution personnelle, à l'évolution de l'être humain en général et à l'évolution de l'univers.

Les miracles de Jésus:

Ont-ils réellement existé ? Pour certains religieux oui, pour d'autres non. Pour ma part je n'en sais rien, peut-être pour certains mais de toute façon pas de la façon dont ils sont racontés dans l'évangile. En tous cas, plutôt que de me bloquer sur cette question, je préfère développer le message hautement symbolique de chacun et du message qu'il nous donne pour nous aider dans notre chemin intérieur, pour l'ouverture de notre conscience, notre éveil.

Je suis certain, comme tous les exégètes (ceux qui travaillent sur l'approfondissement et la compréhension du message biblique) que ces miracles sont relatés dans la Bible dans le but de nous envoyer un message pour notre chemin et non pas pour mettre en valeur les pouvoirs merveilleux de Jésus qui, de toute façon, vu son niveau de conscience, étaient très puissants.

La guérison de malades grâce à leur propre foi (en leur "divin intérieur") et leur volonté me paraît plus que possible et même évident puisque, de nos jours, nous utilisons de plus en plus le subconscient pour suggérer à de nombreux malades de se guérir eux-mêmes de l'intérieur; ou tout au moins de favoriser leur guérison par leur foi en la vie, en la volonté de vivre et de guérir. Des statistiques ont prouvé que les malades pratiquant une religion guérissent mieux et plus vite.

La guérison avait-elle lieu si brutalement ? C'est beaucoup moins sûr puisque même les exégètes montrent que l'histoire de Jésus dans le Nouveau Testament passe par des résumés symboliques pour alléger le récit et amener le lecteur à l'essentiel du message. Exemple: quand Jésus va au bord du lac de Tibériade et demande à ses apôtres de le suivre. En réalité, il a vécu des années à Capharnaüm au bord du lac en côtoyant régulièrement et intimement les apôtres avant de leur demander de l'accompagner. Il habitait même dans la même maison que Pierre. Ils étaient ses amis.

Le symbole dans les miracles de l'Évangile:

Jésus marchant sur les eaux du lac de Tibériade:

C'est un symbole, comme le précise le père Joseph Stricher, exégète, Jésus n'a pas réellement marché sur les eaux mais, par son niveau de conscience, n'était plus guidé par son inconscient et "les forces du mal". Autrement dit, l'inconscient négatif en lui (personnel et collectif) qu'il connaissait parfaitement, n'avait plus de prise sur lui et il marchait, il vivait, il parlait dans la vérité, le réel, l'amour permanent et inconditionnel, le détachement affectif et matériel, la libération de la peur sous toutes ses formes; contrairement à ses apôtres qui n'étaient pas totalement libres ni parfaitement conscients, comme Pierre qui a voulu "marcher sur les eaux" mais qui n'était pas prêt.

Dans le chemin spirituel, nous rencontrons souvent des gens qui se croient prêts comme Pierre, qui se croient en pleine conscience d'eux-mêmes et du monde qui les entourent.

C'est ce que l'on appelle "l'orgueil spirituel".

Les eaux du lac de Tibériade, qu'ils appelaient à cette époque "la mer" représentent aussi comme dans notre propre inconscient "la mère" et Jésus insiste souvent dans l'évangile sur la nécessité de se détacher de sa propre mère et de sa famille, de ne plus agir par attachement affectif mais uniquement par amour de soi et de l'autre, donc de ne pas forcément répondre aux désirs de l'autre, en particulier de sa mère, de son père, de toute sa famille, de sa religion, de sa culture, des autorités diverses, etc... C'est le discernement , personnel à chacun.

Dieu s'est fait homme:

Quand nous disons que Dieu s'est fait homme en parlant de Jésus, voilà l'explication que j'en donne:

Partons de ce schéma représentant l'inconscient de chaque homme:

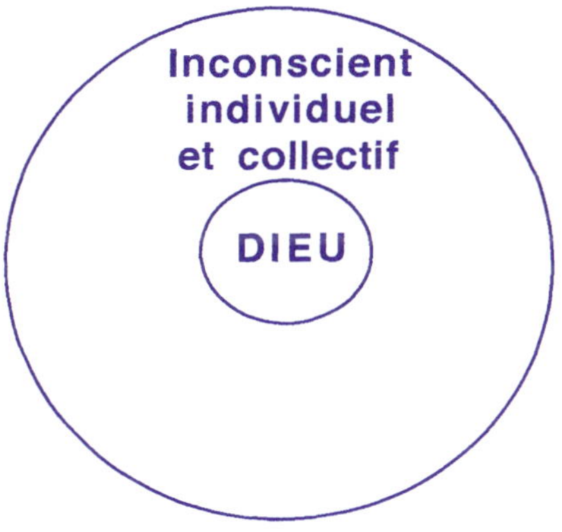

Notre inconscient

Jésus s'est rendu libre de son inconscient, il ne restait plus que Dieu en lui, c'est à dire son âme, son vrai Soi relié à la conscience de l'univers, à notre conscience collective. Il éprouvait le besoin de s'isoler du monde humain comme Bouddha et tous les grands sages de ce monde pour se protéger car il n'avait plus de système de défenses humain (la personnalité construite de chacun).

Il a choisi de revenir dans le monde des hommes pour faire évoluer l'humanité entière et pas seulement les personnes qui venaient spontanément à lui. Il a choisi de se sacrifier, de prêcher, de combattre et de se confronter dans sa propre religion en sachant bien que ce monde était dangereux pour lui et cela pouvait lui faire perdre ce contact avec Dieu; mais il savait que c'était son chemin de vie, sa vocation, la tâche que l'univers lui demandait. Il s'est fait homme ordinaire en réutilisant le système de communication des hommes qui n'avaient pas son niveau de conscience, au risque de se perdre lui-même; d'abord perdre sa conscience juste et en paix, et ensuite perdre son corps physique.

Bien sûr que Jésus était Dieu avant d'être un homme mais comme nous tous puisque nous sommes tous issus de la même matrice divine, mais ce n'est pas le message qui nous aide le plus dans notre chemin. C'est celui qui nous dit que Jésus, un homme, s'est fait Dieu car nous pouvons comprendre qu'il nous est possible d'atteindre la divinité de Jésus, son niveau de conscience et son amour. Chacun de nous a ce pouvoir et ce devoir.

Le symbole de Marie:

Marie représente la maman parfaite. Elle nous permet de comprendre, d'accepter et surtout de pardonner à notre propre maman. Elle nous permet de quitter notre comportement infantile qui cherche pendant toute notre vie cette maman parfaite dans nos contacts humains. Elle nous permet de modifier notre comportement avec nos propres enfants afin d'éviter de les blesser comme nous avons été blessés nous-mêmes. Elle nous montre le chemin d'accueil d'une maman envers son enfant en quittant le désir ou le non désir d'un enfant comme s'il s'agissait d'un objet et non pas d'un être humain.

Comment peut-on désirer un enfant ? Nous ne pouvons que l'accueillir comme Marie. Désirer ou refuser un enfant est complètement infantile comme un jouet que l'on choisit ou que l'on refuse.

Accepter ce que l'univers nous donne est bien plus réjouissant, à condition de ne plus avoir de souffrances non digérées et qui demandent à être pansées par des jouets symboliques, par compensation. Une thérapie et / ou un chemin spirituel est beaucoup plus approprié.

Si une femme "désire" son enfant, c'est aussi terrible que de le rejeter, de l'abandonner car l'enfant, dans le ventre de sa maman, ressent et croit que sa mère est le Dieu créateur. Le fait d'être désiré est donc une névrose qui nécessitera dix ou vingt ans de chemin spirituel pour l'en défaire.

Puisse ce document faire que nous attachions beaucoup plus d'importance au symbole, comme aide à l'ouverture de notre conscience, plutôt qu'au merveilleux et au miraculeux qui ne sont entendus que par notre petit enfant intérieur irresponsable.

Nos racines

Comme un arbre a besoin de ses racines pour vivre et se nourrir, un homme a besoin aussi de ses racines pour vivre et se nourrir mais en tant qu'adulte il doit se désolidariser de ses racines pour puiser sa force directement dans la terre et dans l'univers.

Il me semble qu'une partie des gens se noie dans ses racines et une autre partie se coupe de ses racines. Ces deux chemins sont des mauvaises pistes. Approfondir nos racines, notre culture est un chemin qui nous permet de comprendre, de ressentir ce qui est juste pour nous et de rejeter ce qui n'est pas juste. Prendre la totalité sans discernement ou rejeter la totalité sans discernement est aussi dangereux pour notre santé psychologique, notre santé spirituelle ; donc cela nous éloigne du chemin vers notre bonheur, notre paix intérieure, notre joie de vivre (bien différente des plaisirs éphémères, qui ne sont que des drogues provisoires).

Nous ne pouvons pas nous passer de nos racines. Nous pouvons seulement nous en détacher, à condition de bien les connaître, d'en comprendre le sens, de bien les avoir acceptées ; que ce soit nos racines familiales, culturelles, fondamentales. Notre racine la plus profonde étant la matière, l'atome, l'univers.

Nous avons besoin de retourner dans nos racines familiales pour découvrir les blessures parfois très anciennes, les secrets de famille, les croyances pour pouvoir nous en détacher, c'est à dire les comprendre, les observer, les accepter et les abandonner en terminant par le pardon guérisseur.

L'ENSEIGNEMENT DES MAÎTRES

La voie de la sagesse

J'ai voulu, en citant certains maîtres connus et moins connus, montrer l'utilité de leur enseignement et que la voie spirituelle passe par la connaissance extérieure pour aboutir à la connaissance intérieure.

Les citations que j'ai choisi n'engagent que moi, elles sont parfois une synthèse des messages que ces maîtres enseignent et elles correspondent toujours à ce que j'ai pu vérifier moi-même au cours de mon chemin.

KRISHNAMURTI

- Le passé est complètement contenu dans le présent, il conditionne toutes nos actions et nos pensées dans le présent. Notre futur est complètement conditionné par un présent qui se répète si nous ne changeons rien à notre présent. Donc notre passé et notre futur sont entièrement contenus dans notre présent et seule une action de changement dans le présent peut modifier notre futur.

- L'écoute de l'autre et de soi-même est primordiale pour un véritable chemin de libération et seule la méditation sous toutes ses formes peut nous y préparer.

- Pour supprimer les problèmes, nous devons décharger le cerveau afin d'avoir une conscience lucide.

- Nous sommes tous différents extérieurement mais nous sommes tous égaux intérieurement.

- L'autre est un miroir pour nous faire avancer dans notre connaissance.

- Le savoir est un obstacle, vous êtes perdus si vous dépendez des autres pour vous comprendre.

- Si je suis libre, je suis dans l'amour.

- Les mots sont toujours différents de ce qu'ils représentent

- Seul le fait est objectif. Les opinions, les préjugés et les croyances ne le sont pas.

- Nous sommes notre propre lumière, le chemin se termine totalement seul, à ne pas confondre avec l'isolement égocentrique qui est une fausse voie de sécurité. La vraie sécurité est à l'intérieur de nous-mêmes. Nous n'avons pas besoin d'un système de défenses.

- Toutes nos pensées sont nourries par notre mémoire.

- Nos refus de comprendre sont la conséquence de notre peur.

- L'illumination, c'est la décrispation du cerveau.

- L'intelligence, c'est découvrir ce qui est faux après l'avoir observé.

- La comparaison, c'est de la violence.

- Les pensées existent avec une notion de temps (passé ou futur). L'amour est sans pensée et sans temps. Nous ne devons pas enregistrer pour rester disponibles à nos sensations présentes.

LE DALAÏ-LAMA

- On peut atteindre le bonheur par l'exercice de l'esprit. Le but de la vie, c'est le bonheur.

- C'est l'état d'esprit, plus que les événements extérieurs, qui détermine le bonheur. C'est notre capacité à nous satisfaire de ce que nous avons.

- Transformer la perception que l'on a de soi-même, à travers l'apprentissage et la connaissance, voilà qui peut avoir un impact très réel dans la relation avec l'autre au quotidien.

- La nature humaine est essentiellement bonne et compatissante. Nous devons comprendre la valeur de la compassion et la cultiver.

- Savoir transformer notre attitude devant la souffrance, pour mieux la tolérer, voilà qui peut grandement nous aider à neutraliser la tristesse, l'insatisfaction ou le mécontentement.

- Souvent, nous aggravons notre douleur et notre souffrance en prenant les choses trop à coeur.

- Notre souffrance constitue l'élément le plus fondamental que nous partageons avec les autres, le ciment qui nous lie à toutes les créatures vivantes.

- La vie est changement; apprendre, c'est la première étape. L'étape suivante, ce sera la conviction, la détermination. La conviction de la nécessité du changement se transforme en détermination, puis la détermination en action. Un autre élément, l'effort, est essentiel.

- Le sentiment de l'urgence du changement est un élément clé. Chaque instant est précieux et nous devons en user au mieux.

- À force de se familiariser avec certaines nouvelles habitudes, nous pouvons tout à fait instaurer de nouveaux modes de comportement.

- Nos états d'esprit positifs peuvent agir comme antidotes à nos tendances négatives et à nos états d'esprit fauteurs d'illusions.

- Quand une situation me met dans l'anxiété, si cette situation ou ce problème sont tels que je ne puis y remédier, alors cela ne sert à rien de s'en soucier; et s'il existe une solution ou une issue, ce n'est pas la peine de se laisser submerger. L'action adéquate, c'est la recherche de la solution.

- S'il y a une solution, cela ne sert à rien de s'inquiéter. S'il n'y a pas de solution, s'inquiéter est tout aussi inutile.

- La motivation sincère agit comme antidote pour résorber la peur et l'anxiété.

- Plus on est motivé par l'altruisme, moins on a peur face aux circonstances les plus anxiogènes.

- L'honnêteté, c'est l'antidote à la mauvaise opinion de soi-même ou à l'excès de confiance en soi.

- Être honnête avec soi ou envers les autres sur l'étendue de ses capacités, sur ce que l'on est ou non capable de faire, doit suffire à neutraliser le manque de confiance en soi.

- Aussi longtemps que nous sommes conscients de ce don merveilleux qu'est l'intelligence humaine et de la capacité de développer notre détermination pour en faire un usage positif, alors, en un sens nous possédons la santé mentale intérieure. Une force intérieure qui est la conscience de détenir ce grand potentiel humain.

- La vraie spiritualité est une attitude mentale que nous pouvons pratiquer à tout moment.

ARNAUD DESJARDINS

- Le chemin, c'est le relâchement complet de toutes les tensions physiques, émotionnelles et mentales.

- La libération (être libre) c'est la libération définitive de tous les désirs et de toutes les peurs. Ce ne sont plus les désirs qui dirigent notre vie, ce ne sont plus nos peurs qui dirigent notre vie. Mais on ne peut pas tuer les désirs, on peut seulement les transformer, les placer à un autre niveau. Ce n'est plus la réparation de souffrances ou de conflits intérieurs venant de notre petite enfance ou même avant, c'est-à-dire de tout l'inconscient collectif qui remonte à l'origine de l'homme.

- La libération ne sera jamais le fruit de la frustration et de la mutilation forcée.

- Il n'y a pas de différence entre le désir d'être libre, le respect de la vérité et le souci de l'action juste.

- L'action génère énormément de confiance et d'énergie.

- Toute l'expérience de la libération se fait à l'intérieur de son propre corps.

- Il faut sacrifier sa souffrance.

- Il faut se déséduquer pour pouvoir se rééduquer.

- J'ai un désir: je vérifie si cela peut me nuire ou nuire à l'autre et sinon, pourquoi pas ?

- Le principal, c'est de s'aimer soi-même.

- Le sage dit: "J'ai fait ce que j'avais à faire, j'ai donné ce que j'avais à donner, j'ai reçu ce que j'avais à recevoir".

- Prendre sa vraie valeur entre médiocrité et immensité.

- La vigilance est importante pour sortir de mon animal qui veut s'emparer de ce qu'il convoite, fuir ou attaquer pour détruire l'adversaire.

- Je ne peux vraiment aimer que quand je n'ai plus besoin d'être aimé.

- Tout mal-être est la conséquence d'un refus en nous.

- Ce qui se passe en moi, ici et maintenant, je vois, je reconnais, j'accepte et je lâche (je n'alimente pas).

- Je suis dans la paix, l'amour et la joie avec ce que je suis et non pas avec ce que je voudrais être.

Nos outils :

- Le "mantra", Aum, Amen, OUI : je mets ma confiance en Dieu, en la vie, en la vérité qui me guide.

- Ce qui se passe ici et maintenant.

- L'autre est différent.

- Tout l'univers avec moi est Un et pas deux.

- Pas ce qui devrait être mais ce qui est.

- Suivre l'exemple même de Jésus et de sa passion: l'abandon, la trahison, l'humiliation, l'extrême solitude en acceptant toutes ces étapes.

- Voir la réalité telle qu'elle est.

- Nous voir nous-mêmes tels que nous sommes réellement.

- L'amour de la vérité,

- Je pense, je dis et je fais la même chose.

- La méditation.

- Le silence intérieur et extérieur.

ANDREW COHEN

- Nous n'avons pas besoin de courage, car nous n'avons pas le choix, les amoureux sentent qu'ils n'ont pas le choix.

- Si nous n'agissons pas, nous souffrons de notre manque de courage et du monde de compromis dans lequel nous nous condamnons à vivre.

- Tout le monde veut s'éveiller, se libérer de son passé, de ses souffrances, de ses attachements mais personne ne veut changer, personne ne veut payer le prix.

- La peur : quand nous voulons, plus que tout et sans aucun doute, être libres, la peur n'est plus un obstacle. Elle n'a plus le pouvoir de nous intimider.

- Le Dieu de l'amour ou le Dieu de la peur, à vous de choisir !

Et pour finir un texte d'un maître indien qui, à mon sens, résume la sagesse de ce pays :

SARVA ATMA MITRA

"Nous sommes une seule race, qui est la race humaine. Nous avons un seul but en commun : le bonheur. Nous avons un seul Dieu."

A l'origine, l'humanité vient d'un même berceau. Depuis des siècles, les hommes se sont dispersés. Le jour est venu pour la famille humaine de s'unir à nouveau, de communiquer et de partager ses expériences. Le jour est venu aussi de soigner les blessures du passé causées par l'ignorance de notre unité. Tout se joue au niveau planétaire : nous sommes tous concernés les uns par les autres et interdépendants.

Le passé pèse sur notre présent de façon consciente et inconsciente. A cause de cela nous ne vivons pas vraiment.

Nous ne pouvons pas remettre à demain le bonheur ni attendre demain pour dire "je t'aime". Parce que notre seule certitude est celle du maintenant.

La vérité essentielle est impossible à ignorer car il n'y a pas d'autre vérité que : ici et maintenant. Donc chacun a sa propre vérité et il n'y a pas de recette, de croyance ou de pratique qui puisse être appliquée à tout le monde. Chacun a la responsabilité de trouver sa propre voie s'il désire être relié à tout pour réaliser sa vie pleinement. Aucune religion n'est tout-à-fait bonne ou tout-à-fait mauvaise. Chacun de nous doit faire le tri.

Des maîtres nous ont guidés pendant des siècles. Le jour est venu où nous devons chercher par nous-mêmes, passer de notre tête à notre coeur. Le savoir prêté, la sagesse empruntée nous sont inutiles. Le chemin est difficile.

La sagesse ou la religion ne sont pas héréditaires. Donc se croire porteur d'une religion uniquement par naissance ou se réclamer d'une religion sans la pratiquer sont des erreurs. Ces erreurs sont causes de guerres au nom de Dieu alors que toute religion porte en son essence l'amour pour tous.

Nous n'avons pas d'autre message que celui que vous connaissez :"aimez-vous les uns les autres". Si nous n'arrivons pas à aimer les autres parce que nous ne nous aimons pas nous-mêmes ou parce que nous ne nous connaissons pas suffisamment et que nous sommes étrangers à nous-mêmes, alors là il y a quelque chose à apprendre de la sagesse indienne.

Parce qu'en Inde, la connaissance de soi est le pilier de la sagesse : celui qui cherche doit avant tout chercher à se connaître lui-même.

Chacun de nous est à la fois homme et femme. Dieu est moitié homme et moitié femme.

Dans un monde bruyant le silence est indispensable à l'écoute. Dans l'écoute il y a de l'amour. Je parle aussi pour toutes les autres formes de la vie, parce qu'elles sont aussi silencieuses.

Les autres formes de vie ont aussi leur père au ciel qui est aussi le nôtre. Nous devons les respecter comme frères et soeurs. Le défi est là. Dire que la terre est vivante n'est pas suffisant. C'est l'Univers entier qui est vivant. Donc conscient et intelligent. Nous ne faisons qu'un avec notre environnement. L'essence de la sagesse indienne peut être exprimée en une seule phrase. *Tat tvam asi* : "Tu es cela". C'est-à-dire le Tout est présent dans le fragment, comme on peut recréer une forme de vie à partir d'une simple cellule. Chacun de nous n'est qu'une poussière de l'univers. Et chacun de nous porte en lui l'univers tout entier. Ca, c'est une bonne nouvelle !

Si la nature de Dieu-PèreMère est ineffable (1), nous, ses enfants, sommes ineffables aussi. Donc chercher à se qualifier avec une étiquette nous limite. Il faudrait avoir une perception de soi-même plus ouverte.

On ne doit pas se laisser séparer par une religion ou une tradition ou un quelconque facteur de division. Nous ne sommes là, en ce monde et en ce moment fragiles, que pour aimer. Sinon pourquoi toute cette peine !

(1) Qui ne peut être exprimé par des paroles.

Il y a beaucoup d'autres maîtres sur notre terre dont la plupart sont inconnus; et les citations que j'ai choisis ne sont là que pour vous inciter à les découvrir et surtout à les rencontrer; car la présence d'un maître à nos côtés, ne serait-ce qu'un moment, est une expérience inoubliable qui laisse des traces indélébiles en nous.

Pour reconnaître un vrai maître, il suffit d'observer et de sentir si celui-ci est libre de l'argent, du sexe et du pouvoir, donc de tout attachement matériel, physique et humain. Ce qui ne signifie aucunement le renoncement, la privation; cela dépend de son chemin personnel.

Je conclus avec une citation de Colette Portelance, une psychothérapeute canadienne:

"L'homme a besoin de maîtres à différentes époques de sa vie pour se connaître et pour découvrir son propre chemin. Toutefois, lorsqu'il se nie pour suivre le maître et sa pensée, lorsqu'il introjecte des valeurs et des croyances sans vérifier si elles sont ou non en accord avec lui-même, il devient un automate, qui agit sur commande, comme une marionnette."

MES RÉFLEXIONS PERSONNELLES

L'être :

Je ne m'adapte pas au monde, je suis, c'est tout. Je corrige seulement mes comportements dus à mes blessures inconscientes.

Comme toute espèce créée, l'homme est à un carrefour de l'existence, nous pouvons disparaître ou muter et nous transformer de l'intérieur, c'est à dire nous éveiller à notre conscience pour évoluer avec le monde qui change et que, nous-mêmes, nous avons participé à modifier.
En étant simplement ouverts à ce que nous sommes et au monde extérieur, la mutation se fait toute seule.

Si nous remplaçons la notion de bien et de mal par le juste, le vrai et son contraire, l'erreur, le faux, le non-vrai; tout s'éclaire, tout prend sens pour nous faire grandir et évoluer dans le bonheur tout simple d'exister.

Nous sommes des handicapés psychiques, psychologiques et spirituels; arrêtons de jouer avec ceux qui se croient valides.

Le psychique c'est la connaissance, la pensée juste; le psychologique c'est nos blessures, nos déformations de conscience; le spirituel c'est notre lien à l'univers, à Dieu, au sens de la vie et au sens de notre vie.

Nous ne voulons pas voir le monde tel qu'il est. Nous voudrions le réinventer selon nos désirs et nos peurs dus à nos souffrances non acceptées.

Tout être humain est par essence naturellement bon, sans exception, à condition qu'il connaisse et désactive son système de défense, de croyances, de peurs et de désirs.

Le "je" simple, sans qualificatif, est le Soi, relié à mon âme et à Dieu ; quand je le nomme, quand je le juge, c'est l'égo.

Le chemin intérieur :

Mon chemin n'est pas ton chemin, c'est le mien.
Ton chemin n'est pas mon chemin, c'est le tien.

La confiance en moi ne doit pas dépendre de la faiblesse ou de la force de l'autre.

Je fais confiance en mon chemin.

La vie est un jeu, il suffit de bien en connaître la notice.

Il y a tout dans le monde mais non dans un monde. Ma culture et ma religion ne seront jamais suffisantes pour mon chemin.

Tout est à l'intérieur de nous, non à l'extérieur. Tout ce qui se passe à l'extérieur est pour nous aider à cheminer à l'intérieur de nous.

Nous recherchons tous symboliquement à l'extérieur ce que nous devons chercher à l'intérieur.

Quelle beauté, quelle paix de relier les deux vérités: la vérité de l'univers intérieur, relié au tout-autre et la vérité humaine de tous les jours, de la relation dans l'ici et maintenant, la relation aux autres, aux animaux, à la nature, à l'univers tout entier.

Pour avancer dans ma conscience, il me faut un endroit sécurisant où je peux être et dire ce que je veux.

Le chemin, c'est avant tout découvrir et lâcher son système de défenses comme la fuite, la dépendance, la fusion, le contrôle, le masochisme ou la rigidité.

Mon système de défenses, en tant qu'adulte, c'est comme le capot d'une voiture. Pour accéder au moteur il faut d'abord ouvrir le capot. Cela peut mettre dix ans ou plus. Tant que je n'ai pas ouvert le capot, je n'ai absolument rien réparé.

J'accepte mon inconscient, il fait partie de moi, mais ce n'est pas mon être profond, mon âme.

Je discerne ce qui est vrai de ce qui est non-vrai, dicté par mes pensées et mes émotions.

Je fais la différence entre l'acceptation et la fatalité.

Est-ce que j'accepte ou est-ce que je refuse ce qui est?
Est-ce que je juge ou est-ce que je ne juge pas?
Est-ce que je me situe ou non en victime? ... de l'autre, des autres, de la société?

Le chemin de la vérité c'est mettre en doute mon égo, mes croyances, mon monde intérieur.

J'ose aller jusqu'au fond de mon monde intérieur et je m'efforce courageusement et patiemment de vivre et d'agir dans le monde extérieur.

C'est la puissance de mes désirs refoulés qui détermine la somme que je dois payer en renaissances.

Ce qui est important, c'est ce qui se passe en dehors de ma volonté.

Les sensations et le corps :

Sentons la différence entre un corps "cadavre" et notre corps actuel. Même immobile, il est en mouvement. La vie est mouvement permanent. Notre corps, c'est la vie en nous.

Je suis, à chaque seconde de ma journée, conscient de mes pieds en contact avec le sol, de ma respiration dans mon ventre et conscient de ma grandeur, de ma fierté d'être et non pas dans la satisfaction provisoire de réussir, de satisfaire, de prouver.

Il y a trois états intérieurs : c'est agréable, c'est désagréable, c'est neutre. Je passe alternativement par ces trois états sans émotion, ces états peuvent changer à chaque seconde ou durer, cela n'a pas d'importance, je reste présent dans mon ventre, dans mon Hara et j'observe simplement.

Je relâche en même temps ma tension physique, mon émotion, ma pensée car elles s'alimentent entre elles.

Ressentir, c'est passer de "tu as tort !" à "je souffre !"

Je distingue mon ressenti, de mon émotion, de mon sentiment, de ma pensée, de mon opinion et de ma projection.

Je ne suis pas ma pensée, mon émotion, ma tension, mon mal-être; je suis celui qui observe sa pensée, son émotion, sa tension, son mal-être.

Je suis à l'écoute de tout ce qui se passe dans mon corps à chaque seconde et je l'accepte comme message de mon inconscient.

Nous sommes tous différents mais semblables dans nos émotions.

Obéir à notre corps, c'est obéir à Dieu.

La relation, le territoire :

Ma vie, c'est ma place, rien que ma place, toute ma place; mon territoire, rien que mon territoire, tout mon territoire.

Mon monde n'est pas le monde et encore moins le monde de l'autre.

Si je compare, si je juge et si je suis dans l'attente, je suis dans mon monde, hors du monde réel et donc très éloigné du monde de l'autre.

Est-ce que je passe mon temps à me justifier ou est-ce que j'accepte les messages que je reçois pour me voir tel que je suis réellement en évitant le piège de n'entendre que les messages positifs ou que les messages négatifs ou venant d'une seule personne ou d'un même groupe de personnes comme par exemple : ma famille, mon parti politique, ma religion, ma culture, mon sexe, mon métier, ma tranche d'âge, etc...

Ce qui est terrible, c'est la mère qui veut garder le contrôle sur son fils et le père qui veut changer le monde suivant les désirs de sa propre mère.

Demander c'est demander, insister c'est manipuler, ne pas demander c'est fuir.

Ne pas dire, c'est mentir. C'est aussi fuir, manipuler et prendre le pouvoir.

Le pouvoir, c'est de l'attachement. Je prends le pouvoir donc je t'attache à moi pour me rassurer, pour me donner l'illusion de ma puissance alors que ma puissance est au-delà de tout attachement.

Nous devons passer de l'attachement à l'engagement.

Ne confondons pas l'attachement et l'engagement, l'un est destructeur, l'autre est de source divine.

Fuir, abandonner, trahir c'est psychotique ; quitter, se confronter et s'engager c'est divin.

C'est parce que je suis capable de quitter et de me confronter que je suis capable de m'engager.

Tout Être humain a besoin de confrontation pour grandir, c'est ainsi que Dieu lui parle, cela lui permet de se positionner, donc de s'ajuster en permanence, savoir qui il est réellement à condition que la peur, le désir (donc l'attachement) ou la fusion ne viennent pas enrayer ou déformer le processus.

Je me confronte simplement, tendrement et sans méfiance mais en conscience de ce qui se passe.

Dans notre relation de couple, notre conjoint est prioritaire mais pas exclusif.

Dans ma famille, je n'accepte pas n'importe quoi, je fais respecter mes besoins.

Je suis tout en même temps, seul le cadre change à chaque instant et avec lui, mon rôle dans ce cadre.

Dans notre monde d'enfants blessés, le fils assure les désirs de sa mère pour la séduire. La fille assure les besoins de sa mère pour la remplacer et la copier afin de séduire son père.

Dans le débat "ping-pong", chacun essaie de se positionner par rapport à l'autre et se moque totalement de ce qu'il dit ou de ce que l'autre dit. Dans le débat posé où chacun s'exprime à son tour sans nécessairement répondre à l'autre, ce n'est plus du positionnement mais de l'échange sur le fond des choses, sur le sens.

Si je prends le pouvoir dans un groupe, que ce soit par nécessité et non par peur.

La prudence, la joie intérieure et le plaisir sont signe d'une relation vraie.

Dans ma communication avec l'autre, j'utilise "je" pour éviter ces "tu" qui tuent.

Il n'y a rien qui ne fasse plus grandir que d'entendre les confidences intimes et sincères d'un autre être humain; ses échecs, ses hontes, ses doutes, et ses découvertes intérieures.

Comprendre l'autre, ce n'est pas forcément l'excuser en acceptant son comportement.

L'enthousiasme et la distance sont les deux pièges pour une relation vraie.

L' harmonie totale et définitive n'existe pas, la recherche de l' harmonie, oui ; c'est même le chemin de l' homme libre.

Il y a moi et il y a Dieu dans ma relation avec l'autre. Mais l'autre, comme je le perçois, n'existe pas, il est seulement un outil de Dieu pour me faire avancer.

Les besoins

La mère apporte la tendresse, la spiritualité et le sens de la vie ; le père apporte la liberté, l'exigence et la connaissance spirituelle.

Grâce à la connaissance, l'agressivité s'efface au bénéfice du respect.

Pour aider un être humain à grandir, c'est la tendresse maternelle et la liberté paternelle et non pas la froideur paternelle et la contrainte maternelle, comme dans certaines thérapies ou religions ; et, ensuite, petit à petit, amener l'exigence paternelle et la distance maternelle.

La différence entre Hitler et Jésus, c'est Marie avec sa tendresse, sa présence, son écoute, sa spiritualité. Si Hitler avait eu dans son enfance une maman comme Marie et un père comme Joseph, il aurait fait ce qu'a fait Jésus.

La tension du désir n'existe que parce que mes besoins ne sont pas comblés.

Je me soumets à la vie, à mon chemin, mais je reste dans l'exigence de mes besoins.

La pensée :

Comparer, juger et attendre sont les trois pièges de notre pensée.

Je pense, je dis et je fais la même chose.

Ma pensée est créatrice, en positif ou en négatif, pour moi et ceux qui m'entourent. J'ai le pouvoir de transformer ma pensée, donc de modifier la relation avec moi-même et avec l'autre.

Mon émotion est la conséquence de ma pensée.

Ma pensée, sans douleur et sans émotion, est juste et utile, sinon elle ne l'est pas.

La non-pensée, c'est dire OUI à ce qui est. Ma peur est nourrie par ma pensée, si je supprime ma pensée, je supprime ma peur, ma souffrance et mon émotion.

L'action :

La prise de conscience n'est que le départ du chemin, le chemin c'est l'action. Sans action nouvelle, sans prise de décision nouvelle, le chemin n'est même pas commencé.

Dans toute situation, nous avons trois choix:
1) s'enfuir - 2) être spectateur - 3) s'engager et se confronter

Dans toute création, rien ne peut être mauvais si ce sont la simplicité et l'effort qui y président.

C'est en acceptant par avance de pouvoir me tromper, en toute humilité, que j'ose suivre mon intuition et mon ressenti à chaque seconde, même si le sens ne m'apparaît que plus tard.

J'accepte toutes les conséquences de mes actions et de mes pensées. C'est la seule façon de grandir et d'être libre, donc de changer d'opinion et de modifier mes comportements, sans morale apprise et sans jugement, seul, avec ma conscience.

La peur, le désir :

Chaque fois que je laisse en suspens un mystère, un non-dit autour de moi, je crée une dépendance qui cache mon besoin de pouvoir, dirigé par ma peur, j'empêche de grandir les êtres humains que je rencontre, je contribue à leur faire perdre le contact avec leur âme.

L' argent est la cristallisation de nos peurs, de nos souffrances intérieures, exactement comme le sexe et le pouvoir.

Il y a peur si je suis dans ma tête, il n'y a pas peur si je suis présent dans tout mon corps.

Pourquoi avons-nous si peur de mourir ? Parce que nous avons oublié de vivre.

Est-ce ma peur ou mon intuition qui dirige ma pensée, mon action ou mon sentiment ; et si c'est mon intuition, reste-il dans celle-ci une coloration subtile de la peur ?

Ma peur de la mort, c'est ma peur de disparaître avant d'avoir vécu ma vraie vie dans la paix, la joie et la confiance.

Je ne lutte pas contre la peur, je ne la domine pas, mais j'apprends à vivre avec.

Après la peur vient le désir et après le désir vient l'extinction du désir.

Le stress, c'est le mélange de la peur et du désir.

Toute vie humaine est dirigée par deux lois de l'univers : la recherche d'équilibre et la recherche d'harmonie. Chaque fois que la peur ou le désir empêchent cet équilibre ou cette harmonie, il y a toujours un combat intérieur ou extérieur.

Dans une recherche spirituelle, le but des désirs est de les épuiser, de les vider de leur contenu afin de perdre toutes nos illusions et non pas de les alimenter en permanence.

J'entre, une à une, dans mes peurs ; j'entre, un à un, dans mes désirs en osant des actions positives ; j'accepte la réalité, je fais les deuils de toutes mes illusions, et enfin je suis libre.

La colère :

L'amour n'empêche pas la colère, la colère n'empêche pas l'amour.

La colère n'est pas la violence. La colère juste est une réaction à une violation de mon territoire.

La violence est une colère d'enfant, refoulée, qui explose à un autre moment de ma vie.

La souffrance :

C'est la souffrance qui a fait évoluer l'homme, c'est en retrouvant ses souffrances que l'homme retrouve son origine spirituelle, son appartenance à l'univers.

Le bonheur ne laisse pas de trace, seule la souffrance non digérée, non exprimée, non intégrée, non acceptée, laisse des traces.

Ma devise : OSER RENTRER DANS SA SOUFFRANCE !

La souffrance fait mal uniquement parce qu'elle n'est pas acceptée.

Mes malaises ne sont que de l'inconfort provisoire pour me faire grandir.

J'ose rentrer dans ma souffrance, je ne résiste pas à ma souffrance, je la laisse m'envahir pour pouvoir l'accepter et qu'elle puisse se dissoudre; sinon elle s'incruste en moi, dans mon corps et dans mon inconscient.

Le but n'est pas de justifier notre souffrance mais de l'accepter.

Je ne triche pas avec ma souffrance, je l'accepte, je l'avoue, je l'exprime, non pas en victime mais pour la sortir de mon corps par la parole ou par l'écrit afin de m'en rendre libre.

Dans notre vie, nous allons vers nos bourreaux pour nous rassurer sur nos souffrances, nous faire croire que c'est normal et naturel. C'est faux !

La vie est rigolote, c'est quand on arrête d'en rigoler que c'est pas drôle.

Le pardon, la culpabilité :

Il s'agit d'arracher la culpabilité de notre corps comme on arrache une dent ou un arbre, avec toutes ses racines, définitivement, afin qu'elle ne puisse jamais repousser.

C'est la culpabilité qui nous apprend à tout contrôler en nous et autour de nous ; de peur que nous ne fassions une action, que nous n'ayons une pensée ou un sentiment dans lesquels nous nous sentions coupables.

Si je me pardonne, je ne torturerai plus l'autre, les autres ou moi-même, de façon consciente ou inconsciente.

La paranoïa, c'est l'autre facette de la culpabilité.

Le pardon est la plus douce des caresses.

La relation homme / femme :

L'homme manque de conscience et la femme manque de courage. La femme devrait guider l'homme vers la conscience et l'homme devrait guider la femme vers le courage.

L'homme doit lâcher son côté dictateur ou violent et la femme doit lâcher son côté dévorante ou castratrice. La femme découvre ce comportement quand elle abandonne son masque de "bonne soeur" ou de "vierge Marie" et l'homme découvre le sien quand il abandonne son masque de "trop gentil" ou de "bon Samaritain".

Chaque homme devrait pouvoir dire à une femme et chaque femme devrait pouvoir dire à un homme : "Parle-moi de ton monde mais ne m'emmène pas dans ton monde".

Un homme adulte n'est ni agressif ni gentil, une femme adulte n'est ni séductrice ni exigeante, mais ne brûlons pas les étapes, il faut d'abord accepter ce que l'on est avant d'espérer devenir adulte un jour.

L'immense peur de l'homme envers la femme n'a d'égal que l'immense peur de la femme envers l'homme, c'est pour cela que nous trichons en nous mettant dans des rôles.

L'homme veut retourner dans le ventre de sa maman et la femme veut retrouver la symbiose papa-maman, l'accouplement dont elle est issue ; ce sont ces langages inconscients, radicalement différents, qui sont la source de la guerre entre les sexes.

L'homme veut la femme à lui et la femme veut le pouvoir et la sécurité de l'homme.

Dieu, l'amour, l'intuition, la sagesse :

Croire en Dieu, c'est croire en nos intuitions en nous rendant compte combien elles nous ont guidés toute notre vie, même en nous amenant des épreuves. Notre Dieu personnel est le rassemblement de nos intuitions.

L'intuition, c'est ce qui surgit à l'instant pour mon action immédiate, ma décision immédiate, ma pensée immédiate. L'intuition concernant le futur ou le passé est plus sujette à questionnement afin d'observer si le mental ne s'est pas inséré dedans.

C'est l'amour de soi, de notre âme qu'il faudrait rechercher, pas l'amour de ce que l'on fait ou de ce que l'on dit. C'est l'amour de soi qui chasse la peur et procure l'amour de l'autre, pas de ce qu'il fait ou de ce qu'il dit, mais de son âme, soeur avec la mienne.

Je ne peux satisfaire aucun être humain, seule mon âme libérée peut être satisfaite, donc en paix.

Nous sommes tous un abîme et rien de l'extérieur ne peut le combler ; seul Dieu, l'amour de Dieu, l'amour de l'univers et de tous les êtres peut le combler.

Un cadre extérieur "OUI" pour vivre et me confronter avec les humains, mais un cadre intérieur "NON" pour laisser Dieu agir en moi.

Le message d'un maître est juste pour tout le monde. Le chemin préconisé par un maître n'est pas juste pour tout le monde.

Je ne confonds pas le chemin, la voie, l'ascèse, la pratique avec le message et encore moins avec l'homme qui le transmet.

La sagesse, elle est partout autour de nous mais nous ne voulons pas l'entendre, la voir, la sentir.

Je dis : "mon Dieu, aide-moi à **me** pardonner" et surtout pas : "mon Dieu, pardonne-moi comme s'il était extérieur à moi.

Seul l'amour inconditionnel aide à guérir nos blessures psychologiques.

L'amour de soi, l'amour de l'autre, l'amour de Dieu, c'est la même chose.

La confiance en soi, la confiance en l'autre, la confiance en Dieu, c'est la même chose.

Si je prie Dieu, je prie pour moi et je prie pour l'autre. Si je prie pour moi, je prie Dieu et je prie pour l'autre. Si je prie pour l'autre, je prie pour moi et je prie Dieu.

Si je n'ai pas confiance en ma fille ou en mon fils, c'est que je n'ai pas confiance en l'enfant que j'ai fait, que j'ai élevé donc qu'il n'est pas aussi "bien" que moi. C'est que Dieu n'aurait pas fait ma fille ou mon fils aussi bien que moi, c'est impossible ! Différent, OUI, mais mieux ou moins bien, NON !

Il y a ceux qui ont peur de perdre Dieu et leur pouvoir intérieur en vivant seul ou en couple, et il y a ceux qui ont peur de perdre Dieu en vivant avec les autres.

Ce qui existe est nécessaire, sinon cela n'existerait pas.

La religion, c'est relier mon âme à Dieu, à l'univers mais c'est aussi relier tout ce qui arrive autour de moi et en moi, relier pour trouver le sens, grâce à mon intuition.

La vraie religion, c'est la pratique, le sens, mais pas les croyances.

La méditation, c'est l'effacement ; la prière, c'est l'action soumise.

La prière religieuse est dangereuse si je n'en comprends pas le sens symbolique.

La religion catholique est une très belle religion qui a été infantilisée par l'église catholique.

C'est vrai que dans un enseignement spirituel ou une religion il y a tout, mais nous devons aller voir ailleurs sans abandonner cet enseignement, cette pratique, afin de découvrir ce qui est mal exprimé, étouffé, non mis en valeur ou expliqué de façon ambiguë; ce qui est toujours dû à l'histoire des hommes qui transmettent cette spiritualité. La distance nous éclaire et nous rapproche du sens du message.

Le prosélytisme spirituel superficiel est un non-chemin. Par contre, approfondir d'autres voies que la sienne, est la seule façon de ne pas se perdre.

La Foi (et non les croyances) nous ouvre les yeux, nous ouvre le coeur et nous ouvre le corps à nos sensations. Et c'est grâce à la prière que toutes nos crispations intérieures inconscientes se relâchent et laissent passer les messages divins vers notre conscience.

Quelle tristesse de ne pas voir la main de l'univers, de Dieu tout autour de nous à chaque seconde. Les messages que nous recevons sont très simples et très pratiques mais nous n'osons pas y croire, nous n'osons même pas y penser !

Et pour conclure :

**C'est parce que je m'accepte très ordinaire
que je deviens extraordinaire.**

et

Il n'y a personne d'autre que moi qui m'empêche d'être heureux.

Petites histoires sages :

Un jour, un éminent professeur de philosophie rend visite à un sage pour l'interroger sur Dieu, la méditation, mille autre choses. A peine lui a-t-il dit bonjour qu' il lui parle à n'en plus finir de toutes les philosophies, du bien, du mal, de la vie...

- *"Vous venez de loin. Permettez-moi de vous servir du thé.", suggère le sage.*

Le professeur poursuit ses questions sur la mort, l'enfer, le purgatoire, Dieu, les anges déchus, le Nirvana, Mahomet, Bouddha...

- *"Encore un peu de patience", dit le sage. "Qui sait, la tasse de thé résoudra peut-être vos questions ?".*

Alors, le professeur pensa qu'il perdait son temps. Ce moine était bizarre : comment la réponse à des questions spirituelles pourrait-elle se trouver au fond d'un bol de thé ?

Le sage versa le thé dans la tasse de son visiteur. Le liquide bientôt déborda, se répandit dans la soucoupe mais le sage continuait de verser.

- *"Arrêtez !", s'écria le professeur. "Ne voyez-vous pas que la tasse est pleine ?".*

- *"Vous êtes comme cette tasse de thé, enseigna le sage. Votre espoir est plein d'interrogations, il n'y a plus la moindre place pour recevoir une réponse de ma part. Dès que vous êtes entré, le flot de vos questions a inondé mon logis. Rentrez chez vous, videz votre coupe et revenez quand vous aurez ménagé un peu d'espace en vous-même." (* Osho Rajneesh)

Deux moines parlent spirituel en marchant le long d'un chemin. Une femme vient voir l'un d'entre eux et lui demande de faire l'amour avec lui ; après un moment de réflexion, il la suit, fait l'amour avec elle dans le fourré et revient vers l'autre moine au bout de quelques minutes. Puis il continue sa conversation initiale en marchant. Au bout de dix minutes, l'autre, n'y tenant plus, lui demande :

- "Comment as-tu pu faire cela ?"

- "Quoi?" répond-il, surpris.

- "L'amour avec cette femme ?"

- "Ah ! Tu y penses encore! Moi, je l'ai oubliée depuis longtemps.

Un candidat disciple va voir un sage soufi et lui demande d'être son maître. Le soufi lui répond :

- D'accord si tu es capable de ne me poser aucune question sur ce que je fais.

Le nouveau disciple accepte et ils partent ensemble à travers la campagne.

Première rencontre: Ils sont au bord d'une rivière qu'ils doivent traverser et un passeur très gentil leur propose son bateau. Mais au milieu de la rivière, le sage fait un trou au fond du bateau. Ils arrivent tout juste à l'autre rive mais le bateau est inutilisable au grand étonnement du disciple. Et, malgré la colère du passeur, ils reprennent leur chemin.

Deuxième rencontre: A l'entrée du village, ils sont accueillis par des jets de pierre et, malgré cet accueil, le soufi, calmement, reconstruit un mur qui s'était écroulé. Ensuite, ils reprennent leur chemin sans aucun commentaire.

Troisième rencontre: Dans un autre village, ils sont très bien accueillis et invités chez le chef du village; puis, à la fin du repas, le sage, le disciple et le fils du chef de village vont faire une promenade et là, le sage tue le fils du chef et, toujours sans commentaire, ils reprennent la route.

A ce moment, le disciple craque et, rompant avec la promesse qu'il a faite, demande au maître : pourquoi ? Alors, le soufi lui répond :

- "Tu ne seras pas mon disciple mais je vais t'expliquer: Une armée ennemie doit traverser cette rivière demain. Ils ne pourront ni se servir du bateau, ni traverser la rivière; quant au passeur, il réparera très vite son bateau.
Le mur appartient à un adolescent qui vient de perdre ses parents, c'est pour maintenir les chèvres en place que j'ai reconstruit ce mur, le temps qu'il grandisse et qu'il soit capable de s'en occuper.
Le fils du chef était un rebelle, il devait tuer son père et cela aurait amené le chaos dans son village."

Un étranger arrive à Athènes et demande à Diogène qui se trouve à l'entrée de la ville:

- Quel genre d'habitants y-a-t-il dans cette cité ?

- Et dans votre ville à vous? répond Diogène.

- Ils sont désagréables, méchants et pervers.

- Eh bien, à Athènes, ils sont pareils: méchants et pervers.

Un deuxième étranger s'approche de Diogène et lui pose la même question et Diogène répond:

- Et dans votre ville à vous?

- Ils sont sympathiques, bienveillants, agréables à vivre.

-Eh bien, à Athènes, sachez qu'ils sont de même: sympathiques et bienveillants.

Deux personnes doivent choisir entre deux chemins , le premier est beau, vert et fleuri, le deuxième est avec des gros rochers à escalader.

L'un d'entre eux choisit le premier chemin magnifique mais, plus il avance, plus il devient difficile, plein d'obstacles, de ronces, cela l'amène dans un endroit affreux et invivable, il ne peut plus avancer.

L'autre personne choisit le deuxième, et passé les premiers gros rochers, les suivants sont de plus en plus petits et au bout du chemin, il arrive dans une vallée paradisiaque.

Un enfant revient à la maison avec une égratignure au front et des bleus sur les bras, il pleure très fort, de quoi ameuter tout le quartier, et se plaint à sa maman. La mère, inquiète et scandalisée, lui demande qui lui a fait cela pour quelle puisse aller porter plainte et venger son enfant. L'enfant répond entre deux sanglots:

- Je ne sais pas son nom et je ne sais pas où il habite.

- Mais comment allons-nous faire pour le retrouver?

- C'est pas grave, maman,j'ai son oreille dans mon sac, on pourra le reconnaître.

Une mouche sur un éléphant mange avec lassitude les petits débris qui se trouvent dans les plis de la peau et sa vie lui parait bien monotone.
Puis, un jour, elle décide de s'éloigner car elle ne connait qu'un morceau de peau grise et sale.
A sa grande surprise, elle découvre que ce morceau gris appartient à un magnifique animal, un seigneur de la forêt.
La mouche prend le temps de découvrir combien elle est utile à cet éléphant pour le débarrasser des vermines qui pourraient le rendre malade.
Alors, elle revient sur la peau de l'animal et, depuis ce jour-là, elle redouble d'ardeur et elle découvre la joie, sa tâche devient magnifique et l'éléphant son ami.

Un homme, très religieux vit dans une maison au bord de la rivière mais cette zone est inondable et , un jour un violent orage s'abat sur la région, un orage très exceptionnel.
Le maire vient lui dire que les eaux de la rivière montent très fort et que sa maison va être inondée. Cet homme se dit que Dieu est avec lui et qu'il ne peut rien lui arriver de grave, il décide donc de rester dans sa maison.
Puis l'eau monte et atteint le rez-de-chaussée et ce sont les gendarmes qui viennent lui demander d'évacuer.
L'homme reste dans sa maison et se dit qu'il est protégé, il décide de monter au premier étage.
L'eau monte encore jusqu'au premier et là, les pompiers viennent en barque le chercher, mais il refuse. Il se sait protégé et décide de monter sur le toit .
Un hélicoptère de la gendarmerie vient au dessus de la maison et on lui tend une corde. Il refuse toujours.
Puis l'eau monte toujours et il se noie.

En arrivant au paradis, il demande à Dieu: "Pourquoi m'as - tu abandonné?" et Dieu lui répond:

- "Comment ! Je t'ai envoyé le maire, les gendarmes, les pompiers et l' hélico et tu trouves que je t'ai abandonné?"

Un incendie se déclare dans une maison.
A ce moment toute la famille est réunie dans le jardin et ils voient leur maison s'embraser très vite.
Tout d'un coup le père s'aperçoit qu'il manque le petit dernier et alors il se précipite vers la maison et là, il aperçoit son enfant à la fenêtre du premier étage qui crie papa! papa!
Le père se met sous la fenêtre et dit : "Je suis là, saute!".
L'enfant répond: 'Mais, papa, je ne te vois pas, il y a trop de fumée!.
Le père répond: "Cela n'a pas d'importance, moi je te vois, cela suffit, saute!".

Il était une fois un prêtre de grande renommée qui vivait dans un monastère éloigné dans la montagne et beaucoup de prêtres venaient de loin pour le questionner sur le sens des textes de l'église; sa grande sagesse faisait qu'il éclairait beaucoup de ses collègues. Ce prêtre avait une particularité, il passait son temps dans le jardin du monastère à cultiver et à soigner les fleurs et les légumes. Un jour, un moine qui avait remarqué qu'il ne priait pas, n'allait pas à la messe ni aux différents offices de la journée et ne lisait pas la bible, lui fit cette remarque: "Si vous étiez un bon catholique pratiquant, vous iriez à la messe, vous la célébreriez et vous liriez votre bréviaire; Comment peut-on se dire un vrai prêtre catholique sans pratiquer et en restant dans son jardin ?" Le prêtre, après un instant de silence, lui répondit :"Demandez-moi d'abord si je suis catholique..." Et il reprit tranquillement son occupation en laissant le moine à ses réflexions.

Cette dernière histoire peut paraître très provocatrice mais elle m'a été très utile afin de différencier la religion de l'église, qui , elle, n'est que le transmetteur, donc avec ses limites et ses imperfections.

Un jeune prêtre, fraîchement nommé, reçoit dans son confessionnal une dame qui s'accuse du péché d'avoir fait une fellation à un homme. Le prêtre, très embarrassé pour donner une pénitence à cette femme, sort de son confessionnal et, interpellant un jeune garçon qui se trouvait dans l'église, lui demande : "Va voir monsieur le curé dans la sacristie et demande-lui combien ça coûte pour une fellation et viens me le dire aussitôt !" L'enfant part voir le vieux curé qui a beaucoup d'expérience et revient ensuite auprès du jeune prêtre qui lui dit : "Alors ?". Le jeune garçon répond : "Il m'a répondu : "trois carambars !"

CHEMIN SPIRITUEL

BUT :

- Trouver le sens et la direction de ma vie.
- Retrouver mon identité et mon unité.
- Rejoindre le tout (animal, végétal, cosmique).

Moyens :

- Retrouver l'accès au symbolisme, le message du Christ.
- Épurer mon être en retrouvant mes racines.
- Rencontrer l'être qui me fait être.

5 critères essentiels (pour une vraie démarche spirituelle) :

- Le désir, la motivation.
- Comprendre les traditions,
- Pratiquer la méditation, le travail du corps (ex : le yoga) et la prière.
- Transformer ma vie quotidienne et mes relations aux autres.
- Faire référence à une personne extérieure à moi (maître, thérapeute transpersonnel).

Étapes à franchir :

- M'enraciner dans ma propre histoire.
- Quitter mon être indifférencié en moi (esprit grégaire - copier les autres).
- Découvrir mes conditionnements, mes croyances, mes mythes (personnels, familiaux, religieux, culturels).
- Découvrir les origines de mes souffrances.
- Me mettre en mouvement dans "l'ici et maintenant".
- Découvrir la relation que j'ai avec moi-même.
- Découvrir mes manques et les trop-pleins de mon enfance.
- Découvrir comment je relationne avec l'autre.
- Décoller de mon histoire.

Conclusion :

Je pense que chacun de nous a une mission divine à accomplir dans sa vie (inconsciemment, au delà de nous, par notre intuition) pour aider les êtres que nous rencontrons, avec lesquels nous établissons une relation, pas un lien !

Quand nous sommes dans l'ego, dans l'orgueil, nous nous croyons un Dieu qui a le pouvoir de comprendre l'autre et même de le transformer (nous établissons un lien avec l'autre). Quelle illusion !

L'ego, c'est cet homme qui regarde une grosse vague qui va le submerger et qui lui crie "couchée !".

L'ego revient en permanence pour prendre le dessus chez le chercheur spirituel; nous avons donc besoin d'aide extérieure. Nous sommes libres quand l'état de chercheur disparaît; nous n'avons plus rien à trouver. Mais nous restons au contact du monde sans nous isoler dans notre monde intérieur. Nous acceptons la confrontation dans l'amour, la tolérance, le respect de soi et de l'autre.

Nous avons besoin dans un premier temps de structurer notre ego, notre caractère, notre volonté, notre place, notre territoire. Nous avons besoin d'un ego fort ; il faut qu'il existe, entier, pour pouvoir ensuite être anéanti et que nous devenions un simple outil de l'univers.

Si je décide vraiment d'être libéré de mon ego, tôt ou tard, j'y arriverai. Mais nul ne sait ni le jour, ni l'heure, ni l'endroit.

Dans le chemin spirituel, le plus grand danger c'est de se prendre au sérieux, de se croire sage; c'est la plus grande folie, la plus grande bêtise.

Ma foi, c'est savoir que, quoiqu'il arrive, de toute façon j'arriverai à l'éveil. J'ai un but, je rentre simplement dans l'action et j'oublie le but qui restera dans mon inconscient pour me guider.

Je sais que la libération de mon ego commencera quand je me sentirai à chaque instant de ma vie, égal à chacun d'entre nous, ni supérieur, ni inférieur, que ce soit au balayeur des rues de ma ville, à un adolescent, au président de la République, au Dalaï-lama ou au Pape, c'est la seule vraie HUMILITÉ.

Personne n'est supérieur à moi (je n'ai peur de personne). Personne n'est inférieur à moi (je ne prends le pouvoir sur personne), je n'ai pas un savoir supérieur aux autres savoirs. Je partage simplement avec d'autres êtres divins mon expérience. C'est un échange d'expériences, j'ai besoin du témoignage et du ressenti de chaque personne que je rencontre pour grandir en moi.

La première souffrance, c'est l'impossibilité d'aimer. Je ne sais pas aimer, donc j'attends d'être aimé, mais je peux attendre longtemps. L'amour, c'est faire le premier pas. L'amour ne calcule pas, l'amour se donne. Aimer, c'est aussi donner du temps à l'autre. Il faut de la sensibilité, pleurer avec celui qui souffre, se réjouir avec celui qui est joyeux, c'est l'apprentissage du paradis. Le paradis, le purgatoire ou l'enfer, c'est sur terre, à vivre en chacun de nous à l'intérieur de notre corps physique.

L'art le plus élevé est de vivre la vie ordinaire de façon extraordinaire. Un homme heureux est un homme qui n'a pas déserté son idéal d'enfant tout en restant au contact avec la réalité, sans la nier, la critiquer ou la transformer.

Une mère ou un père, avec son enfant, n'a pas à le comprendre mais à l'observer pour découvrir ses besoins, et ses besoins sont obligatoirement très différents de ceux de sa mère ou de son père (âge, sexe, chemin de vie, blessures d'enfance, époque, thème natal, etc...).

Nous devons éviter l'égoïsme, c'est-à-dire prendre quelque chose à l'autre pour notre bien-être ou lui imposer nos croyances et nos désirs ; et cela n'a rien à voir avec "nous faire passer en priorité", car cela est indispensable à notre équilibre.

Être libres, c'est ne plus dépendre des besoins ou des désirs de nos parents. Nous ne devons rien garder de nos parents. Nous avons peut-être en nous quelque chose qu'ils ont aussi mais ce n'est pas du tout la même chose que de garder quelque chose de nos parents pour leur faire plaisir de façon consciente ou inconsciente.

L'âge de raison, c'est à sept ans, l'âge où j'ai la raison, ma raison, l'âge où je n'ai plus besoin de la raison des autres.

J'ai deux pieds, un pied qui voyage et un pied qui reste chez moi ; et le pied qui voyage vient raconter au pied qui reste chez moi ses découvertes. Si les deux pieds s'en vont au loin en mettant une distance artificielle avec ma famille ou ma culture, c'est une fuite qui cache un refus d'une partie de ma vie et une colère refoulée. Par conséquent, il y a un attachement inconscient à une ou plusieurs personnes de mon enfance, donc une absence de liberté. Mais également, si les deux pieds restent à la maison, dans ma famille, ma culture, ma religion, je ne suis qu'un esclave qui se prive de liberté.

Je voudrais parler ici de ce que le bouddhisme appelle "souffrance du changement" et à laquelle Arnaud Desjardins fait allusion avec ses disciples quand il dit "Vous aurez à payer le prix fort".

Aucune expérience n'est durable, tout est impermanent et chaque niveau de conscience atteint n'est que la préparation à un niveau supérieur, à une vibration plus subtile. Chaque passage se fait dans la difficulté, dans la souffrance physique, émotionnelle ou mentale.

La source de notre souffrance est l'ignorance et l'illusion. Chaque prise de conscience est un deuil à faire, donc une souffrance, mais ces passages nous libèrent de souffrances beaucoup plus tenaces que nous gardons en nous depuis longtemps. La vie est changement et plus nous refusons d'accepter ce fait, plus nous résistons aux changements naturels de l'existence, plus nous prolongeons notre souffrance.

Quand nous refusons de renoncer au passé, nous nous accrochons à une illusion, à des croyances passées, nous nous préparons à une vieillesse de plus en plus difficile et notre corps, notre coeur, notre mental nous conduiront, jusqu'au seuil de la mort, dans la souffrance la plus grande.

Si nous admettons que le changement est inévitable, nous supprimons beaucoup d'angoisses et de souffrances de toutes sortes.

Le plus beau cadeau que l'on puisse se faire, c'est un long chemin intérieur psychologique et spirituel à la recherche de soi-même et c'est aussi sortir de l'image que nous nous sommes fabriquée.

N'oublions pas que, dans ce chemin, personne ne peut faire l'économie de l'expérience. Les paroles passent et les actes restent. Sans action, c'est-à-dire sans modification de nos habitudes, il n'y a pas de possibilité de changement.

Nous découvrons alors la joie de donner de l'Amour, c'est-à-dire ressentir la sensualité quand nous offrons cet amour. Le véritable amour, c'est donner et recevoir, mais pas ce que l'on attend, uniquement ce que l'énergie divine nous propose en échange.

Et si nous avons des yeux pour voir, des oreilles pour entendre, un nez ou la peau pour sentir, la langue pour goûter, alors nous sommes très largement récompensés.

Quand nous grandissons, nous passons par des moments où nous croyons devenir fous. Nous perdons tous nos repères. Nous n'avons rien ni personne à quoi ou à qui se raccrocher. Ces périodes où nous sommes perdus sont nécessaires. Si nous les acceptons comme normales, nous ne risquons rien. C'est la foi et le courage qui nous guident. Nous enlevons toute panique et nous prenons soin de nous, comme pour un enfant malade.

Nous nous dorlotons, nous nous faisons simplement du bien, sans chercher à comprendre, il n'y a plus rien à comprendre dans ces moments-là. Nous nous offrons du bon temps comme un repas au restaurant, des fleurs, des vacances, un massage ou une promenade dans la nature. La nature est un ancrage excellent dans toute difficulté intérieure. Quoi qu'il arrive, nous avons droit à la belle vie. Plus tard, ou même jamais, nous comprendrons ce qui s'est passé, mais de toute façon, nous aurons grandi.

Il est important aussi de nous éloigner des personnes qui veulent nous conseiller, nous prendre en charge ou au contraire nous alourdir de leur fardeau. Chacun sa vie, chacun son destin. Notre premier devoir c'est de sauver notre peau !

Celui qui cherche Dieu hors de lui-même ne le trouvera jamais car il est aveugle et ignorant.

Pour moi, Dieu est indéfinissable, personne ne peut le définir. Un éveillé comprend qu'il n'y a rien à comprendre, simplement à accepter Dieu en nous et partout autour de nous et le laisser faire ce qu'il désire que nous fassions, ce que l'énergie de l'univers veut, mais personne ne sait d'où cela vient et où cela va. Nous aurons la paix quand nous arrêterons de nous poser la question. Notre éveil de conscience nous permet simplement d'observer la puissance du divin en nous et tout autour de nous.

A mon sens, ce n'est pas l'âme que l'homme a en plus que l'animal, la pierre ou la plante, mais uniquement la pensée, la logique, le raisonnement.

Malgré le magnifique outil qu'est notre pensée, c'est aussi celle-ci qui nous fait oublier notre âme (notre chemin de vie). Une fleur, elle sait ce qu'elle doit faire, le mieux possible dans les conditions qui l'entourent et rien de plus. Imaginons une fleur qui se mette à penser, à réfléchir, elle dirait : "si j'essayais de déplacer mes racines" ou "je suis une marguerite mais je veux être une rose..." quelle pagaille ! C'est celle des humains...

L'énergie divine, la force divine c'est pour moi la force qui comble un vide, un manque dans l'expansion et l'évolution de l'univers.

L'univers complète ce qui manque pour revenir à l'équilibre. Un névrosé a besoin d'un autre névrosé complémentaire et opposé pour retrouver son équilibre. Un saint ou une sainte transforment les gens qu'ils rencontrent pour satisfaire cette complémentarité. C'est bien les croyances des hommes d'aujourd'hui qui font le monde d'aujourd'hui. C'est en changeant nos croyances et nos pensées que nous changeons le monde. Les pensées, c'est comme les aliments, si elles sont belles et bonnes, cela nous fait du bien, à nous et tout autour de nous.

Imaginons une histoire pour illustrer le poids des pensées :

Un jeune couple : Isabelle et Sébastien sont dans un jardin. Sébastien est en train d'aménager le jardin.

1ère histoire :

Il existe un attachement entre Isabelle et Sébastien, dépourvu d'amour inconditionnel et de sens du divin.
Elle s'approche de lui et dit ; "Dis-moi que tu m'aimes et embrasse-moi !" Sa pensée consciente et inconscience dit : "je vais vérifier si j'ai beaucoup d'importance dans sa vie, que je pourrai toujours m'accrocher à lui en toutes circonstances et qu'il n'est pas marié avec son jardin, son bricolage ou sa voiture".

Il lui répond : "Tu vois bien que ce n'est pas le moment." Sa pensée dit : "Si je ne fais pas attention je vais me faire enchaîner complètement et je ne saurai plus me libérer de cette emprise. je vais donc vérifier que je ne suis pas dépendant d'elle et que je reste libre".

2ème histoire :

Il existe une relation équilibrée et dans l'amour véritable entre Isabelle et Sébastien, et ils sont conscients du divin en l'un et en l'autre.

Sans rien dire, Isabelle s'approche de lui, elle le regarde pleine d'amour et passe une main amoureusement dans les cheveux de Sébastien. Sa pensée dit :

"Je vois l'Amour, pour moi, pour nous, de cet homme lorsqu'il bricole pour notre maison. Je dois faire attention de lui laisser sa liberté. Je veux qu'il ne sente pas d'emprise de ma part sur lui, je sais que c'est vital pour lui. Et je sais que je peux l'aider à l'éveil de son ressenti, ce qui nous rapproche de notre origine commune à tous les deux".

Sébastien sent la présence d'Isabelle près de lui avec son regard plein d'Amour et de tendresse; sa main dans les cheveux lui procure un bienfait dans tout son corps. Sa pensée dit :

"Je la sens tout près de moi, je m'arrête, je la regarde, je prends le temps de lui montrer qu'elle est importante dans ma vie, que ce moment est un moment de bonheur et je vois, à travers elle, la beauté et la bonté de l'univers tout entier grâce à sa perception féminine du divin".

Je terminerai en disant qu'être adulte c'est découvrir en soi le besoin de servir qui n'a rien à voir avec le besoin de se sacrifier et qu'il ne faut pas que je confonde mon être profond, mon intuition, mon ressenti (qui, lui, est parfait) avec l'expression de moi qui me sert de contact avec l'extérieur qui, elle, est perfectible et qui empêche mon âme de communiquer de façon juste avec les autres.

Imaginez un chanteur. S'il fait une fausse note, là, vous dites, "c'est faux", mais quand il chante juste, vous sentez que c'est juste, aucune logique ne peut vous l'expliquer. Eh bien la compréhension humaine, c'est pareil, vous sentez si ce que vous entendez sonne juste en vous ou non et rien de plus, vous vous mettez dans la situation du mélomane qui se prépare à entendre une oeuvre en la faisant pénétrer par tous les pores de la peau.

Que chacun découvre SA VÉRITÉ au milieu de la vérité universelle.

Pour conclure, j'ai conscience des limites concernant la lecture de ce livre. Il ne peut nous apporter qu'un début de prise de conscience sur nous-mêmes. Mais après s'engage un long travail sur Soi et en Soi de plusieurs années avec beaucoup d'efforts et de souffrances, heureusement jalonnées de libérations progressives merveilleuses.

J'ajoute qu'il est impossible de faire ce chemin tout seul, sans aide extérieure, et sans lieu d'écoute et de partage ouvert et généreux où l'amour inconditionnel ainsi que l'absence de jugement et de conseil soient de règle. Car nous avons un combat immense à mener contre nous-mêmes, et notre inconscient est beaucoup plus malin que la plus grande des intelligences. Cette phrase de Jacques Prévert le résume bien : "Le mental ment monumentalement !" Pour nous aider, nous avons besoin de nous replonger fréquemment dans ce livre afin d'éviter les erreurs d'aiguillage et les impasses où l'on piétine.

Bon courage ! Tout reste à faire...

La voie que je propose

Il s'agit d'une voie pluridisciplinaire qui s' appuie sur neuf axes essentiels qui peuvent être pratiqués ensemble ou l'un après l'autre. Il s'agit de respecter ses propres limites du moment, sans violence (ma limite "douce"). Mais, selon mon expérience, ils deviennent indispensables un jour ou l'autre de notre chemin :

- Le travail avec mon corps:
L'éveil de mes cinq sens, en particulier le toucher - bouger mon corps, en prendre soin, l'aimer comme il est - avec une nourriture équilibrée et sans excès.
En utilisant les outils comme : le Yoga, le Yi-King, le Taï Chi et tous les arts martiaux - la danse - le travail de la voix, le chant - **le massage et le toucher du corps** comme en ReiKi - la Bio-énergie, le Rebirth, la méditation dynamique, la Transe, la Végéto-thérapie - l'Osthéopathie - la Somatothérapie - le sens de mes maladies - etc...
En pratiquant uniquement ce qui me convient le mieux en ce moment mais en me permettant d'oser plus tard un autre outil qui me dérange ou me fait peur.

- La prière, personnelle ou religieuse, avec une pratique régulière (dont celles de la page 233, une fois par jour). C'est un souhait, un désir qui s'adresse à mon âme et à mon inconscient. Elle court-circuite ainsi mon système de défenses.

- La méditation (le silence intérieur), de façon régulière, selon ma convenance:
Seul - en groupe - en lotus - sur une chaise - en Zazen - dans la nature - dans un couvent - dans le désert - en sophrologie - etc...

- Tenue d'un cahier intime:
Afin d'enraciner mes découvertes intérieures.

- Groupe de parole régulier:
A tendance psychothérapeutique et / ou à tendance spirituelle selon mon besoin du moment.

- Consultation régulière de ce livre:
Pour l'intégrer petit à petit, ainsi que d'autres ouvrages éventuels, en me laissant guidé par mon intuition et en osant me confronter avec ce qui me dérange.

- La pratique :
Une pratique basée sur l'enseignement de ce livre comprenant une discipline, une rigueur et des actes chargés de sens.
Tout en m'intéressant avec un esprit ouvert, sans jugement, aux autres enseignements ou aux différentes religions pour comprendre le sens de **LA** religion (religion vient du latin religare qui veut dire relier).

- **Relation intime** en couple ou amicale:
Pour vivre et expérimenter dans la relation à deux.

- **Et surtout ma vie de tous les jours**, mes relations familiales, sociales et professionnelles. En acceptant de transformer à mon rythme et avec mes limites du moment, ce qui n'est pas en accord avec mon chemin de vie.

Et éventuellement: Psychothérapie, stages à thème, conférences, séjours dans le désert, dans un couvent, dans un ashram, etc...

SUGGESTION DE BIBLIOGRAPHIE DE BASE

- **Écoute ton corps -** Lise Bourbeau - Éditions E.T.C.
Les bases en psychologie, en relationnel et en spiritualité dans un langage simple et pédagogique.

- **Le chemin le moins fréquenté -** Scott Peck - Éditions Robert Laffont
Un psy qui nous fait partager son chemin afin de nous aider dans le notre. C'est un beau voyage avec ce médecin de l'âme.

- **Le chemin de la transformation -** Eva Pierrakos - Éditions Dangles
L'expérience et le message d'une femme éveillée dans un langage simple et rempli d'amour. C'est aussi un outil qui nous accompagne dans notre transformation.

- **L'art du bonheur** - Le Dalaï-lama - Howard Cutler - Éditions Robert Laffont
La sagesse au quotidien, c'est possible. Le Dalaï-lama, dans ce livre, pourrait bien vous aider à approcher le chemin du bonheur.

- **Regards sages sur un monde fou -** Arnaud Desjardins - La Table Ronde
La vision des événements actuels et de notre quotidien par Arnaud Desjardins, devenu un maître de sagesse en France.

- **La joie retrouvée -** Alexander Lowen - Éditions Dangles
Le créateur de la Bio-Énergie nous explique clairement le lien entre énergie, amour et spiritualité avec des exercices pratiques pour être bien dans notre peau et en pleine forme physique.

- **La fille de son père -** Linda Schierse Léonard - Éditions Le Jour Éditeur
Toute la relation et les difficultés d'une fille avec son père. Une aide précieuse pour l'un et pour l'autre.

- **Mère et fils -** Carole Klein - Éditions Réponses Robert Laffont
La fusion d'une mère avec son fils. Le danger de la passion qui prive un homme de son identité.

- **Père manquant, fils manqué -** Guy Corneau - Éditions de l'Homme
Le rôle essentiel du père et les blessures engendrées par son absence physique ou son effacement.

- **Pour ne plus vivre sur la planète Taire -** Jacques Salomé - Albin Michel
Une méthode de communication pour nous apprendre à nous respecter dans notre individualité et permettre aux autres de garder la leur. Jacques Salomé nous livre 30 ans d'expérience. Un hymne à la joie de la relation humaine.

- **La Gestalt - L'art du contact -** Serge Ginger - Éditions Marabout
Une des principales techniques de psychothérapie, expliquée avec simplicité pour nous apprendre notre fonctionnement inconscient.

- **Le grand dictionnaire des malaises et des maladies** - Jacques Martel - Éditions Quintessence - Le plus grand dictionnaire sur les causes des malaises et des maladies reliés aux pensées, au ressenti et aux émotions.

- **Ton corps dit "Aime-toi"** - Lise Bourbeau - Éditions E.T.C.
Pour vous aider dans votre cheminement intérieur en découvrant le sens de vos malaises et maladies, et le message personnel que votre corps vous envoie.

- **Les quatre niveaux de guérison -**Shakti Gawain - Éditions Édimag
Des outils pour se comprendre et se guérir aux niveaux spirituel, mental, émotionnel et physique.

- **Un instant, une pensée -** Shakti Gawin - Éditions Le Souffle d'Or
Une pensée par jour de l'année qui nous amène, petit à petit, à l'éveil de notre conscience. A mettre au chevet ou au petit coin.

POSTFACE

Et si Dieu n'était qu'une force d'Amour qui flotte dans l'espace à la disposition de chacun, il suffit de la faire passer par notre corps, et plus nous en donnons, plus nous en recevons.

Cette force ne serait qu'un équilibre de l'univers où tout vivrait en rapport à l'autre (animal, végétal, humain). Tout est fait pour nous amener à tendre vers cet équilibre.

Mais des attachements, des pensées, des désirs, nous éloignent de cet équilibre et par conséquent nous privent de recevoir cet amour à notre disposition partout dans l'univers.

Et tout cela parce que nous ne sommes pas tout-à-fait accomplis.

Nous ne sommes pas détachés de notre mère ou plutôt de l'image que nous en avons et que nous recherchons partout, tout simplement parce que nous attendons d'être terminés, d'avoir acquis la connaissance de la défusion, de la frustration, de l'ambivalence, de l'autonomie, du pouvoir intérieur, d'être complètement détachés du ventre maternel pour jouer enfin notre rôle d'adulte créateur à sa juste place dans l'univers, l'âme humaine étant reliée en direct au grand créateur, qui serait simplement l'ensemble d'énergie formé par la réunion de toutes les âmes.

André LEMOINE

Merci à tous mes Maîtres. Merci à Olivier, Dany, Michel, Arnaud, Jacques, Lee, Vanessa, Sarva Atma, Lise, Pierre, Françoise, Verena, Francine, Jean-Paul et tous les autres.
Merci à Laetitia, Armelle, Martine, Pierre et Evelyne pour leur collaboration à ce livre.
Merci à Claude, ma compagne de tous les jours.
Merci à tous mes clients, sans qui je n'aurais jamais pu écrire ce livre.
Merci à la Vie.

Remerciements

Certains documents m'ont été inspirés par d'autres documents, conférences ou livres des personnes suivantes:

- **Véronique Hoffmann** pour "Les étapes de développement de l'enfant"
- **Guy Corneau** pour "Et le rôle du père ?"
- **Wilhelm Reich** pour "Notre blessure fondamentale"
- **Alexander Lowen** pour "Notre blessure fondamentale"
- **Ann brennan** pour "Notre blessure fondamentale"
- **Quentin Debray** pour "Les systèmes de défense psychique"
- **Daniel Nollet** pour " Les systèmes de défense psychique"
- **Ann Brennan** pour "Les systèmes de défense énergétique"
- **James Redfield** pour "Les voleurs d'énergie"
- **Daniel Nicolas** pour "introduction chapitre II"
- **Maslow** pour "Échelle des besoins"
- **Geneviève Manent** pour "Je découvre mon corps"
- **Pierre Janin** pour "La présence"
- **Isabelle Filliozat** pour "Les émotions"
- **France Hageman** pour "Les émotions"
- **Françoise Spindler** pour "Les étapes du deuil"
- **Élisabeth Kübler-Ross** pour "Les étapes du deuil"
- **Marie de Hennezel** pour "Les étapes du deuil"
- **Jacques Salomé** pour "La relation avec l'autre"
- **Lise Bourbeau** pour "Questionnaire sur le sens d'une maladie"
- **Agnès et Jean-Marie Delacroix** pour "chemin psychologique"
- **Odette Malicot** pour "Introduction chapitre IV"
- **Jésus** pour "Dieu et les religions"
- **Arnaud Desjardins** pour "L'enseignement des maîtres"
- **Krishnamurti** pour "L'enseignement des maîtres"
- **Le Dalaï-lama** pour "L'enseignement des maîtres"
- **Howard Cutler** pour "L'enseignement des maîtres"
- **Andrew Cohen** pour "L'enseignement des maîtres"
- **Sarva Atma Mitra** pour "L'enseignement des maîtres"
- **Osho Rajneesh** pour "Petites histoires sages"
- **Lee Lozowick** pour "Petites histoires sages"
- **Diogène** pour "Petites histoires sages"
- **Agnès et Jean-Marie Delacroix** pour "Chemin spirituel"

MERCI de tout mon coeur.

Si vous êtes intéressés par les activités proposées à SOMMIÈRES (30),
si vous voulez témoigner de votre propre expérience
ou me contacter pour une intervention éventuelle,
vous pouvez m'écrire et demander des informations en joignant une
enveloppe timbrée pour la réponse à :

André Lemoine
La Calade
30260 ST CLÉMENT
Tél : 04 66 80 14 37

Achevé d'imprimer
en octobre 2001
par IMPRIMERIE LIENHART
à Aubenas d'Ardèche

Dépôt légal octobre 2001
N° d'imprimeur : 3455
Printed in France